Introduction

Nous sommes environnés de noms.

Du lever au coucher, nous allons de noms en noms. Du café du matin à la tisane du soir.

Comme chaque matin, après avoir enfilé son Levi's et ses Nike, Émilie Lefèvre quittera son domicile de la rue Carnot, à Nanterre, pour prendre le R.E.R. direction Torcy, changer à Auber et descendre au Louvre. Elle travaille à La Samaritaine, où elle vend des chaussettes D.D. et des sous-vêtements Dim et Petit-Bateau. À midi, elle déjeunera chez Mac Donald et passera la soirée, sur l'autre rive de la Seine, dans un cinéma des Gobelins, où elle verra, avec sa copine Sophie Legeay, le dernier Depardieu, avant de rentrer chez elle et d'aller se coucher avec un verre de Candia et *Libération*.

Au Mans, dans la Sarthe, c'est Nicolas Bouchon, livreur chez Darty, qui part acheminer des frigidaires Wirlpool et des aspirateurs Moulinex à Cérans-Fouletourte et à Pruillé-le-Chétif, à bord de sa Kangoo Citroën, en fumant ses Marlboro et en écoutant Chérie FM. À midi, il déjeunera d'un sandwich et d'une canette de Heinecken, et, le soir venu, s'offrira un plat de spaghetti Lustucru, après qu'Okapi, son chien, a avalé sa boîte de Canigou.

Nanterre, Pruillé-le-Chétif, Candia, Canigou, Depardieu ou Lustucru, nous vivons dans les noms propres: noms de lieux, de villages, de rivières, de quartiers, de rues et de stations de métro; noms de marques de vêtements, de parfums, d'appareils électroniques et de produits alimentaires; noms de parents, d'amis, de collègues, de supérieurs ou de subalternes; noms de stars, de chats, de chiens et de poissons rouges.

Nous vivons avec des milliers de noms propres... Et nous-mêmes avons nos nom, prénoms, adresse... Autant de noms propres, qui tous ont eu, à l'origine, une signification que nous ignorons. Par eux-mêmes, Dim, Mac Do, Le Mans ou le Louvre, Émilie ou Okapi, ne veulent rien dire. Nous ne faisons que les associer à des objets, des lieux ou des êtres, et nous allons aimer certains d'entre eux, pour ce qu'ils évoquent ou pour leur sonorité, sans pour autant les comprendre, et bien qu'aucun n'ait été inventé de toutes pièces, pour le pur plaisir d'assembler des sons. Tous ces noms sont nés, il y a plus ou moins longtemps, pour nous offrir des repères dans l'espace, dans le registre de l'utile ou dans celui de l'affectif. Pour banalisés et familiers qu'ils puissent parfois nous sembler, tous ont eu un sens que nous n'entendons plus. L'Auvergne ou le mont Canigou, Thomas, Gérard ou Antoine, Dumas, Chirac ou Raffarin, Auchan, La Redoute ou Shell, aussi clairs qu'ils aient été à leur naissance, tous ces noms nous sont devenus des mystères.

Courts ou longs, récents ou anciens, j'aime passionnément ces noms. J'aime les noms, et il faut croire qu'ils me le rendent bien, puisque, devant mes insistances, ils me livrent généralement leur secret, ou du moins leur histoire.

Ce sont ces secrets et ces histoires, mais aussi mes méthodes d'investigation, qui constituent la matière de ce livre.

Bien évidemment, il ne s'agit pas d'un dictionnaire. Avec quelque 36000 noms de communes et plus encore de noms de lieux, des dizaines de milliers de noms de rues, plus d'un million de noms de famille et des milliers de noms de marques, la seule table alphabétique équivaudrait à elle seule aux trois tomes du bottin téléphonique parisien. Les noms qui sont cités ici ne le sont donc qu'à titre d'exemple, afin de mieux faire comprendre les principes qui ont présidé à leur naissance. C'est aussi pour cette raison qu'il n'a volontairement pas été ajouté d'index.

Ce livre a pour but essentiel de faire prendre conscience de la richesse de tous ces noms propres, aussi banals qu'ils puissent paraître, et de montrer que le moindre d'entre eux mérite largement un « double-clic ». Chacun vous apparaîtra sous un jour nouveau, celui d'un mot doté à la fois d'un passé et d'un présent, porteur à n'en pas douter d'un avenir, et aussi d'une âme…

Première partie

La nuit des temps : les plus anciens noms propres

Dieu créa la terre et le ciel, les fleuves et les arbres, mais il oublia de leur donner des noms…

Tout commence avec les animaux : « Dieu modela du sol toutes les bêtes sauvages et tous les oiseaux du ciel et les amena à l'homme pour voir comment celui-ci les appellerait. »

Dieu, apparemment, ne sait pas – ou ne veut pas – nommer… Il s'en décharge sur l'homme, sur l'usager, en quelque sorte…

À l'homme, donc, de nommer les animaux et les oiseaux, et de nommer aussi les lieux. Après que sa femme lui eut donné un fils qu'il appela Hénoch, la Bible nous dit que Caïn bâtit une ville, à laquelle il donna le nom de ce fils. À l'homme, bien sûr, de nommer ses semblables : depuis Adam, chaque père choisit le nom de son fils.

Au fil des temps, les hommes n'ont donc cessé de créer des noms propres, essentiellement destinés à identifier des lieux et des personnes, et ils l'ont fait presque toujours de la façon la plus simple.

Dès que l'homme a vécu en société et a dû communiquer avec ses semblables, il lui a fallu nommer. Nommer était nécessaire pour pouvoir désigner les membres de son groupe, les autres tribus, les choses, les animaux et les lieux. Il lui fallait des repères dans le paysage où se trouvaient ses territoires de chasse et de cueillette. C'est pourquoi certains noms de lieux comptent au nombre des plus anciens noms propres. Les noms de lieux sont presque toujours plus anciens que les noms de personnes. Les hommes ont passé, les fleuves et les montagnes sont restés.

Le plus ancien nom propre ne peut donc être qu'un nom de lieu, ou le nom d'un dieu, mais ceci est une autre histoire...

La question de savoir quel a pu être le plus ancien nom de lieu est en fait très complexe. Elle justifie une petite enquête destinée à déterminer s'il s'agissait d'un nom de ville, de pays, de continent, de fleuve ou de montagne. Et ce nom était-il banal ou chargé de symbole ? C'est l'occasion de voir comment sont nés certains noms propres particuliers, qui sont peut-être les seuls que nous partagions véritablement avec nos ancêtres.

Paris, Lyon, Marseille

Chacun sait que notre capitale ne s'est pas toujours appelée Paris. Dans les documents officiels, ce nom n'apparaît sous cette forme qu'au XIIIe siècle, après avoir été longtemps *Parisius,* comme on le voit sur les monnaies mérovingiennes, ce qui était l'abréviation de *Civitas parisiorum,* autrement dit « la cité des Parisii », nom de la grande tribu gauloise occupant l'actuelle Île-de-France. *Parisii* ou, quelquefois, *Quarisii*, est un nom à l'étymologie floue, qui semble venir du celtique et avoir désigné des « sédentaires ».

Au temps de César, cette cité était plus couramment nommée *Lutetia Parisiorum,* soit « Lutèce, ville des Parisii ». Cet autre nom a fait couler beaucoup d'encre, parfois la plus fantaisiste, à commencer par celle de Rabelais, écrivant : « Paris, laquelle auparavant on appeloyt Leucèce [...], c'est-à-dire en grec Blanchette, pour les blanches cuisses des dames

Le nom de Dieu

« Dieu », même avec un d majuscule, n'est pas un nom, et si les chrétiens peuvent ainsi nommer le leur, c'est parce qu'il est unique.

Si chaque dieu grec et romain avait un nom personnel, Zeus, leur père et leur roi, tirait son nom du même mot dyeus. Dieu suprême, il n'avait donc pas de vrai nom, pas plus qu'à Rome, où il s'appelait Jupiter, c'est-à-dire dei pater, le père des dieux.

Deus vient du grec théos, qui viendrait à son tour d'un plus ancien tein, signifiant courir, en référence, selon Platon, au fait que les premiers hommes n'avaient d'autres dieux que le soleil, la lune et les astres, qu'ils regardaient courir à travers le ciel. D'autres y voient une référence à une racine ancienne signifiant « brillant », et évoquent les noms du dieu des Celtes (Belenus, « le Brillant »), de celui des Égyptiens – Râ – dont le nom est celui du soleil, ou de Wothan, divinité des Scandinaves, dont le nom renvoie lui aussi à Gott, « dieu ».

Mais revenons chez les chrétiens : comme au paradis terrestre l'homme ne devait pas manger le fruit de l'arbre de la connaissance, il ne devait ni connaître ni prononcer le nom de Dieu. Lorsque Moïse lui demande son nom, il lui répond : « Je suis celui qui suis », soit quatre lettres – Y H W H – que l'on appelle le tétragramme, nom à la fois plein de néant et de silence, nom ineffable, dont les Hébreux ont fait Yahwé.

Pour les musulmans, Allah, dont le nom, lui aussi, n'a d'autre sens que celui de « dieu », a en réalité quatre-vingt-dix-neuf noms divins, plus un – le « grand nom », symbole de son essence cachée, que l'on pourra découvrir en accouplant les mots du Coran en sens contraire, le premier avec le dernier, et ainsi de suite, pour trouver un mot restant, tout au milieu, qui est justement ce « grand nom »... On dit aussi que ce nom sera le seul mot à ne pas brûler si l'on met le feu à un Coran.

Pour d'autres enfin, ce nom ne doit pas être prononcé, et ne peut qu'être dessiné sur une peau de gazelle, avec de l'encre de musc, de safran et de rose...

Voilà pour Dieu... Mais qu'en est-il du diable ? Et a-t-il seulement un nom, un vrai nom ? Qui oserait le lui demander ? Certains des héros de légendes qui ont pactisé avec lui ou qui l'ont croisé sur leur route lui ont posé la question. Aucun n'a reçu la même réponse – tantôt Rigdon, Digdon, Terlantin, Racovin, Rocavou, Roucoucou, Rikiki... Des noms qui ne sont pas dignes de lui. De faux noms !

Ailleurs, on le nomme Lucifer, Satan, mais aussi Belzébuth, Sataman, Azamachiel... Des noms difficiles à prononcer, qui, en faisant trébucher la parole, semblent destinés à faire trébucher les pas, comme pour arrêter ceux qui seraient tentés de le suivre.

dudict lieu. » N'en déplaise aux Lutéciennes, le nom venait plus certainement, par sa forme ancienne *Lucotecia*, du mot celte *luco*, désignant le marais, César lui-même décrit d'ailleurs la ville comme un oppidum construit sur une île de la Seine, dans un environnement fortement marécageux.

Mais Lutèce n'est peut-être pas la plus ancienne ville de la Gaule, dont elle n'était d'ailleurs nullement la capitale. S'agissait-il alors de penser à Lyon, qui dut largement son développement à la romanisation et où une colonie romaine s'était implantée dès 43 avant Jésus-Christ ? Elle était née sur une colline de la rive gauche de la Saône, dont on s'était apparemment contenté de reprendre le nom gaulois, Lugdunum, dans lequel on retrouve le classique *dunum*, désignant la colline fortifiée, associé ici soit au dieu Lug (le soleil), soit au mot gaulois *lougos*, désignant le corbeau, ce qui en ferait donc, moins poétiquement et plus vraisemblablement une « colline aux corbeaux ». Mais, là encore, rien de réellement très ancien.

Et si notre plus vieille ville était Marseille ? N'oublions pas que, selon la tradition grecque, ce port aurait été fondé par des colons grecs qui, ayant quitté le territoire exigu et pauvre de Phocée, en Asie Mineure, vers l'an 600 avant notre ère, auraient posé leurs bagages dans cette calanque bien abritée. Ils y auraient fondé Massalia, ou plutôt Massalie, selon la forme dialectale ionienne, qui est celle sous laquelle on la trouve citée pour la première fois par l'historien grec Hérodote. Les Romains en feront Massilia, puis Marcilia, qui évoluera ensuite en Marcelia, au XIIe siècle, dont les Provençaux feront Marselha et le français Marseille. Il n'en reste pas moins que l'étymologie de l'originel Massalie reste inconnue et que les hypothèses ne manquent pas, lui donnant une filiation tantôt ligurienne, tantôt phénicienne, et parfois même numide. Mais s'il a évolué, ce nom n'a cependant jamais changé, et il semble qu'on puisse le considérer comme le plus ancien nom de lieu habité en France.

Quel autre pourrait défier l'ancienneté marseillaise ? Alésia ? Le nom de cet ancien oppidum, qui viendrait du vieux mot celte *palisa*, désignant une roche escarpée – lequel a évolué en *falisia* et donné notre « falaise » – ne saurait rivaliser avec Massalie-Marseille, qui remonte au Ve siècle avant notre ère.

Les noms donnés à leurs habitats par les hommes des cavernes ? Mais ces noms ne nous sont pas parvenus et l'on ignore sous quelles dénominations les hommes de Cro-Magnon ou de Tautavel, voilà plus de 300 000 ans, pouvaient désigner les lieux qui leur étaient familiers. Comment s'appelait Lascaux ? Tous ces sites nous sont aujourd'hui connus sous les noms des lieux-dits ou des communes où ils ont été découverts, noms qui leur ont été donnés voilà moins de deux mille ans, vraisemblablement dans la seconde moitié du premier millénaire.

Appeler un chat un chat !

Il semble logique qu'avant de désigner des lieux de peuplement, les hommes préhistoriques, du temps où ils étaient encore nomades, se soient d'abord attachés à nommer les grands repères que leur offraient les montagnes et les cours d'eaux. De fait, les noms des cours d'eau (que les scientifiques appellent des hydronymes) et ceux des montagnes (les oronymes) vont parfois nous mettre en présence de dénominations antérieures à l'arrivée des Gaulois qui – on ne le sait pas assez – avaient été eux-mêmes des envahisseurs arrivés dans notre pays au Ve siècle avant Jésus-Christ pour en chasser ses anciens habitants, les Ligures.

Les noms de nos grands fleuves sont souvent très vieux : la Seine, que César nomme *Sequana*, viendrait en fait de *Sepana*, et du préceltique *seg-*, désignant le cours d'eau. Le nom de la Loire, que les auteurs latins et grecs appelaient *Liger, Lekheir, Ligros,* viendrait du préceltique *leg-*, et aurait désigné une eau lente et boueuse, à cause du limon qu'elle déposait sur ses rives. La Garonne tiendrait le sien du mot de même registre *gar-*, signifiant pierre, rocher, comme le Rhône vient de *rod-* et le Rhin, du celtique *réno*, deux mots désignant le fleuve.

Plus anciens encore pourraient être les noms de certains petits fleuves ou de certaines rivières, tels l'Aar néerlandais, rappelant un *oare* anglais, un *ayr* écossais, des *ara* espagnols et jusqu'à l'ancien nom de la Saône, que César nomme, lui, *Arar* – tous noms se rattachant à la base préceltique *ar-*, désignant tout simplement l'eau courante. Quoi de plus logique que d'appeler une rivière de l'eau, un chat un chat, et une montagne montagne, d'autant que, le plus souvent, les territoires restreints que fréquentaient les hommes préhistoriques n'en comptaient pas plusieurs.

Si le nom des Pyrénées (à l'origine *Puréné*), donné par les marins grecs massaliotes venus de Marseille, garde son mystère, les Alpes doivent leur nom au préceltique *alb*, signifiant hauteur, montagne. Les Ardennes tirent le leur du celtique *ardu*, signifiant haut et le Jura du vieux terme roman *jour* – également à l'origine des Grandes Jorasses, dans le massif du Mont-Blanc –, qui désignait une montagne couverte de forêts. Autant de noms qui offraient un banal jeu de miroir et que chacun pouvait donc aisément comprendre et retenir.

De la mère des montagnes aux pères de l'Amérique

Aucune des grandes villes d'Europe, que ce soit Berlin, Vienne, Madrid ou Londres, ne sera mieux placée pour enlever le record d'ancienneté. Seules, évidemment, les villes du monde antique peuvent émettre ici quelques prétentions. Malheureusement, Rome renvoie à un *Ruma* étrusque bien antérieur à Romulus et dont le sens reste hermétique, et Athènes à une construction préhellénique, tout aussi impénétrable.

Partout, en revanche, on retrouvera les antiques dénominations « miroirs ». L'ancien nom grec de l'Olympe (*Olumpos*), semble n'avoir signifié que « montagne », tout comme Sahara, en arabe ancien, désignait une étendue jaunâtre. Kilimandjaro, dans l'ancienne langue swahili, désignait « la montagne des démons du froid », en allusion à ses neiges éternelles. Himalaya vient du védique *Himavan*, « neigeux », et si le mont Everest, a été baptisé ainsi en 1857 en hommage à l'Anglais Sir George Everest, qui y avait conduit la première mission géodésique une quinzaine d'années auparavant, la République populaire de Chine, lorsqu'elle annexa le Tibet, en 1959, prit soin de redonner à cette montagne son ancien nom traditionnel *Tchomolungma*, qui signifiait simplement « grande mère des montagnes ».

Qu'en est-il des noms de nos pays ?

La France était le *Regum Francorum*, autrement dit le « Royaume des Francs », lesquels devaient leur nom à ce qui était considéré comme leur qualité première : le fait d'être *frekkr*, autrement dit « hardis, courageux ». Mais en réalité, la France doit plus simplement sa dénomination à la troisième dynastie de ses rois, les Capétiens. Longtemps, ses premiers représentants avaient couramment été qualifiés de « ducs de France », pour avoir possédé une petite région proche de Paris que l'on appelait la « France », et dont le souvenir subsiste aujourd'hui dans notre Île-de-France, en référence moins à la situation insulaire originelle de sa capitale qu'au fait qu'elle était délimitée par six rivières : la Seine, l'Oise, l'Aisne, la Marne, la Beuvronne et la Thève. On notera que cette « France » originelle subsiste de nos jours dans les noms de quelques localités de l'actuel Val-d'Oise, localités longtemps obscures, jusqu'à ce que l'une d'elles accède à la notoriété internationale par son aérogare : Roissy-en-France.

Dans leur majorité, les autres pays doivent leur nom aux peuples qui s'y étaient fixés. L'Angleterre (à l'origine *Englaland*) doit le sien aux Angles, la Belgique aux Belges, dont le nom pourrait venir de la vieille racine *bhelgh*, signifiant « gonflés, fiers », la Pologne aux Polanes, habitants de la

Poleland, ou pays des plaines. L'Allemagne doit le sien aux Alamans, peuple qui regroupait *all mans,* autrement dit l'ensemble des hommes. Ce n'est qu'au XVe siècle que sera créé le nom de Deutschland, désignant le pays (*land*) theudesque (ou tudesque), d'après un mot désignant l'ancienne langue allemande, par opposition aux langues latines. La Russie doit son nom à son peuplement primitif par des navigateurs venus des côtes de la Suède et nommés Ruotsi, autrement dit « navigateurs à la rame ».

Plus loin de nous, la Chine doit son nom à l'ancienne dynastie des Ts'in, qui régna au IIIe siècle avant notre ère. L'Inde reçut le sien à l'époque de l'invasion perse, vers 520 avant Jésus-Christ, du nom alors donné à son principal fleuve, le Sindhus (mot signifiant bien sûr « fleuve »), alors qu'il était nommé en sanskrit *Bharatam,* c'est-à-dire « territoire des Bharatam », une tribu primitive qui avait occupé le centre de la plaine indo-gangétique.

Partout dans le monde, les dénominations des pays ne cessent de se répondre et de se ressembler. On peut ainsi rapprocher celui du Japon (*Je-pèn*), qui est de fabrication chinoise et désignait, comme on le sait, la terre du soleil levant, et celui de l'Europe, fabriqué par les Grecs, et sous lequel ils avaient à l'origine dénommé la partie continentale de la Grèce, au nord-ouest du Péloponnèse, là où le soleil se couchait, en utilisant l'ancien terme *euros*, signifiant « noirceur, obscurité ». Peu à peu, le nom avait désigné les contrées voisines et, au fil des explorations, le continent tout entier. Il en est allé de même pour l'Asie, nommée *Asia* dès le VIe siècle avant Jésus-Christ par les Grecs, selon le mot *asios*, marécage, et qui ne désignait alors que l'arrière-pays de la ville d'Éphèse, située sur la côte ouest de l'actuelle Turquie. Ce nom finit lui aussi par s'étendre à tous les territoires situés au-delà de cette zone, en continuant vers l'Est.

Pour les Romains, les Afri étaient les habitants de l'antique cité de Carthage, fondée par des Phéniciens au VIIIe siècle avant notre ère sous le nom de *Qarthadast*, mot signifiant « ville neuve » en sémitique. Elle était établie au sud de la Tunisie, dans une région que les Romains nommaient *Africa Terra,* autrement dit « la Terre des pluies ». Quant à l'Amérique, son nom fut choisi en 1507 par un géographe de Saint-Dié, Martin Waldseemüller, qui proposa, dans un ouvrage de cosmographie publié à Strasbourg, de l'appeler ainsi en hommage au navigateur florentin Amerigo Vespucci (en latin *Americus Vespustius*), qu'il considérait comme le véritable découvreur de ce continent avant Christophe Colomb. L'Australie restait encore la *Terra australia incognita* (*australia* signifiant méridionale) et l'Océanie devra attendre 1812 pour voir son nom inventé par le géographe Malte-Brun. Entre-temps, on avait vu naître un peu partout les multiples appellations données par les colons en référence à leurs patries ou à leurs villes d'origine.

De Jérusalem à l'île de Pâques

Avant de clore cette recherche des plus anciens noms de lieu, il est bien sûr tentant de faire un petit tour du côté des régions considérées, à juste titre ou non (certains leur préfèrent l'Afrique) comme le berceau de la civilisation. Qu'y trouve-t-on ?

Des pays. La Grèce, nommée ainsi par les Romains, était peuplée d'Hellènes, qui appelaient leur pays Hellas (peut-être en référence au nom d'Achille ?). La Judée, terre de Juda. La Palestine – *Peleset* en hébreu, et dite aussi Syrie philistine – avait été le pays des Philistins, dont le nom, à l'origine, désignait simplement les étrangers. Égypte est le nom donné par les Grecs au pays que ses plus anciens habitants, aux IIIe ou IVe millénaire, semblent alors avoir appelé *Kemi* ou *Kemit*, « la Noire », ce qui renvoie peut-être au nom du second fils de Noé, Cham (« le Noir »), et qui est dans la Bible l'ancêtre des Africains. Quant à la Mésopotamie, son nom, d'origine grecque, signifie « entre les fleuves », tout comme son appellation akkadienne, *Birit narim*, veut dire « dans l'intervalle des fleuves ».

Des « news » qui ne datent pas d'hier

« Heureux qui, comme Ulysse a fait un beau voyage » et qui, comme tant d'autres, y trouva l'occasion de célébrer son pays ou sa ville natale. En anglais comme en français, nombreux sont les noms de villes donnés par des explorateurs soucieux de célébrer ainsi leurs origines :

New Amsterdam : *ville de Guyane, fondée en 1740 par des Néerlandais.*

New England : *nom donné au XVIIe siècle par les Anglais au Nord des États-Unis, sans doute en réplique au fait que les Français avaient baptisé le Canada « Nouvelle France ».*

New Jersey : *nom donné vers 1680 par sir George Carteret, précédemment gouverneur de Jersey et à qui ce territoire avait été concédé.*

New Orleans : *nom donné à la ville fondée en 1718, en l'honneur du duc d'Orléans, régent de France, après la mort de Louis XIV.*

New York : *nom donné en hommage au duc d'York (futur roi Jacques II d'Angleterre) qui s'en empara en 1664 en prenant aux Hollandais un fort fondé en 1614, dénommé d'ailleurs New Amsterdam.*

Nouveau-Brunswick : *nom donné par les Anglais à une province canadienne, en hommage à leur roi George III, issu de la maison allemande de Brunswick.*

Nouvelle-Amsterdam : *nom donné à une île du Sud de l'océan Indien par le Hollandais Van Diemen, qui y était arrivé sur un bateau baptisé* Amsterdam.

Nouvelle-Calédonie : *nom donné à cette île par l'explorateur anglais James Cook en raison du mauvais accueil qu'il y avait reçu et en référence au nom sous lequel les Romains désignaient l'Écosse, dont les habitants étaient à leurs yeux réputés pour leurs mœurs rudes et sauvages.*

Nouvelle-Guinée : *nommée ainsi en 1546 par l'explorateur espagnol Ortiz de Rez, ses habitants lui rappelant ceux de la Guinée d'Afrique, qui devait elle-même son nom à un vieux mot berbère désignant « ceux qui ne savent pas parler », au langage incompréhensible.*

Nouvelle-Zélande : *dénommée ainsi vers 1650 par les Hollandais, en banale référence à leur province de ce nom.*

Nouvelle-Écosse : *nom donné par les Anglais en 1621 à la région que les Français nommaient l'Acadie, en référence aux origines écossaises de son découvreur, le navigateur italien Cabot.*

Nouvelles-Hébrides : *nom donné en 1774 aux actuelles îles Vanuatu par James Cook, à cause de leur ressemblance avec les îles Hébrides, situées au nord de l'Écosse.*

Le nom de l'antique Babylone, fondée au IIIe millénaire avant Jésus-Christ, aurait signifié « porte de Dieu ». Jérusalem aurait été nommée U-ru-sa-lim, dans des lettres adressées au XIVe siècle avant Jésus-Christ au pharaon Aménophis IV. Cette dénomination akkadienne, forgée sur « salim », « la paix » et « ur », nom de la ville antique qui était la patrie d'Abraham, aurait désigné la « ville de la paix ».

Si Marseille est dès lors battue, pouvons-nous raisonnablement espérer remonter plus loin ? Il semble bien que nous soyons ici acculés et confrontés à la nuit des temps, chargée tout à la fois de légendes millénaires, de dieux et de déesses et de mille symboles de plus en plus difficiles à appréhender.

Témoins, les noms des fleuves de ces terres antiques. Si le nom du Nil – venu du latin *Nilus*, tiré lui-même du grec *Neilos*, connu dès 750 avant Jésus-Christ et qui semble venir du phénicien par une racine sémitique *n-h-l,* signifiant ici encore tout simplement « fleuve » – est encore impénétrable, d'autres ne le sont plus. Le Tigre, vient par *Tigra* du vieil iranien qui, ignorant le son *l*, avait arrangé à sa façon son nom akkadien de Diglat, qui donnait en sumérien Idigna, au sens obscur mais sans rapport, évidemment, avec l'animal, dont le nom vient de *tigrat* – flèche –, en référence à sa rapidité. L'Euphrate, venu de même du perse *Ufratus* et de l'assyrien *Puratu*, reste lui aussi sans étymologie connue, tout comme, plus à l'est, le Gange, et bien d'autres encore…

La conclusion s'impose : la plupart des dénominations qui nous sont connues, aussi bien celles que nous employons que celles qui les ont précédées, sont rarement les appellations d'origine. Elles ne le sont même pour ainsi dire jamais et leurs formes originelles nous sont inconnues. Pour les quelques-unes qui le sont, elles appartiennent à des couches linguistiques si éloignées qu'elles nous sont totalement inaccessibles. Seules nous sont parvenues celles données ultérieurement, non par les habitants mais par les étrangers parcourant, découvrant ou conquérant les lieux. Ces dernières procèdent souvent de modes de création plus anecdotiques, comme celles se référant au jour de la découverte. Ainsi de l'île de Pâques, où un navigateur hollandais arriva le lundi de Pâques 1722, ou le Natal, sur les côtes du Brésil, le lieu où un capitaine portugais avait débarqué, le jour de Noël 1597.

Mais revenons chez nous, aujourd'hui, pour voir quand et comment sont nés les noms des lieux qui nous sont familiers.

Deuxième partie

Bien de chez nous : les noms de lieux

De Wittolsheim à Kerloéguen, de Saint-Pé-de-Bigorre à Prunay-le-Chétif, de Belleville à Bourgvillain, aussi divers soient-ils, nos noms de lieux sont bien de chez nous, bien de « chies » nous, comme on disait au Moyen Âge, avec ce *chies* venu du latin *casa* et qui, dans bien des régions, désigna jusqu'au XVe siècle la maison rurale.

Une première remarque s'impose : si l'on peut considérer, comme on l'expliquera, que 90 % des noms de famille ont le même âge, on ne peut pas en dire autant des noms de lieux. Bien au contraire.

Si Marseille, âgée de plus de 2600 ans, est sans doute, comme on l'a vu, le plus ancien nom de lieu habité en France, d'autres sont beaucoup plus récents.

Quel serait donc le dernier né ?

Là encore, il est difficile de le dire, et tout dépend, en fait, si l'on parle des noms de lieux en général ou si l'on se limite à ceux des communes. Réalités administratives extrêmement contrôlées, ces dernières changent rarement de noms, à l'exception de très rares érections de lieux-dits en communes, dont le dernier en date fut sans doute la Grande-Motte, fraction détachée de Maugio en 1974. Beaucoup plus nombreuses et fréquentes

De la « case » à la chaise

Du mot latin casa, *désignant une modeste maison – disons, une chaumière – nous est venue la dénomination de l'habitation rustique, d'abord la hutte gauloise, puis la maison isolée, non intégrée au corps d'une ferme. Elle conservera ce sens, en gros, jusqu'au* XVIIe *siècle, époque à laquelle elle donnera la « case » des nègres d'Afrique, dont la plus célèbre sera bien sûr celle de l'oncle Tom. Le verbe « caser » signifiera dès lors mettre dans une case ou dans un « casier », et la case continuera à vivre sa vie propre, que ce soit à travers la célèbre « case départ », où l'on peut retourner, ou celle, plus familière, qui peut vous manquer.*

La case devait parallèlement connaître un grand succès dans les noms de lieux, sachant que selon les régions, le h *allait ou non s'en mêler.*

Là où le latin castrum *a évolué en castel ou en cateau, autrement dit dans les régions de langue d'oc, où l'on trouve Castelsarrasin, Castelbajac, Castelnau (« château neuf »), Castellane ou Le Castellet, ou en région Nord-Picardie, où l'on a Le Cateau (dont Le Cateau-Cambrésis), Le Catelet, Catillon…, on va trouver des Casenove ou Cazenove (« maison neuve »), Casablanca (« maison blanche »), Cazalet et des Cazeaux et Caze(s) tout court.*

En revanche, dans les autres régions, là où castrum *a donné des Château, Châtillon, Châtelet, notre* casa *a elle aussi récupéré un* h, *pour donner des Chase, Chazal, Chazeaux, Chazelot, Chazelles, quand ce n'était pas des « Chèze » ou des « Chèse », à l'origine aussi, – l'analphabétisation aidant –, de fréquentes « chaizes » et « chaises » qui n'ont rien de commun avec le siège, dont le nom vient du mot latin* sella. *Voilà pourquoi des lieux se nomment La Chèze ou Chaise et pourquoi l'on trouve quantité de Chèzeneuve, Villechaise, Chaise-Dieu (maison placée sous la protection de Dieu) ou encore des Vieillechaise, signifiant « vieille maison ».*

De là viennent aussi directement notre « chez nous », désignant la « maison à nous », et les lieux-dits « Chez Untel », que nous ne tarderons pas à évoquer.

sont les créations de noms de lieux nécessitées par le développement de nouvelles zones d'habitation et de vie qui – lorsque l'on ne se contente pas, comme c'est le plus souvent le cas de leur laisser le nom porté par la parcelle en question sur le plan cadastral –, obéissent à des critères que l'on veut plus valorisants et attrayants. Les noms de quartiers résidentiels, de cités pavillonnaires ou d'immeubles qualifiés de « résidences » n'en finissent plus de rivaliser de noms bucolico-poétiques souvent sophistiqués, allant des Orcades aux Héspérides et du Paradis à l'Élysée, tous destinés à flatter et à faire rêver les acquéreurs potentiels. Jusqu'aux noms des zones industrielles ou des centres commerciaux qui s'en mêlent, comme ceux de Parinord ou Garonor, dans la banlieue nord de la capitale. Dénominations que l'on espère « vendeuses », et dont un des exemples les plus significatifs a sans doute été celui de Parly 2, dans les Yvelines, que l'on avait eu la prétention – crime de lèse-capitale – de vouloir nommer Paris 2, prétention dont il fallut rabattre en acceptant d'atténuer la ressemblance.

De façon générale, c'est la France tout entière qui cherche ainsi à se renommer, au gré des besoins touristiques ou politiques, comme la commune varoise de Bormes qui s'est dotée de mimosas en 1968.

Nés, en France, entre 2600 avant Jésus-Christ et nos jours, les noms de lieux, ou « toponymes », sont donc d'âges très variables. Qui travaille à en retrouver la signification et l'étymologie devra donc œuvrer comme un archéologue. Comme ce dernier identifiera un objet en fonction de l'âge de la couche de terrain dans laquelle il l'a trouvé, ce sera pareillement en fonction de l'âge qu'il pourra donner au nom d'un lieu que le toponymiste pourra se risquer à l'analyser.

Dater un nom de lieu consiste moins à déterminer sa date de naissance et de création qu'à en rechercher la trace la plus ancienne. Un nom attesté au IIe ou au IIIe siècle devra être rapproché des langues parlées à ces époques et il sera inutile de lui rechercher une base francique ou viking. Prenons un exemple très simple : dès lors que l'on sait que Rouen était connue dès le IIe siècle sous le nom de *Ratomagos*, on ne saurait lui supposer une origine scandinave, puisque ce nom s'est dégagé des siècles avant la venue des Normands.

Le toponymiste recherchera donc systématiquement et en priorité les formes anciennes, en travaillant sur certains types de documents et d'archives, comme les textes des auteurs romains, ou sur les cartulaires – originaux ou copies – qui sont de très anciens recueils, remontant parfois au VIIIe ou au IXe siècle, et réunissant les chartes et les actes de propriété d'une église, d'une abbaye ou d'un monastère. C'est dans cette masse documentaire qu'il trouvera des traces de la plupart des noms de nos communes, issus de ceux des anciennes paroisses et donc d'anciens lieux de peuplement, alors que bien des noms de lieux-dits ne sont apparus que plus tard, souvent guère avant les XIe ou XIIe siècles, bien après qu'eut été tissé et institutionnalisé le réseau paroissial.

200 Morvandiaux vivent à Poil !

Depuis des générations, le village morvandiau de Poil (*cf.* p. 35) déclenche les rires et les farces. Au XIXe siècle, Paul Birault, journaliste au quotidien de droite *L'Éclair* avait monté un canular en invitant les députés socialistes, au nom d'un soi-disant Comité d'initiative du centenaire d'Hégésippe Simon, à assister à l'inauguration de sa statue dans son village natal de Poil, dans la Nièvre. Beaucoup ayant répondu qu'ils se feraient un devoir d'être ce jour-là « à Poil », leurs lettres avaient été publiées dans l'hilarité générale.

On aura donc affaire à différentes générations de noms de lieux : ceux des villes très anciennes, dont l'existence est antérieure à l'évangélisation du pays, puis ceux, antérieurs à l'an mille, qui furent le plus souvent ceux des premières paroisses ; ceux des lieux fondés au bas Moyen Âge, à la suite de défrichements ou de la volonté de s'affranchir du joug féodal ; ceux, plus rares, nés postérieurement, que ce soit à la Renaissance ou aux temps modernes ; ceux, enfin, générés par la Révolution, suivis de quelques autres, beaucoup plus récents et souvent inspirés par des considérations touristiques.

Longtemps, en fait, les premières générations de toponymes se sont contentées de décrire ou définir les lieux, soit par leurs caractéristiques propres (situation, relief, végétation, construction...), soit par rapport aux hommes (populations et habitants) ou à un homme (le fondateur ou le propriétaire).

De Chirac à Carcassonne : des racines bien étranges

Kac, Kal, Kar : des injures ? Non, des racines prégauloises, que les toponymistes qualifient même de pré-indo-européennes, autrement dit datant des temps préhistoriques.

Les archéologues l'ont démontré : le territoire de la France avait été peuplé dès le néolithique, et même très peuplé. Quelle langue parlaient ses anciens occupants ? Nul ne peut le dire... Vraisemblablement une langue qui semble présenter une certaine parenté non seulement avec celles parlées dans les autres pays du nord de la Méditerranée – l'Espagne, l'Italie –, mais encore avec celles parlées en Asie du Sud-Est (Turquie, Caucase...), des langues que l'on nomme pré-indo-européennes, et dont ne subsiste évidemment aucune trace écrite. Seul, finalement, un résidu toponymique, constitué par les noms de lieux les plus anciens, non compréhensibles par les langues plus récentes, va offrir un matériau, l'équivalent de fossiles permettant de travailler. Ces « fossiles » seront majoritairement fournis par les noms donnés aux grands repères physiques : fleuves, rivières, montagnes, plus rarement des noms de localités.

Les spécialistes établissent une classification en deux générations : celle des échantillons pré-indo-européens et celles des autres éléments préceltiques : liguriens, ibériques, phéniciens, grecs…

Les toponymes issus des langues pré-indo-européennes se rattacheront à de très anciens thèmes, comme *kal*, désignant la pierre, puis l'abri de pierre, et qui évolue lui-même, selon des processus fort complexes, en *kar* et *gar*, et se voit aussi réduit à *kr, kl* ou *gr*. Il donnera aussi bien Cala, qui deviendra Chelles, que notre « chalet », comme il générera le « causse » et des Calonnes, des Cheiron et des Chirac, le Car de Carcassonne, Carros et Cassis, Clamart, Cravant, Craponne, La Grave, notre « garrigue », ou encore notre « clapier », qui n'était à l'origine qu'un gros tas de terre. On n'est pas loin, ici, de nos « cases » et de nos « chaises », au point que l'on a parfois l'impression de tourner un peu en rond.

Au nombre des fossiles issus des couches suivantes, dites « préceltiques », les savants mettront à la fois les toponymes venus des anciennes langues liguriennes, comme *Telo, Cabellio* ou *Tolosa*, à l'origine de nos modernes Toulon, Cavaillon et Toulouse, les toponymes introduits par les Ibères, venus d'Espagne vers le Ve siècle avant notre ère et qui, voyant leur avancée vers le nord arrêtée par les Gaulois, se fixeront dans la région située entre l'Aude et la Garonne (où ils laisseront notamment des noms formés sur *artica*, désignant la friche et sur *garric*, désignant le chêne, et à l'origine, l'un, de tant d'Artigue(s) et l'autre de Garrigues et de Jarrige) ; et aussi quelques très rares noms apportés par les Grecs, comme ceux de Nice (venu de *Nikaia*, signifiant « victorieuse », qui a pu être donné à la ville en hommage à la déesse Artémis), d'Antibes (à l'origine *Antipolis*, la « ville d'en face », par

Le tonnerre de Brest fait-il du bruit dans Landerneau ?

Les noms de lieux figurent très souvent dans les expressions populaires, que ce soient ceux de lieux connus ou d'autres, de pure fantaisie, comme Pétaouchnok, dont on a soigné l'exotisme, ou cette « Papagosse, où les chiens chient la poix ».

Voici un petit catalogue des principaux :

Aller à Montretout *signifiait « aller à la visite médicale ».*

Avoir un œil qui regarde à Paris et l'autre à Marseille *(ou vers d'autres villes géographiquement opposées) signifie loucher. On disait aussi* Regarder en Picardie pour voir si la Champagne brûle *(ou le contraire).*

C'est Byzance ! *Allusion aux richesses de l'ancienne Constantinople, pillées en 1204, lors de la quatrième croisade.*

Envoyer à Cancale ou à Pampelune *signifiait « envoyer au diable ». On disait aussi :* Faire la conduite de Grenoble, *dans le cas d'un renvoi un peu musclé, sans que l'on sache très bien quelle en avait été l'origine exacte.*

Être bon pour Charenton *se disait à Paris en référence à l'hôpital psychiatrique célèbre qui se trouvait dans cette ville. Dans le Sud, on disait aussi* Être de Lunel *ou* Avoir une chambre à Lunel.

Il y aura du bruit dans Landerneau *indiquait que quelque chose allait faire du bruit et provoquer des convoitises dans un petit cercle, une petite société fermée. Cette expression vient d'une réplique d'une pièce à succès d'Alexandre Duval, en 1796 : « Oh ! le bon tour. Je ne dirai rien, mais cela fera du bruit dans Landerneau ! ».*

Tomber comme à Gravelotte : *allusion à la bataille de Gravelotte, le 16 août 1870, où 35 000 hommes tombèrent en une seule journée.*

Tonnerre de Brest ! *Ne vient pas des orages, mais du bruit du canon de l'amirauté qui, depuis trois siècles, tonne chaque jour dans cette ville à sept heures du matin et du soir et dont le grondement peut s'entendre, par temps calme, jusqu'à quinze kilomètres à la ronde.*

Tous les chemins mènent à Rome *se réfère aux pèlerinages. Expression utilisée dans de nombreux sens (religieux et salut, finalité, habileté...).*

Trouver son chemin de Damas *signifie trouver la vérité, en allusion à saint Paul, qui s'y était converti.*

Venir de La Rochelle *s'employait à propos d'une personne maigre, à cause du bagne de cette ville.*

rapport à Nice) ou encore d'Agde (*Agathé Tukhé,* qui voulait dire « bonne fortune »).

Kac, Kal, Kar sont donc des racines lointaines, issues de ces langues « barbares », ainsi nommées par les Romains, pour qui elles étaient constituées de sons inintelligibles, dont ils n'entendaient vaguement que la musique, *barbarbarbar*.

D'Alésia à Argenteuil, en passant par Belenos et Bourbon : le décor d'Obélix

Avec les Gaulois, dont on a fait un peu caricaturalement nos seuls ancêtres, l'histoire des noms de lieux commence à devenir sinon plus claire, du moins plus concrète. Si les origines des Gaulois font encore couler de l'encre, leur vie et leur langue nous sont mieux connues, et les spécialistes n'ont donc pas eu trop de difficultés à dresser le catalogue des noms de lieux qu'ils nous ont laissés.

Ainsi *alisa*, désignant la falaise, donna Alise et Alésia, *bar*, désignant une hauteur faisant « barrière », fut à l'origine de nos Bar (Bar-sur-Aube, Bar-sur-Seine, Bar-le-Duc, Barr), *briva*, qui signifiait « pont », donna Brive ou Salbris, *cumba*, désignant une vallée sèche, donna autant de « Combe » que de Combs et... de Cons (Cons-la-Granville, Cons-Sainte-Colombe). *Dunum*, « colline », se retrouve dans Issoudun, Châteaudun, Verdun ou Médan. *Magos*, « champ », donna notamment Rotomagos, l'ancien nom de Rouen, et *nauda*, désignant une terre humide, a donné aussi bien des Noues que les curieuses Nuits « bourguignonnes » (Nuits-Saint-Georges, Nuits-sous-Ravière). *Condate*, qui désignait un confluent, est à l'origine de nombreux Condé, Candé et Condat. On trouve aussi des noms d'arbres, comme *aballos*, le pommier (proche de l'anglais *apple*), qui donna Avallon, ou de richesses du sol, comme *argento*, cousin du latin *argentum*, qui peut avoir été à l'origine d'Argentat, d'Argentière et d'Argenteuil.

Le record appartient incontestablement au mot *ialos*, qui désignait d'abord la clairière résultant le plus souvent d'un défrichage forestier, et qui en vint tout naturellement à désigner le village ou le hameau que l'on bâtissait. Il se retrouve donc fréquemment en composition dans de nombreux noms de villages créés à ces époques, et repérables par tout un éventail de terminaisons. La plus courante, *-euil,* se retrouvera dans des Verneuil (le village des vernes, c'est-à-dire des aulnes, *cf.* p. 73), Ligneul (village où l'on cultivait du lin), et beaucoup de Bonneuil qui n'ont jamais eu d'œil mais n'étaient qu'un *bonus ialos,* un bon village. Quant aux autres terminaisons, elles sont

Principales terminaisons des toponymes issus d'une clairière (par le suffixe « ialos »)

Vivre à Poil ou à Corps-Nuds ? Les curieux noms de nos communes

Nos ancêtres n'avaient pas peur du pittoresque : l'essentiel était d'être concret et évocateur. Certains noms de lieux indiquaient tout simplement la pauvreté des terres : à l'opposé des Coutures, dénommant de bonnes « cultures » et des terres fertiles, le sol des trois communes nommées Crèvecœur étaient ingrats « à en crever le cœur ». Plusieurs communes et lieux-dits, nommés Grattepanche, en Picardie et dans le Nord, réduisaient ceux qui en cultivaient le sol à se gratter la panse pour mieux tromper la faim ; et il semble bien qu'à Maurepas, on n'ait jamais fait que de... mauvais repas.

D'autres fois, l'étymologie est bien éloignée du sens apparent, comme :

Bagnols : *du latin* balneolum, *désignant une baignade ou des bains ;*

Bédouin (84) : *vient d'un ancien* Bet-Win *germanique ;*

Bonnétable : *désignait un lieu favorable à l'élevage ;*

Bosc-Bordel (76) : *vient de* bosc, *bois, et de* borde, *désignant une cabane en planches ;*

Cerqueux, Cerqus, Serqueux... *sont des déformations de « cercueil » et évoquent d'anciennes nécropoles, comme c'est notamment le cas de Cercueil, dans la Meurthe-et-Moselle ;*

Chilleur-aux-Bois (45) : *provient de* callius durum, *la forteresse de Callius ;*

Connaux (30) : *étymologie obscure (colline ou nom d'homme ?) ;*

Corps-Nuds (35) : *vient d'une ancienne* Cornuta villa, *la villa de Cornutus ;*

Cosne-sur-Loire : *vient d'un ancien condate, désigant un confluent ;*

Croth (27) et Crottes (45) : *viennent d'une ancienne grotte ;*

Cucuron : *de « cuq rond », montagne arrondie ;*

Fessey-Dessus et Fessey-Dessous (70) : *vient de* fagus, *le hêtre ;*

Froidevaux (25) : désignant une *vallée froide ;*

Grand-Cœur (73) : *vient d'une grande cour;*

La Queue (-les-Yvelines, -en-Brie) : *désignait des terres allongées, en forme de queue;*

Longjumeau : *à l'origine* Noviomagos, *devint au fil des siècles* Nogemellum, *d'où son nouveau nom, par influence du latin* gemellum, *jumeau;*

Lhuitre (10) : *vient de* Lustrios, *nom d'homme gallo-romain;*

Lorgies (62) : *vient de l'orge (noter, à proximité de cette commune, l'existence d'un hameau nommé « L'Aventure »);*

Millevaches : *vient du gaulois* mello *(hauteur) et le bas latin* vacua *(vide), et non mille* vaques *(mille sources);*

Montcucq (46) : *est un parfait pléonasme, puisque* cucq *signifie montagne en préceltique;*

Montrelet (80) : *vient d'une déformation de* ménestreau, *monastère;*

Plurien (29) : *signifie* plu *(paroisse) de saint Rihen (saint breton);*

Poil (58) : *vient du latin* podium *(hauteur);*

Saint-Jean-Pied-de-Port : *situé « au pied des ports », autrement dit des cols;*

Saint-Merd (19, 23) : *déformation de* Mard, *contraction de Médard;*

Saint-Michel-Chef-Chef : *en référence à l'ancien pays de Cheveché;*

Sainte-Verge (79) : *était le nom d'une sainte locale, bergère des environs de Thouars;*

Six-Fours : *est une déformation de* six forts;

Tournedos (27) et Tournedoz (25) : *déformation, pour l'une, de Tournetot, et évocation, pour l'autre, d'une déroute militaire;*

Vertus (51) : *en référence au dieu gaulois Virotutes (noter, dans son voisinage, la commune de Bergères-les-Vertus, où se trouvait une ancienne bergerie, et un lieu-dit nommé Trécon, d'étymologie inconnue);*

Villaines (72...) : *est une déformation de* villa, *village.*

aussi nombreuses que variées, passant par *-eil(le)*, comme dans Corbeil (en référence à un homme nommé Corbus) ou Creil, des *-eau* et des *-oil*, des *-uel* et des *-oue*l, et en langue d'oc des *-eol*, *-eujol(les)*, *-ejouls* et jusqu'à des *-orgues* en Provence. Ainsi, *maro ialos,* désignant la grande clairière cultivée et par extension le grand village, donna, aux côtés de nombreux Mareuil, Mareau dans le Loiret, Maroilles dans le Nord, Mariol dans l'Allier, Marols dans la Loire, Mareilles en Haute-Marne, Marvejols en Lozère, Maruéjols dans le Gard et Le Marillais en Maine-et-Loire.

N'oublions pas les noms des dieux puisque, bien sûr, les Celtes avaient les leurs. Le fameux Belenos, dieu de la lumière, est à l'origine de la ville bourguignonne de Beaune (nommée autrefois *Beleno castro*), et Belisama, déesse de la guerre, de Bellême. Borvo, dieu moins connu mais associé aux eaux chaudes, se retrouve dans Bourbon-Lancy, Bourbon-l'Archambault, Bourbonne-les-Bains, et aussi dans Bormes, avant les mimosas.

Au côté de Toutatis, le « dieu de la tribu », de Taranis, le « tonnerre », et de Sucellus, dont le nom désignait « celui qui frappe bien », on trouvait encore Virotutis, dieu du Soleil, qui sera à l'origine du curieux nom de ce village marnais nommé Vertus, rencontré au XVIIe siècle sous la forme *Vertudensis*,

Voulez-vous des photos de Nus ?

Gag classique, dans la Loire : la vente de « photos artistiques de Nus », que certains amateurs n'hésitent pas à acheter, sans imaginer qu'ils ne recevront que de banales photos de paysages de campagne, montrant évidemment le hameau de ce nom, situé sur la commune de Périgneux.

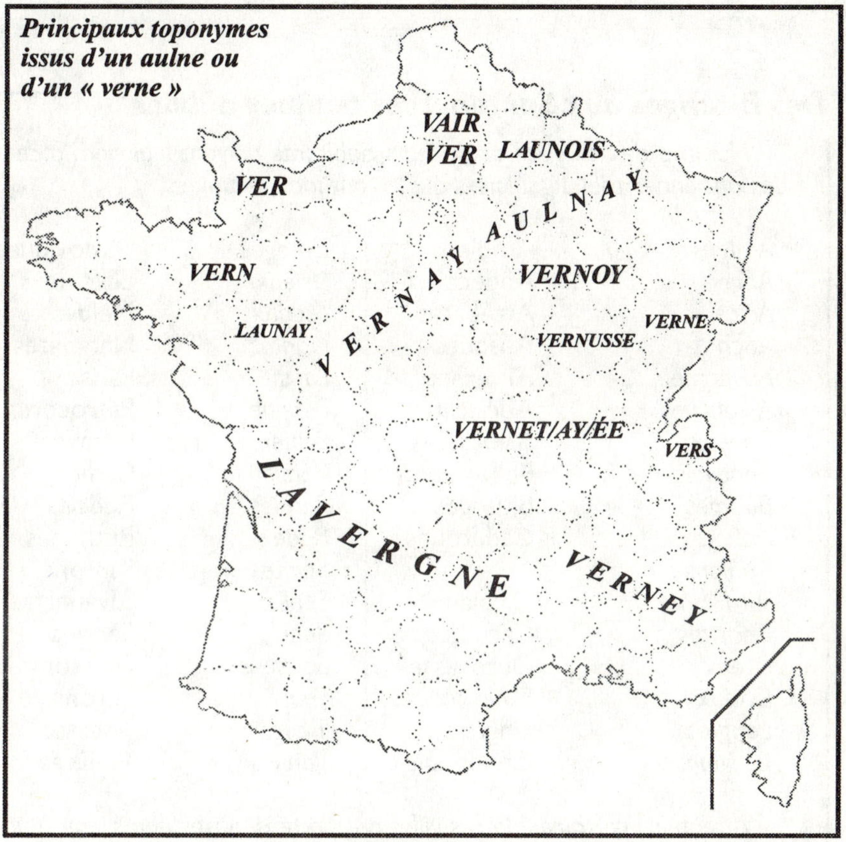

alors que notre « vertu », qui avait autrefois le sens de courage, venait directement – tout comme « viril » et « virilité » – du latin *vir* qui désignait l'homme.

En revanche, beaucoup de noms de lieux, surtout de villes, ont été formés d'après celui de la peuplade gauloise dont ils étaient la cité principale (voir encadré p. 38).

Enfin, beaucoup de mots gaulois se maintiendront dans nos langues et parlers régionaux et se retrouveront donc à l'origine de nombreux toponymes apparus parfois beaucoup plus tard. Ainsi *betua*, nom du bouleau, qui a souvent évolué en « betia », *brogilo*, désignant le petit bois (notre futur « breuil »),

Des Bituriges aux Santons : ces peuples oubliés

Nombre de nos villes et de leurs habitants doivent leur nom à celui des anciennes tribus gauloises qui les ont jadis peuplées.

Amiens	Ambiens	*Limoges*	Lémoviques
Angers	Andécaves	*Lisieux*	Léxoviens
Arras	Atrébates	*Meaux*	Meldes
Auch	Ausques	*Nantes*	Namnètes
Auvergne	Arvernes	*Paris*	Parisii
Avranches	Abrincates	*Périgueux*	Pétrocores
Bayeux	Baiocasses	*Poitiers*	Pictaves
Beauvais	Bellovaques	*Reims*	Rèmes
Bourges	Bituriges	*Rennes*	Redons
Cahors	Cadurques	*Rodez*	Ruthènes
Châlons-sur-Marne	Catalauni	*Saintes*	Santons
Chartres	Carnutes	*Senlis*	Silvanectes
Dreux	Durocasses	*Sens*	Sénons
Évreux	Éburoviques	*Soissons*	Suessons
Langres	Lingons	*Tours*	Turons
Le Mans	Cénomans	*Troyes*	Tricasses
		Vannes	Vénètes

Attention : certaines de ces villes ont porté d'autres noms, soit à une époque plus ancienne – comme Arras, qui s'était appelée Nemecatum *(le temple) ou Rennes, qui avait été* Condate *(le confluent), soit pour avoir été rebaptisées par les Romains, comme Amiens, nommée par César* Samarobiva *(= pont sur la Somme), Angers, qu'ils appelaient* Juliomagus *(le marché de Jules [César]), et Tours* Cæsarodunum *(forteresse de César).*

Il va de soi que les Santons, qui ont donné leur nom à Saintes, n'ont rien à voir avec nos « santons » provençaux, venus du mot santoun, *signifiant « petits saints », et que les Bituriges à l'origine de Bourges, n'ont aucun rapport avec la « biture », que l'on peut se prendre. Cette expression, qui nous est venue des marins, n'est autre qu'une déformation de l'ancien « prendre une boiture », où « boiture » avait tout simplement le sens de boisson.*

broccia, désignant les broussailles (brousse, brosse), *bricos*, la bruyère (bruère, bruyère, brugère, gière…), *varenne*, la lande (garenne), *cassanos*, le chêne, et surtout *vernos*, l'aulne (verne, vernay, oy…).

« Iac » qu'ça qui comptait : au temps des Gallo-Romains

Rome s'agrandissant, elle dut trouver des débouchés pour ses productions, des marchés nouveaux, des terres à cultiver en plus de celles de la plaine du Pô. Elle se tourna d'abord vers la Péninsule, puis l'Espagne et le sud de la France. On connaît la suite qui mènera tout droit à la défaite de Vercingétorix, déposant ses armes aux pieds de César, et aux Gaulois tour à tour occupés, puis intégrés, à la civilisation dite gallo-romaine.

Bénéficiant de la paix assurée par les légions romaines, la prospérité régna à nouveau, aussi bien à la ville qu'à la campagne. Partout, se développèrent de nouveaux noyaux de population qui reçurent presque toujours des noms latins, puisque ce fut bientôt la seule langue à y être parlée, et ce jusqu'au temps des grandes invasions.

Quantité de mots latins sont donc présents dans nos toponymes depuis ces temps-là. *Confluentes*, le confluent, donna ainsi Conflans et Confolens. *Buxea*, le buis, arbre souvent introduit par les Romains, donna Buxy, Buxerolles et de nombreuses Bussière(s). *Castrum*, désignant à l'origine le camp, donna Castres et La Châtre. *Vicus*, qui est à l'origine de notre chemin « vicinal » et qui désignait le village, se retrouve à l'origine de plusieurs Vic ou Neuvic (« nouveau village ») et même d'un insolite Vieu. *Insula*, l'île, a engendré Lille, cité qui s'était développée autour d'une forteresse bâtie dans des marécages entourés par des bras de la Deule. Enfin, les routes quadrillant le paysage ont elles aussi donné leur lot de toponymes, que ce soit par des *via*, tout court, des *via calceata*, c'est-à-dire des « routes chaussées » (où les pierres sont « chaussées » dans le sol) ou des *strata*, routes recouvertes de dalles – autant de formes que l'on peut encore deviner derrière des noms comme Courbevoie, La Chaussée ou Estrée, sans oublier Compiègne, qui doit son nom au *compendium* – le raccourci.

D'autres noms évoquent les constructions : *pons*, le pont, à l'origine de nombreux toponymes ; *arcus*, l'arche, qui donna de nombreux Arc ; *murus*, le mur, à l'origine de Mur, Muret, Murols… Sans oublier, ici encore, les dieux, tels Mercure à l'origine de Mercœur, ou Vénus, qui se cache encore aujourd'hui dans le nom de Port-Vendres (ancien *Portus Veneris,* « Port de Vénus »).

Principaux toponymes issus d'une ancienne « villa »

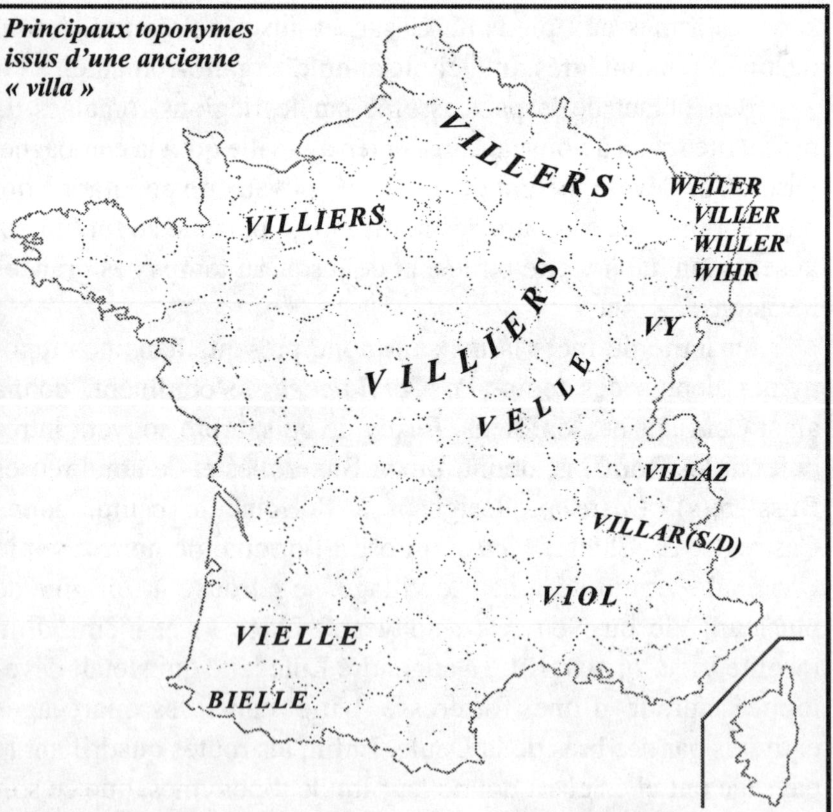

La filiation latine est omniprésente, aussi bien pour des toponymes apparus à cette époque que pour des formations postérieures comme ceux composés sur *mons*, la montagne (Mons, Mont-de-Marsan), qui vont rapidement proliférer et se voir assortis des qualificatifs les plus variés et d'adjonctions diverses (Montmirail, d'après mirail, poste de gué, Clermont, le mont clair, c'est-à-dire bien dégagé). D'autres sont composés sur *petra*, la pierre (de Pierrefonds à Pierrelatte), sur *vallis*, la vallée (Laval, Vals, Levallois), sur *crypta*, la grotte (Le Crotoy, La Cropte et même plusieurs Croûte, sans aucun rapport avec celle du pain). Quantité de mots sont alors définitivement entrés dans notre langue, qui ne cessera, au fil des siècles, de les utiliser pour forger une foule d'appellations. Leur liste est longue, avec *mollis,* la terre molle et marécageuse, à l'origine de Molières, *ripa*, la rive, à l'origine de nos Ribes ou Rivas, *bosc*, le bois, *rivus*, le ruisseau, *stagum*, l'étang, mais aussi quantité de noms désignant la végétation: *fagus*, le hêtre et *fagetum*, la hêtraie, *casteneum*, le châtaignier, *salix*, le saule, *spina*, l'épine ou le taillis épineux, *taxus*, l'if (d'où Taix, Tessières), *tilium*, le tilleul, *tremulus*, le tremble, le peuplier, *ulmus*, l'orme...

Mais c'est surtout en milieu rural que le patrimoine toponymique va connaître une véritable inflation.

Parallèlement aux cités florissantes, les campagnes gallo-romaines connaissent un formidable essor. Du Nord au Sud et d'Est en Ouest, elles se couvrent soudain de *villæ*, que l'on pourrait comparer à des fermes pilotes. Il s'agit de grands domaines fonciers, au centre desquels on trouve une construction en dur, avec maison d'habitation et bâtiments d'exploitation. Ces *villæ* regroupent ou se partagent les sols de grands ensembles appelés *fundi*, qui président donc, avec elles, au découpage des terres.

Ce monde gallo-romain étant, à l'image de Rome, celui de la propriété privée, on ne saurait s'étonner que la plupart des espaces y soient désignés par le nom de leur maître, d'où

Quand les villes étaient à la campagne

Grands domaines agricoles, les villæ *gallo-romaines ont été à l'origine de nos « villes », qui étaient par conséquent à l'origine situées… à la campagne*[1] *! Dans un premier temps, ces domaines ont reçu le nom de leur propriétaire, auquel on ajoutait les suffixes* -acum, -anum. *Par la suite, leur nom intégra le terme* villa, *ou l'un de ses dérivés régionaux.*

Dans leur majorité, les toponymes s'y rattachant sont le plus souvent composés avec la forme ville: *Bonneville, Belleville, Villeneuve ou son équivalent Neuville, Grandville…, Villebois (domaine près d'un bois), Villepreux* (villa Pirosa, *domaine aux poires), Villemur (domaine entouré de murs), souvent en composition avec un nom de personne, là encore celui du propriétaire ou du fondateur du domaine, avec des Villegaudin (domaine de Gaudin), Villehardouin (domaine de Hardouin), Villemoisan (domaine de Misan, Moïse)…*

D'autres, cependant, intègrent des formes dérivées, comme:

- velle, *dans le Centre et l'Est, comme dans Velfaux (domaine des hêtres, cf. p. 73);*
- vielle, *dans le Sud-Ouest, comme dans Vieilleségure (domaine sûr, fortifié), que l'on voit parfois déformé en* vieille *et plus couramment en* bielle, *dans le Béarn (Massabielle, domaine de Macius), ou encore en* viala *et* vialle *plus au nord et en Limousin, comme dans Viallevaleix (domaine dans la vallée);*
- viol (le), *en Languedoc, comme dans Viols-le-Fort;*
- villaz, *en Savoie;*
- *de nombreux* vy, *en Franche-Comté;*
- *et en diminutifs, des* villette *et* viallette *(petit domaine).*

Parallèlement, on en tirera le mot villare, *désignant une partie seulement de la villa, correspondant souvent à une ferme isolée, et qui donnera, selon les régions:*

- *un peu partout, des* villars *ou* villard, *particulièrement nombreux dans les Alpes (Villard-de-Lans);*
- *des* villers, *surtout nombreux dans l'Est et le Nord (Villers-Cotterêts);*
- *des* villiers, *en Bourgogne, Champagne, Berry, Normandie…;*
- *des* viller, willer *et* weiler, *en Lorraine et en Alsace (Willerwald, domaine aux bois; Neuwiller, domaine neuf…), ainsi que des* wihr *(Wihr-au-Val: domaine dans le val)…*

1. *Cf.* Jean-Louis Beaucarnot, Qui étaient nos ancêtres?, *Jean-Claude Lattès, 2002.*

un mode de dénomination à ce point généralisé qu'il a été à l'origine d'un bon vingtième des noms de lieux habités de notre pays. Il le fut principalement à travers trois suffixes : d'abord *-acum* ou sa variante *-iacum,* et ensuite *-anum.*

On dénomma en effet ces lieux le plus simplement du monde : la terre ou la villa appartenant à un homme nommé Albinius ou Sabinius, fut appelée Albiniacum ou Sabiniacum, ce qui signifiait Albiniacum villa ou Sabiniacum fundus. C'est ce suffixe, en *-acum* ou *-iacum,* qui est à l'origine des formes modernes, en sachant qu'il aura connu des destins divers au gré des langues et des parlers régionaux. S'il donne bien *-ac* dans certaines régions, comme en Bretagne et en Charentes, il donne

Principales terminaisons des toponymes formés avec le suffixe « iacum »

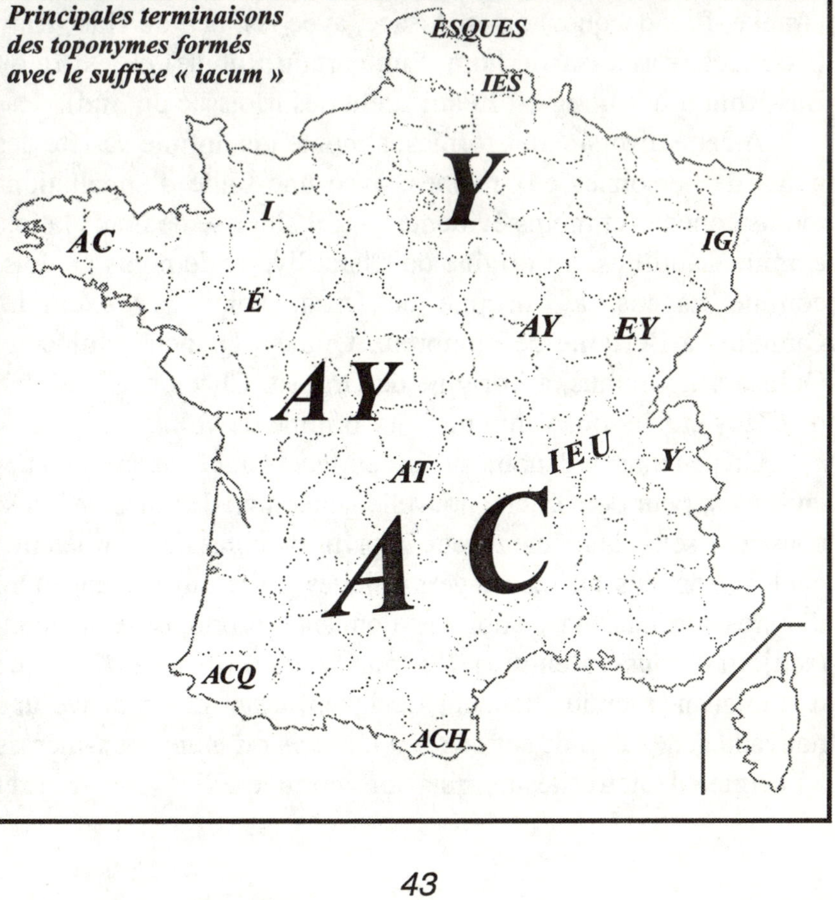

-at en Auvergne, *-ai* et *-ay* dans le Nord, *-y* dans le Centre, le Nord-Ouest et le Nord (où il est parfois orthographié *-ies), -ey* dans l'Est, *-ieu* en franco-provençal, parlé à l'intérieur d'un large triangle joignant le Forez au Jura et à la Savoie. La plupart des noms propres d'alors, comme Aurelius, Blandius, Clarius, Maximmius…, vont se voir mis ainsi à toutes les sauces à travers notre hexagone, comme le montre l'exemple de Floriacum villa, domaine d'un certain Florius, qu'on retrouve aujourd'hui sous les multiples formes de Fleurac en Charente, Florac en Lozère et Floirac en Gironde, Fleurat dans la Creuse, Fleurey en Bourgogne, Fleury dans l'Aisne et dans l'Oise, Fleurieux dans le Rhône.

On les retrouvera jusque dans les provinces les plus excentrées, comme en Flandres, avec les suffixes *-eke* et *-ecques* (Aneke, Blendecques) ou en Alsace, avec les *-ach* du Haut-Rhin (Rouffach, formé sur le nom d'un certain Rubius) et les *-ig* du Bas-Rhin (où Mutzig est l'équivalent des Moissac du Sud).

À cette diversité des formes, s'ajoute une infinie variété des noms de personnes eux-mêmes, avec une foule d'appellations moins connues et moins évidentes, qu'il s'agisse de noms latins, comme Cantillius, à l'origine de Chantilly, ou de noms gaulois, comme Laccos, à l'origine de Lacq. Voici, par exemple, Quintius, à l'origine de nombreux Quincy, Quincié, Quincieu, Quinsac…, Gramus, à l'origine de Gramat, Cliccius, à l'origine de Clécy et Clisson, Volummus, à l'origine de Volnay…

Un peu plus tard, notre suffixe en *-acum* ou *-iacum* va évoluer en *-anum,* pour donner une nouvelle génération de noms de lieux, construits selon la même recette, à partir de noms de propriétaires gaulois, romains ou même germaniques, mais qui ont engendré d'autres terminaisons, Albinius donnant désormais Albinanum (toujours sous-entendu *villa* ou *fundus*) sera à l'origine d'Aubignan. Licinius donnera Lézignan, avant que n'arrive une nouvelle génération de suffixes, en *-anicum* ou *-inum*, eux-mêmes à l'origine de nouvelles terminaisons comme celles *-ens*, *-eins* et

-enx dans le Sud-Ouest (Nodelus donnera Noulens, dans le Gers ; Tunno donnera Tonneins dans le Lot-et-Garonne ; Ponto donnera Pontenx dans les Landes), en *-argues* dans le Sud (Bullius donnant Bouillargues, dans le Gard), en *-anges* en Auvergne (où Celsinius donnera Sauxillanges), ou encore en *-inges* en Franche-Comté ou en *-in* ou *-ines* ailleurs (Bovius donnera Bouvines).

Tous réunis, les toponymes hérités de ces constructions représentent un très fort contingent (10 à 15 %) de notre *corpus toponymique.*

Mais cette formidable période de paix et de croissance, responsable de tant de nouveaux noyaux de culture et de peuplement ne va

À l'origine du vandalisme

De l'an 400, qui vit l'arrivée des Wisigoths, à la victoire de Charles Martel sur les Arabes, en 732, à Poitiers, la Gaule vit déferler sur son sol des hordes de barbares venues des steppes d'Europe centrale, d'Asie ou du Caucase, comme les Huns d'Attila, mais aussi des Pays baltes, comme les Saxons ou ces terribles Vandales, à l'origine de notre « vandalisme ».

Beaucoup de ces peuples s'installèrent en fondant ça et là des colonies, dont témoignent encore aujourd'hui nombre de toponymes :

- les Alamans, *peuple né d'un regroupement de tribus (dont le nom signifie « tous les hommes »* [all-man]*), vaincus par Clovis à Tolbiac en 495, ont donné des lieux nommés Allemagne, Allemanche, Almenèches…*

- les Bretons, *venus de Grande-Bretagne, se sont établis à Bretenoux, Brétignolles, Bretenière, Brétigny, Bretagne, La Bretonne…*

- les Burgondes, *originaires de l'île danoise de Borgundarhom, ont fondé la Burgondie et ont laissé leur nom à plusieurs lieux nommés Bourgogne.*

- les Goths *ont laissé lers traces à Gouts, Villegoudou…*

- les Marcomans, *venus de Bohême, ont donné trois communes appelées Marmagne.*

- les Sarmates, *venus d'Iran par la Russie, se sont établis en des lieux nommés Sermages, Sermesse, Salmaise, Charmasse…*

- les Saxons, *venus du Jutland, ont laissé Saisseval, Soissons, Sissonne…*

- les Suèves, *à l'origine de la Souabe (et non pas de la Suède) nous ont laissé Wissous, comme les* Vascons, *qui s'établirent en Gascogne, ont laissé des Vaucogne, les* Écossais *des Escot, et plus tard les* Anglais *seront à l'origine de nombreux villages nommés Les Angles.*

Jusqu'à nos actuelles communes de Tiffauges et Touffalles, qui doivent leur nom à un peuple gothique, les Teifales, *sans rapport avec la poêle, inventée, quant à elle, en 1954 par Marc Grégoire à partir du Téflon, nom vulgaire du polytétrafluoro-étylène.*

durer qu'un temps, puisque dès le Ve siècle, les peuples de l'Est de l'Europe vont se ruer vers l'Ouest.

Chassés de chez eux par les Huns, les Goths – ils sont peut-être deux cent mille – cherchent à gagner la Méditerranée. En 410, Alaric arrive à Rome, qui ne tardera pas à tomber, laissant dès lors libre cours aux hordes de tout poil venues des steppes lointaines. C'est l'anarchie, les grandes invasions. On ne compte plus les peuples qui passent et repassent sur le sol de l'ancienne Gaule, s'installant parfois sur quelque ancien *fundus* ou dans une *villa* abandonnée. Autant de lieux qui se verront dès lors rebaptisés, en référence à cette nouvelle présence étrangère qui, le plus souvent, avec le temps, s'intégrera ou se fondra dans les populations autochtones.

Aux temps des Francs et « blancs manteaux »

Avec l'effondrement de la puissance et de la civilisation romaine, c'est le retour « à la case départ », ou presque. Les barbares sont là, et même s'ils vivent parfois au sein de paisibles colonies, la sécurité a disparu. Les villes et les cités régressent et, à la campagne, les belles et riches *villæ* sont abandonnées ou à demi ruinées. La population vit dans des maisons de bois, parfois dans de simples abris de branchages. En latin, on nomme ce genre d'habitation une *capana,* et le mot est à l'origine de notre cabane, ainsi que de très nombreux noms de lieux tels que Cabane(s), Chabane, Chavanne(s) ou Chevanne(s). Ailleurs, on l'appelle une *borda*, qui a donné de nombreux lieux nommés La Borde, Bordeau, Bourdeaux, et même Bourdel et Bordel, termes qui ne désignaient donc que de « petites bordes ». Les peuples germaniques les appellent, quant à eux, *laubja*, mot qui donnera nos « loges », puis nos « logis », et sera également présent dans bon nombre de toponymes.

Pourtant, les choses ont radicalement changé pour les habitants des *pagi*, anciens villages gallo-romains, que l'on appelait donc des *pagani*, mot que l'on peut traduire indifféremment par « paysans » ou par « païens », deux termes alors synonymes, mais que l'histoire va se charger de dissocier.

Ces « païens », qui adoraient les sources, les rivières et les dieux des vents et des eaux, vont être convertis. Le christianisme arrive. Après avoir triomphé à Rome, il va déferler sur l'ancien territoire de la Gaule. On sait l'œuvre immense accomplie ici par des missionnaires comme saint Martin qui, parti de Tours, s'en alla le premier porter l'Évangile de village en hameau. C'est la naissance des paroisses, avec la construction de sanctuaires régulièrement placés sous le patronage, autrement dit sous la protection, d'un lieutenant de Dieu, d'un saint, dont on est censé conserver, sur place, une relique – ne serait-ce qu'un ongle, un cheveu, quelque morceau d'ossement ou l'infime partie d'un vêtement. L'exemple le plus frappant est justement celui du manteau du même saint Martin. Il s'agissait en fait d'une cape, ou plutôt d'une « chape », nom dû au fait qu'elle recouvrait le « chef » (c'est-à-dire la tête) aussi bien que les épaules et le corps. Cette pièce faisait partie du paquetage de tout militaire romain, et Martin – qui en était un –, l'avait un jour partagée avec un pauvre grelottant de froid à l'entrée d'une ville. C'était pour y vénérer cette chape que l'on avait, à la mort du saint, construit un petit bâtiment, qui allait être la première de nos « chapelles » – sans doute une petite chapelle aux murs blancs, comme toutes celles qui allaient être élevées par la suite, et qui firent dire que le pays tout entier s'émailla alors de « blancs manteaux », expression qui ne désignait donc finalement que nos premières églises.

Des siècles durant, le nombre de ces paroisses ne va cesser de croître. Elles se verront doter non seulement d'une chapelle ou d'une église, mais aussi d'un nom. Au début, leur rareté a pu générer des noms directement formés sur ces constructions (comme Glisolles, Grisolles, Grizelles… ou comme La Chapelle, La Capelle…), mais bien vite, le culte des saints, qui fit fureur à

Du Cachemire au corbillard : noms de lieux devenus noms communs

Innombrables sont les noms de villes ou de régions qui ont donné naissance à des noms communs. Ainsi :

- des noms désignant des textiles ou des vêtements, comme brandebourg (venu de la province de ce nom, en Allemagne), cachemire (venu de ce pays), calicot (venu de la ville de Calicut, en Inde), cordonnier (dû au fait qu'il travaillait le cuir de Cordoue), cravate (venu de l'habitude vestimentaire des mercenaires croates intégrés aux armées de Louis XIII et Louis XIV), cretonne (venu de Creton, un village de l'Eure), damassé ou damasquiné (venu de Damas), hermine (venu d'Arménie), maroquin et maroquinerie (venus du cuir du Maroc), martingale (venue de Martigues), mousseline (venu de Mossoul, ville de Mésopotamie), parchemin (venu de Pergame), popeline (venue de la ville belge de Poperingen), poulaine (chaussure médiévale, en pointe, venue de Pologne), satin (venu de la ville chinoise Tsia-Toung),

- de nombreux noms de fromages (brie, camembert, chaource, comté, coulommiers, époisses, gruyère, livarot, morbier, munster, pont-l'évêque, saint-nectaire...), ou encore un vin ou une liqueur (armagnac, bordeaux, bourgogne, calvados, cognac),

- des noms de races de chiens : labrador, danois, terre-neuve, pékinois ; ou l'épagneul, venu d'Espagne,

- des noms de sports, comme badmington, venant du nom d'un château anglais, et rugby, d'une ville du sud de l'Angleterre où se trouvait l'école dans laquelle le jeu a reçu ses règles, de danse (comme notre charleston, d'après le nom d'une villa américaine, en Caroline du Sud), ou de voitures, comme le landau (en référence à la ville de ce nom, en Allemagne) ou la berline (créée à Berlin).

Terminons par trois mots à l'histoire plus curieuse :

- la « lapalissade », vient de la ville de Lapalisse et du nom de son seigneur, M. de La Palice, maréchal de France, tué à la bataille de Pavie, en 1525, après avoir glorieusement combattu, ce qui fit écrire par un chroniqueur qu'« un quart d'heure avant sa mort, il faisait encore envie » – propos qui, mal recopiés, donnèrent : « Il était encore en vie », d'où le sens actuel de ce mot ;

- « limoger » : vient du fait qu'en 1914, on envoya dans cette ville des généraux jugés incapables, que l'on voulait mettre « hors circuit » ;

- le corbillard, vient de Corbeil, où il était le nom du coche d'eau qui assurait la liaison Paris-Corbeil, lequel était peint en noir, comme les chars mortuaires.

compter de la fin du VIe siècle, fit que toute nouvelle paroisse s'en choisit un pour patron et se vit désigner par son nom.

Dans un premier temps, on utilisa volontiers la forme *dom*, qui n'est autre que l'abréviation du latin *dominus*, signifiant seigneur, encore utilisée en Espagne (Dom Diègue signifie « seigneur Diègue ») ; et l'on eut donc des Dommartin, Domrémy ou Dompierre, pour dire Saint-Martin, Saint-Rémy ou Saint-Pierre, tout comme « Dammarie » – « dame Marie » – se référait au patronage de sainte Marie, la Vierge.

Dans un deuxième temps, le latin *sanctus* s'imposa et entra dans la composition de si nombreux noms de paroisses que les plus populaires de ces saints se sont rapidement trouvés à l'origine de fréquentes homonymies, que l'on s'efforcera souvent de distinguer par l'adjonction de surnoms, surtout lorsqu'il s'agissait de paroisses voisines ou dépendant d'un même diocèse. En Vendée, on distinguera ainsi deux Saint-Aubin en les nommant respectivement, l'un Saint-Aubin-la-Plaine, et l'autre Saint-Aubin-les-Ormeaux.

Telle est l'origine de plus de 5 000 de nos noms de communes (soit environ 15 % d'entre elles), sachant que cette proportion était plus importante encore sous l'ancien régime, puisque l'on verra que nos communes, nées sous la Révolution, n'ont pas toujours jugé opportun de reprendre le nom de la paroisse préexistante.

Il en alla ainsi dans tout le pays, ce qui signifie qu'aux côtés des grands saints très populaires et encore très connus, on en voyait une foule d'autres, aujourd'hui totalement oubliés, mais qui n'en ont pas moins patronné leur quota de paroisses.

Il y avait d'abord des saints locaux, propres à certaines régions, comme saint Treverius, ermite ayant vécu au IVe siècle dans la Dombes, qui fut le patron des deux Saint-Trivier que l'on rencontre dans l'Ain, ou comme saint Africanus, évêque de Comminges au VIe siècle, qui fut à la fois celui de plusieurs Saint-Affrique, dans l'Aveyron et dans le Tarn. Il en va de même pour saint Manvieu, évêque de Bayeux, saint Macaire, en Anjou, sainte Preuve, dans l'Aisne, et pour des centaines d'autres, sans compter ceux et celles, également nombreux, qui étaient d'anciennes divinités païennes christianisées par l'Église, afin de mieux faire avancer la foi. C'est ainsi qu'à Saint-Sernin-du-Bois, en Bourgogne, les statues païennes adorées près d'une source et appelées par la population Plotot et Freluchot furent admises par les curés du lieu comme des saints du même nom, et régulièrement honorés en tant que tels. On n'a pas manqué non plus de christianiser d'anciens noms de lieux, lorsque l'occasion s'est présentée, faisant ainsi Saint-Romain d'une banale *villa Romanore,* en Charente.

D'autres saints se retrouvent dans des noms de lieux, en qualité de saints « éponymes ». Le phénomène est fréquent en Bretagne, et tout particulièrement dans le Finistère, où saint Cléden était à l'origine le patron des deux paroisses de ce nom, et saint Louan celui de la paroisse de Poullaouen (étymologiquement Ploelouan, autrement dit *Plou Louan,* « paroisse de Louan »), comme saint Edern l'était pour Edern.

À cela s'ajoutent mille déformations et variantes locales. Comme saint Bénigne donne des Saint-Bérain, Saint-Bénin, Saint-Blin, Saint-Branche, Saint-Broing(t), saint Saturnin donne des Saint-Cernin, Saint-Sernin, Saint-Sornin et, en Provence, des Saint-Savournin. Saint Pierre donne des Saint-Père et des Saint-Pé. Saint Étienne, dont le nom, par Estevanus, vient du latin *Stéphanus*, donne des Saint-Estèphe, des Saint-Sail et des Saint-Ail, alors que saint Sulpice donne des Saint-Souplet, Saint-Soupplets et Saint-Supplet, et que sainte Euphémie donne Sainte-Offenge…

Sans parler de déformations d'autres types, comme Saint-Cergues, où le mot « saint » sera absorbé et digéré en devenant

Le « top 50 » des hagiotoponymes

4 376 communes (plus d'une sur dix !) ont pour nom un « hagiotoponyme », autrement dit un nom de saint, le record étant détenu par la Dordogne (avec plus d'une commune sur quatre) et le minimum par le Haut-Rhin (à peine une sur cent)...

Le classement ci-dessous, s'appuyant sur les noms de communes, ne tient cependant compte ni des noms de lieux-dits (et moins encore de rues), ni des vocables de paroisses. Ainsi, de nombreuses paroisses, en ville comme à la campagne, sont placées sous le vocable de saint Martin, sans que le nom de la commune en ait conservé la trace.

Par ailleurs, ce palmarès ne tient compte que des principales variantes. S'il a ainsi additionné les Saint-Agnan aux Saint-Agnant et aux Saint-Aignan, il n'intègre pas les multiples variantes plus complexes (ainsi Pé et Père pour Pierre, Salvadou et Salvadour pour Sauveur...), ou encore, pour Marie, des nombreux Notre-Dame. Martin est intégré à un nom de commune dans 76 des 89 anciens départements métropolitains.

1. saint Martin :	*240 communes*
2. saint Jean :	*179 communes*
3. saint Pierre :	*161 communes*
4. saint Germain :	*126 communes*
5. saint Julien :	*95 communes*
6. saint Laurent :	*91 communes*
7. saint Georges :	*79 communes*
8. saint Hilaire (ou Hillaire) :	*79 communes*
9. saint Aubin :	*73 communes*
10. saint Étienne :	*70 communes*
11. saint André :	*69 communes*
12. saint Michel :	*65 communes*
13. saint Maurice :	*62 communes*
14. saint Paul :	*59 communes*
15. saint Léger :	*54 communes*
16. saint Denis :	*51 communes*
17. saint Vincent :	*45 communes*

18. saint Rémy (ou Rémi) :	*44 communes*
19. saint Sauveur :	*43 communes*
20. saint Christophe :	*40 communes*
21. saint Cyr :	*40 communes*
22. sainte Marie :	*40 communes*
23. saint Bonnet :	*39 communes*
24. saint Ouen :	*39 communes*
25. saint Sulpice :	*39 communes*
26. saint Agnan(t) (ou Aignan) :	*39 communes*
27. saint Romain :	*34 communes*
28. saint Nicolas :	*33 communes*
29. saint Amand (ou Amans et Amant) :	*32 communes*
30. saint Loup :	*31 communes*
31. saint Quentin :	*31 communes*
32. sainte Colombe :	*29 communes*
33. sainte Croix :	*27 communes*
34. saint Didier :	*27 communes*
35. saint Victor :	*26 communes*
36. saint Marcel :	*24 communes*
37. saint Symphorien :	*24 communes*
38. saint Priest :	*23 communes*
39. saint Clément :	*22 communes*
40. saint Gervais :	*21 communes*
41. saint Just :	*21 communes*
42. saint Médard :	*21 communes*
43. saint Félix :	*19 communes*
44. saint Martial :	*19 communes*
45. saint Pardoux :	*17 communes*
46. saint Benoît :	*16 communes*
47. saint Barthélemy :	*16 communes*
48. saint Avit :	*16 communes*
49. saint Gilles :	*16 communes*
50. sainte Gemme (ou Gemmes) :	*15 communes*

Sancergues, ou comme l'exemple de cette ville qu'un homme politique a récemment mis à l'honneur : Cintegabelle, qui était à l'origine Sainte-Gabelle, du nom d'une sainte locale. Elle évoluera vers sa dénomination actuelle lorsque la sainte sera tombée dans l'oubli, et sans doute à la faveur de l'homonymie avec un impôt beaucoup plus connu, celui sur le sel.

D'autres paroisses ont parfois reçu des noms d'un autre type, les plaçant directement sous la protection de Dieu, comme de nombreuses Villedieu, ou encore Dieulefit ou Dieutegard (Dieu te garde, te protège), à moins qu'on ait préféré évoquer une action de grâce (La Bénisson-Dieu)…

Pas de bœuf à Elbeuf, mais des loups au Louvre : le temps des « cours »

Des siècles durant, on va donc assister à la création de nouvelles paroisses, mais également à celle de nouvelles exploitations, donnant lieu, elles aussi, à de nouvelles dénominations : on a souvent rebaptisé un ancien domaine ou une ancienne villa gallo-romaine. La méthode ne change pas. Pourquoi, d'ailleurs, le ferait-elle ? Comme par le passé, les mêmes réflexes vont conduire à désigner ces lieux en référence à leur propriétaire ou à leur situation dans le paysage.

Pour ce qui est du propriétaire, la nouveauté est que celui-ci est de plus en plus fréquemment porteur d'un nom germanique. Il ne se nomme plus Antonius, Florius ou Sabinius, mais Landold, Boso, Rubo, Watto, ce qui donne, en conservant les suffixes habituels *-iacum* ou *-iniacum* des toponymes – surtout présents dans le Nord et l'Est du pays – tels que Landouzy, Busigny, Ruvigni (qui deviendra Revigny), Wattignies…

Dans l'Est, en Lorraine et Franche-Comté, le suffixe *-ing* redonnera nos déjà classiques terminaisons en *-angue*, en Flandres celles en *-ingue,* d'où Hagondange, pour désigner le domaine d'Ingold ; Fénétrange, venu d'un Filistenges, pour celui d'un certain Filista, ou Affringues, dû à un nommé Alfred, comme Foucherans doit son nom à un certain Foucher.

Dans le Sud, la même formation engendre des terminaisons différentes, en *-ens, -eins* ou *-enx,* comme Tonneins, venu de Toninge et dû à un certain Tunno.

Ailleurs, les mêmes noms germaniques vont à nouveau entrer en composition avec *ville, viller* ou *villar*, tous dérivés de l'ancien mot *villa.* Gundran (Gontran), Baroald, Hardwin, Genolf donnent Villargondran, Villebarou, Villarogier, Villehardouin, Villegenon…

Mais d'autres termes apparaissent : dans le Boulonnais, les Saxons laissent le mot *tun*, signifiant « ferme », qui donnera des noms comme Landrethun, pour la ferme d'un certain Landar, tout comme en Normandie, les Normands apporteront leurs *torp*, leur *thuit* et leur *toft*, mots désignant respectivement le hameau, la pièce de terre exploitée et l'exploitation (bâtiment et terres).

Le terme le plus fréquemment utilisé à ces époques est sans doute celui de « cour », venu du bas latin *curtis*, et qui sera surtout employé à l'époque carolingienne. Désignant à l'origine la cour d'une ferme, puis la ferme elle-même, il en est venu à désigner le noyau d'habitation. Ce mot rencontrera un immense succès dans le Nord-Est, notamment à l'ouest de la Lorraine, en Artois et en Picardie. Lui aussi sera également presque toujours composé à partir d'un nom de personne qui, la mode aidant, sera le plus souvent d'origine germanique. Voici donc une nouvelle génération de noms de paroisses qui deviendront des noms de communes, ou de noms de hameaux, comme Bettancourt (domaine de Betto), Brandicourt (domaine de Brando) ou Azincourt (à l'origine *Aisincurt*, autrement dit domaine d'Aizo).

En Alsace et en Lorraine germanophone, notre *villa* a eu pour correspondant *dorf* (d'où Gommersdorf, la villa de

Pas de fleurs à bâbord : l'héritage des Vikings

Arrivés bien avant l'an mille, les Normands, après que le roi Charles-le-Simple leur eût donné leur Normandie, s'intégrèrent parfaitement et ne firent plus guère parler d'eux, ni même parler « comme eux ». En effet, aucun document postérieur à 940 n'atteste plus l'emploi des parlers scandinaves, qui ne subsistent finalement aujourd'hui que par quelques rares mots du vocabulaire marin (comme havre, bâbord *ou* tribord*) et que par des toponymes régionaux, souvent formés à partir d'un petit nombre de termes dont le sens nous est devenu totalement étranger :*

- -bec, *voisin du* bach *germanique, désignait le ruisseau et a donné* Bolbec *(la ferme près du ruisseau),* Caudebec *(le ruisseau froid) ;*

- -beuf *(« abri »), a donné* Elbeuf, Criquebeuf *: abri près d'une* kirkja, *c'est-à-dire une église, voisine des* Kirchen *germaniques ;*

- -fleur, *vient du normand* fljot, *d'où* Honfleur, Harfleur *et* Barfleur, *se référant respectivement à une baie de Hun, à une baie haute et à une baie en angle ;*

- mare *et* mer *désignaient une étendue d'eau, d'où* Cambremer, Quatremare…,

- -tot, *enfin, venait de* toft, *qui désignait une ferme, et donna* Criquetot, Bouquetot, Yvetot, *domaine donné jadis par un Suédois nommé Yvar à cette cité qui fut longtemps le centre d'un minuscule royaume, avec un roi en titre qui se maintint de 1392 à 1551, à la barbe du roi de France, qui le regardait comme une curiosité.*

Gommard) et notre *casa* ne donne ni « chez » ni « chèze », mais le *heim* germanique, désignant le chez-soi, qui va se trouver à l'origine de nombreux toponymes comme Bergheim (maison de la montagne), Marckolsheim (maison de Marcold) ou Turckheim (maison de Thuring).

Pour ce qui est des nouveaux noms donnés par rapport au paysage, la variété est grande. Les uns, nombreux, se réfèrent aux montagnes, avec *berg*, à l'Est, dans les régions de dialectes germaniques, *mons* ou *mont* dans les anciennes régions de langue d'oil, au nord de la Loire, et *puy* ailleurs (au sens qu'il a dans notre Puy-de-Dôme, en tant qu'évolution du latin *podium*), mot dont les variétés émailleront les anciennes provinces de langue d'oc, avec des Pé, Poux, Puech, Peuch... Citons encore Beauvoir, Mirabeau et Mirabel, équivalents de Bellevue, et qui se réfèrent à une position élevée et dégagée, ou encore Solies ou Soulans, faisant allusion à l'exposition ensoleillée.

D'autres noms se réfèrent aux plaines, aux landes et aux pâturages, ou bien à la richesse des sols, avec des noms comme Beaurepaire ou Abondance. D'autres évoquent les sources, que l'on nomme dans l'Est *bronn*, d'où Niederbronn (source d'en bas), et ailleurs *fons*, d'où de nombreux Fontenay, dans le Centre et l'Ouest, et Fontenoy dans le Nord et l'Est, ou encore Fontvieille (villa près de la source) et, bien sûr, notre mot « fontaine ». Des sources chaudes ont donné par le latin *balnea* (bain), des Bagnères, Ba(i)gneux, Banyuls, comme avec Bagnolet et Bagnole, où ne se trouvait pas la moindre voiture.

Certains noms se réfèrent aux ruisseaux (Ruaux, Les Riaux, Rieu... – Rieutord désignant le ruisseau « tordu » –, ailleurs, à l'Est, avec des *bach* (comme Diffenbach, « le ruisseau profond »). D'autres, aux rivières, aux repères d'animaux (avec des Louviers, Le Louvre et de nombreuses Loupière(s), infestées de loups, ou encore des Corbière(s), peuplées de corbeaux) ou à des lieux d'élevage (à Asnières, on élevait... des ânes !).

Les plus nombreux, enfin, se rapportent à la végétation, et utilisent des mots tirés tout aussi bien du latin que du germanique, variables selon les régions et les époques, ce qui rend souvent la datation délicate, comme on aura l'occasion de le voir.

Le monde féodal : fiefs disputés et manses maintenus

Passe le temps des barbares et des Mérovingiens, rois fainéants qui l'étaient surtout au sens où ils « faisaient néant », autrement dit pas grand-chose de remarquable au plan politique, tant leur pouvoir était limité et leurs royaumes mal contrôlés. Arrive Charlemagne, avec sa barbe fleurie et son grand empire, ses *missi dominici* et son organisation très hiérarchisée, organisation qui s'effilochera rapidement après sa mort, pour laisser la place au régime féodal, décentralisation poussée à son extrême permettant de palier les carences politiques des rois désormais impuissants.

S'ouvre l'âge d'or de ce monde féodal, avec toute l'imagerie classique de nos anciens livres d'histoire : les seigneurs, leurs serfs, leurs châteaux et leurs terres – autant de réalités qui marquent le quotidien et qui, elles aussi, arriveront jusqu'à nous par le truchement des noms de lieux.

Parmi les noms apparus à cette époque, deux éléments vont dominer : ceux liés au statut du sol et ceux liés aux « banalités ».

Si légalement le sol appartient au roi, dans la réalité il lui a totalement échappé, puisque le roi lui-même l'a largement distribué à ses chefs militaires sous formes de « fiefs ». Des fiefs dont on trouve trace dans certains noms de lieux, comme Affieux, et que ceux qui les avaient reçus étaient chargés de défendre contre les agressions extérieures, une mission souvent difficile à remplir, en raison à la fois de la superficie de ces terres et de la lenteur des déplacements. Chacun de ces détenteurs de fief a donc rapidement agi de même, en le divisant pour le confier par « appartements » à des vassaux qui, à leur tour, en ont fait autant. C'est la pyramide féodale bien connue, où le vassal doit rendre hommage à son suzerain, en signe de reconnaissance de cette délégation de pouvoir et de propriété.

Pour une autre partie, le sol appartient à l'Église, notamment à de nombreux monastères et abbayes, auxquels de riches fidèles l'ont offert en échange de prières destinées à assurer leur salut.

Seules quelques parcelles échappent à cette double emprise. Ce sont des terres « allodiales », ou « alleux », qui sont « franches », autrement dit libres, et dont la propriété ne rend pas dépendant d'une autre personne. Leur souvenir est parfois conservé par des toponymes comme Les Alleux, Laleu(e)…

De façon générale, toutes ces imbrications sont si complexes et leur histoire tellement enchevêtrée, que bien des terres sont l'objet de contestations sans fin. Tel lieu est à la fois revendiqué par un duc et un comte, prêts à recourir aux armes pour établir leurs prétentions, lorsque ce n'est pas le roi qui s'oppose à l'un de ses vassaux à propos du pouvoir judiciaire que ce dernier aura tenté de s'arroger. Voilà pourquoi on ressent souvent le besoin de préciser les choses, ce que l'on fait en ajoutant « le Comte » à Fontenay ou « le Duc » à Arnay : telle est l'explication de noms comme Bois-le-Roi et Réalmont (mont royal), Bourg-la-Reine, Aignay-le-Duc, Fontenay-le-Comte, Villeneuve-l'Archevêque, Issy-l'Évêque, Pont-Labbé ou Orbais-l'Abbaye.

Tout au bas de la pyramide, le seigneur titulaire d'un arrière-fief l'a généralement partagé entre plusieurs ensembles :

- un espace que le seigneur se réserve et que les paysans cultivent pour lui, dont le souvenir demeure dans des toponymes comme (La) Condamine ou (La) Contamine, ou encore Deffans ou Deffens (espace défendu) ;
- une terre qui lui sert de réserve de chasse, qui était nommée Garenne ou Varenne ;
- une partie des espaces boisés, appelés en latin *silva* et qui avaient donné des *-sauve*, des *-serve* et des *-souvre*, retrouvés dans Rochessauve ou Grossouvre. Également réservée à l'usage du seigneur, cette partie était nommée *forestis silva* (à partir du mot *fors* signifiant « en dehors de », comme on le retrouve dans le « fors bourg », au-delà du bourg, à l'origine de notre faubourg), expression qui a donné notre mot « forêt », lui-même intégré à toute une liste de noms de lieux.

Quant au reste des terres, il était réparti et distribué entre les paysans. Pour simplifier, on dira que les terres étaient concédées par les seigneurs aux paysans qui les exploitaient pour leur compte commun au prix de diverses obligations. Ces paysans étaient tenus de payer des redevances, à la fois en espèces et en

Les noms de lieux dans les expressions

On disait, par jeu de mots:

- aller à Dourdan, *pour « être battu », en allusion à l'ancien verbe « dourder », signifiant battre, rosser;*
- aller à Naples sans passer par les monts, *pour « attraper la syphilis », dite autrefois le « mal de Naples »;*
- aller à Niort, *pour « nier »;*
- aller à Rouen, *pour « marcher à sa perte », par jeu de mot sur « aller à la roue », au temps du supplice de la roue;*
- avoir ses lettres de Cracovie, *pour « être menteur », par un jeu de mot sur l'ancien verbe « craquer », signifiant à l'origine mentir, d'où notre expression « raconter des craques »;*
- envoyer à Mortaigne, *pour « tuer ».*

Sans oublier deux fameux « coups »:

- le coup de Jarnac, *en référence à un duel mémorable qui eut lieu le 10 juillet 1547, devant toute la cour, dans les fossés du château de Saint-Germain-en-Laye, et lors duquel le sieur de Jarnac trancha d'un coup d'épée le jarret de son adversaire, le sieur de La Châtaigneraie, qui ne put continuer le combat et mourut quelques jours plus tard;*
- le coup de Raguse: *équivalent du précédent pour les ouvriers, en souvenir de la trahison du maréchal de Marmont, duc de Raguse, qui commandait l'armée de Charles X durant les journées de juillet 1830.*

nature, dont ils s'acquittaient aussi bien sous la forme de grains et de volailles que sous celle de journées de travail et de corvées destinées à l'entretien des murs du château fort, de la digue de l'étang seigneurial, des ponts, des routes ou des chemins.

L'unité d'exploitation permettant à une famille de vivre – c'est-à-dire de tout juste subsister – comportait à la fois une habitation, ou plutôt un abri, et quelques ares de terres labourables. On la nommait un manse, d'après le latin *manere*, signifiant rester, mot d'où sont venus notre maison et notre manoir, tout comme le nom des « manants » qui les cultivaient. Le seigneur divisait donc son fief en un certain nombre de manses, qu'il répartissait entre les paysans.

Comme toute institution généralisée au plan national, ce manse a vu son nom varier d'une région à l'autre. Dans le Nord, en Champagne et en Bourgogne, on parlait d'un *meix*, d'où quantité de lieux nommés Le Meix, Le Mée ou Metz, alors que dans l'Est (Meuse, Vosges, Doubs…) et en Normandie (Orne, Mayenne…), on parlait de *mesnil*, d'où de nombreux Ménil(s), comme dans Ménilmontant, ainsi que des Ménuls, tous deux déformés parfois en Magny. Au Sud, dans les régions de langue d'oc, on parlait de *mas*, d'où de nombreux Mas et autres noms composés, tel Mazamet, qui n'était à l'origine que le mas d'un certain Azamet.

L'hôpital et la « croix rouge » : pas du tout ce que l'on croit

Les fameuses banalités de nos livres d'histoire, celles dont nos ancêtres ne se sont parfois affranchis qu'au moment de la Révolution, étaient en fait, à l'origine, ce que l'on appellerait aujourd'hui des « biens d'équipement collectif », que le seigneur mettait à la disposition des habitants de sa seigneurie. Il s'agissait d'un pressoir, d'un moulin et d'un four, destiné à la cuisson du pain. Ces équipements, très onéreux à la fois dans leur construction, leur fonctionnement et leur entretien, jouissaient d'une position de monopole : leur usage était obligatoire, sous peine de sanctions, et l'habitant de la seigneurie ne pouvait aller faire moudre son grain ou cuire son pain à un autre moulin ou à un autre four, et devait à chaque fois s'acquitter d'une taxe d'utilisation. Il semble qu'à l'origine beaucoup de forges aient également obéi à ce régime.

De nombreux lieux se sont ainsi vus désigner en référence aux équipements qui s'y trouvaient, que ce soit Le Four et Le Treuil (pour le pressoir), mais surtout quantité de lieux évoquant des moulins – le plus souvent à eaux – situés sur un cours d'eau, d'où Moulins, Molinet, Molines, Moulinot..., ou évoquant des forges qui étaient de préférence installées à quelque distance des agglomérations. Leur liste serait longue et aussi variée que celle des dénominations du forgeron lui-même. Elle va de Forge(s) et La Forge à La Forgue, en passant par Farge(s) et Lafarge dans le Centre, par Faverge en Savoie (où le forgeron est un « favre »), Fabrègues dans l'Aveyron (où il est un « fabre »), par Fargue(s) et Lafargue dans le Sud-Ouest et le Languedoc, par Fervaques dans le Nord et La Faurie en Limousin, Périgord et Charentes, La Haurie en Béarn, ou encore par La Fabrie ou Févrie...

Un drôle de nom de gare !

Rien n'oblige les gares à porter pour nom celui de la ville où elles se trouvent, même si cela semble logique. On connaît en fait pas mal d'exceptions, dont la plus remarquable fut sans doute la gare de « Pari-Gagné », près de Cluny, en Saône-et-Loire, dont le nom commémore le pari gagné par l'un de ses maires, à la fin du XIXe siècle, qui obtint, lors de la construction de la ligne de chemin de fer, que le train s'arrête dans sa petite commune.

Les châteaux forts sont évidemment très présents dans la toponymie. Souvent construits sur une élévation de terrain ou un éperon rocheux, ils se voient nommer « La Motte » ou « La Roche » (voire La Rochette ou La Rochelle). Dans la plupart des régions, on l'a vu, on les trouve sous forme de châteaux ou encore de *castels* ou *cateaux*, tous venus de l'appellation latine, alors qu'ailleurs ils ont reçu l'appellation germanique de *burg*, à l'origine aussi de notre « bourg ». Le passage du château ou du *burg* à ce bourg fut d'autant plus naturel que ce dernier s'est généralement développé autour d'un de ces châteaux, aux murailles duquel ses maisons, habitées par des « bourgeois », se sont souvent carrément adossées, afin de mieux bénéficier de son voisinage et de sa protection. Il est donc difficile de préciser si nos toponymes formés sur *burg* ou « bourg », tels le Bourget, Bourg-en-Bresse, Bourg-la-Reine, renvoient à un château fort ou à un bourg pris au sens moderne.

Certains toponymes, comme Donjon ou La Tour, se réfèrent à une tour isolée, servant au guet, parfois nommée « Mirande » ou « Mirail », permettant de bien « mirer », c'est-à-dire observer.

Les ponts, eux aussi, servent de repères toponymiques, de même que les « granges », destinées à l'origine à entreposer les grains ; mais les bâtiments religieux l'emportent largement en nombre. Églises et chapelles, abbayes, moutiers et monastères sont de plus en plus nombreux, sans parler de plus petites constructions destinées à faciliter l'accès au culte des habitants des lieux écartés et des hameaux excentrés. Apparaissent ainsi des légions d'oratoires, que l'on retrouve dans nos actuels Oradour et Loroux. D'autre part, le clergé s'emploie à organiser la charité, valeur primordiale que rappellera, en 1107, le nom du prieuré fondé sur la Loire par les moines de Cluny : La Charité-sur-Loire. On fonde des maladreries et des léproseries, et plus encore des *hospitali domi,* aussi nommés « abergements » (hébergements), maisons d'accueil pour les hôtes, qui donneront nos hôpitaux, destinés à héberger pèlerins et miséreux, et qui seront tous à l'origine de nombreux L'Hôpital, L'Hospitalet, L'Abergement...

Enfin, les temps féodaux voient notre paysage se hérisser de croix. Soit qu'elle invite le voyageur à la prière, ou qu'elle entende le protéger, soit qu'elle ait plus simplement servi de repère de bornage, pour délimiter les grandes propriétés, la croix était omniprésente et l'est souvent restée en toponymie, avec des appellations comme La Croix, Croisette, Le Croisic, Croisille, Crouzille(s) et Cruzille... Ces croix avaient d'autant plus d'importance que le criminel qui parvenait à se réfugier à leur pied échappait généralement au châtiment corporel qu'il risquait de se voir infliger.

Tout autre était l'origine des « croix rouges ». Celle du carrefour parisien de ce nom avait été peinte en rouge sur un bâtiment, comme il était d'usage de le faire, au Moyen Âge, pour perpétuer la mémoire d'un meurtre y ayant été commis, un peu comme, aujourd'hui, les silhouettes noires, le long de nos nationales, nous rappellent le souvenir d'accidents mortels.

La forêt attaquée: essartages et conjurations

Du berceau à la tombe, l'immense majorité de nos ancêtres assistait passivement au défilé des jours de l'année, régulièrement

Des Parisiens qui n'habitent pas la capitale...

On comptait en France deux communes nommées pour partie Paris: celle de « Petit-Paris », dans la Drôme, qui fut rattachée en 1966 à celle de Saint-Nazaire-le-Désert, et dont les 34 habitants se nommaient « Petits-Parisiens » ; celle de Paris-L'Hôpital, en Saône-et-Loire, qui doit son nom à un certain Patricius, et à la présence, au Moyen Âge, d'un hôpital pour les lépreux, et dont les habitants sont bel et bien des « Parisiens ».

Connaissez-vous les Agathois, les Chiroquois ou les Spiripontains?

Reste à savoir ce que les noms de villes et de villages donnent pour leurs habitants. Si ces appellations sont généralement connues et incontestées pour ce qui est des villes, elles restent souvent hasardeuses pour ce qui est des villages, et bien des gens se demandent si, habitant Saint-Symphorien, ils sont des Symphorinois ou des Symforiens, ou si, vivant à Écorches, dans l'Orne, ils doivent être nommés les Écorchés ou les Escorpains (le nom de leur village venant d'une ancienne Scopia Villa, *domaine de Scorpus). Cela conduit de plus en plus fréquemment les municipalités à enquêter et parfois même à organiser des référendums pour trancher la question. Sans oublier que certaines de ces appellations, pour classiques et établies qu'elles soient, n'en sont pas moins déroutantes, comme on peut en juger par l'échantillon qui suit.*

Agathois	*Agde*
Aiglons	*L'Aigle*
Appaméens	*Pamiers*
Aquisextains (*ou* Aixois)	*Aix-en-Provence*
Arédiens	*Saint-Yrieix-la-Perche*
Aturins	*Aire-sur-l'Adour*
Audomarois	*Saint-Omer*
Bachamois	*Baccarat*
Bajocasses (*ou* Bayeusins)	*Bayeux*
Berjalliens	*Bourgoin-Jallieu*
Berruyers	*Bourges*
Biarrots	*Biarritz*
Bisontins	*Besançon*
Cadurciens	*Cahors*
Caladois	*Villefranche-sur-Saône*
Carolomacériens	*Charleville-Mézières*
Castrothéodoriciens	*Château-Thierry*
Catoviens	*Chatou*
Chauriens	*Castelnaudary*
Chiroquois	*Chilly-Mazarin*
Clodoaldiens	*Saint-Cloud*
Corpopétrussiens	*Saint-Pierre-des Corps*
Cristoliens	*Créteil*
Dionysiens	*Saint-Denis*
Élusates	*Éauze*
Fuxéens	*Foix*
Jovaciens	*Jouy-en-Josas*
Lédoniens	*Lons-le-Saunier*
Lexoviens	*Lisieux*
Magdunois	*Meung-sur-Loire*
Montiliens	*Montélimar*
Mussipontains	*Pont-à-Mousson*
Naboriens	*Saint-Avold*
Nugdunois	*Neung-sur-Beuvron*
Ponots (*ou* Aniciens)	*Le Puy-en-Velay*
Réginaburgiens	*Bourg-la-Reine*
Ruthénois	*Rodez*
Sourdins	*Villedieu-les-Poêles*
Sparnaciens	*Épernay*
Spiripontains	*Pont-Saint-Esprit*

ponctuée de ses fêtes religieuses, seuls véritables temps forts du calendrier. Si les seigneurs, qui guerroyaient beaucoup, menaient une existence agitée, celle des prêtres était tout entière vouée à la prière et celle des autres au labeur.

L'an mille, tant redouté, s'est finalement inscrit dans une longue période de paix relative. Et qui dit paix dit croissance, économique et démographique, toujours intimement liées, l'une entraînant l'autre et inversement. La première conséquence fut que les hommes devenus plus nombreux, ne peuvent bientôt plus subsister sur les seuls manses exploités. Il faut augmenter les terres cultivées, et pour cela s'attaquer à la forêt, alors omniprésente, et qui couvrait une immense proportion du territoire.

Les seigneurs mérovingiens et carolingiens avaient protégé d'immenses forêts où ils chassaient à courre avec leurs meutes, tout en ayant soin de ménager des « breuils », petits bois dans lesquels on puisait le bois nécessaire au chauffage et à la construction, et dont le souvenir perdure dans de nombreux lieux nommés (Le) Breuil, Bruilhe, Brouillet…

Cette forêt va donc alors subir la plus grande attaque qu'elle ait jamais connue. De quoi faire frémir d'horreur nos écologistes. Entre le XIe et le XIIIe siècle, elle va partout subir les assauts répétés des hommes, qui, équipés de houes, de sarcloirs, de haches, de serpes, la font sans cesse reculer, pour livrer de nouvelles surfaces à la culture.

C'est le grand essartage, le grand défrichage, passant par l'abattage des arbres, le brûlis des souches, l'écobuage des friches. Une vaste opération menée autant par les paysans que par les moines, ces derniers animés par le besoin de satisfaire à certaines règles, telle celle dégagée par saint Benoît qui exaltait le temps consacré au travail manuel. De cet immense chantier, de nombreux toponymes demeurent.

Et d'abord, tous ceux dérivés du vieux verbe « essarter » : Essertenne, Les Essarts ou Les Issards, Isserteaux, Le Certeau,

Certaines, Sartines, La Certenue, Certilleux... ; et plus tard, lorsque apparaîtra le mot « friche », des lieux nommés Les Défriches. Des noms comme Le Brûlis ou Les Brûlais témoignent d'endroits défrichés par le feu, de même que certains Bruley (mais ici, il faut rester prudent: la commune lorraine portant ce nom le doit en fait à un ancien *Bruriacum,* composé sur celui d'un Romain nommé Breviarius). Parfois, la terre nouvellement défrichée est nommée une « novale », une terre neuve, et se retrouve à l'origine de noms comme les fréquents Noailles et Nouailles.

Comme toujours, beaucoup de ces lieux seront nommés en référence au propriétaire qui a sacrifié l'ancien bois à l'agriculture, d'où une quantité de Bois-l'Évêque et plus souvent de Boisroger, Boishébert, Boisguillaume, et jusqu'à ce Boisarnaud (Bosc Arnaud) bourguignon, dont le nom fut donné pour patronyme à mes ancêtres...

La seconde grande conséquence de la croissance générale du début du deuxième millénaire est le progrès social, lequel va souvent de pair avec le défrichement. Le seigneur passe avec les essarteurs un contrat aux termes duquel il s'engage à les payer de leur énorme travail d'essartage par une limitation des redevances, désormais tarifées et limitées. Ces paysans sont désormais qualifiés de « colons », reprise d'un vieux terme gallo-romain qui avait désigné les agriculteurs restés indépendants. Et ces colons cultivent des « colonies » qui sont aujourd'hui nos Collonges, Coulonges, Collages ou Coulanges... On parle parfois aussi d'« hôtes », qui exploitent des « hosties » ou « osties », et surtout de « cens », pour désigner les nouvelles redevances dues par le « censier ».

Tout cela va fortement ébranler le système féodal. De plus en plus d'individus échappent à la condition de serf, et d'autres cherchent à les imiter, qui n'hésitent pas à se réunir et à se liguer, fondant parfois de nouveaux villages et se regroupant en

« commune jurée », pour engager avec le seigneur une véritable partie de bras de fer. Ils réclament, s'il le faut, la protection du roi, sollicité à titre de suzerain suprême. D'une façon ou d'une autre, le seigneur n'a guère d'autre solution que d'accorder libertés et franchises…

Les nouvelles agglomérations, souvent nommées banalement Villeneuve ou Bourgneuf, reçoivent aussi fréquemment les noms de Francheville, Franqueville ou Villefranche. Dans le Midi, elles sont appelées « bastides ». On parle aussi de « sauvetés », parce que celui qui s'y réfugie y trouve le salut : telle est l'origine de nombreux toponymes, comme La Sauveté ou Salvetat.

Jamais, au cours des siècles, on n'a vu autant de créations de fermes, de hameaux (d'où des « Hameau » et des « Hamel ») et de villages. Jamais on n'a assisté à pareille éclosion toponymique. Les listes n'en finiraient pas, et beaucoup d'entre elle se réfèrent à la végétation, aux arbres et aux plantes, avec des noms variés et parfois délicats à dater.

Des arbres qui cachent les forêts, et bien d'autres questions encore…

Difficile de dire si un lieu nommé tout simplement Le Bois ou Le Buisson doit son nom au bois ou au buisson qui s'y trouvait lors de sa création ou à celui que l'on avait éliminé pour ouvrir de nouveaux champs. Difficile de savoir si le nom d'un lieu nommé Le Champ date de l'époque des grands essartages ou des siècles antérieurs… Disons seulement que tous témoignent de la présence en ces lieux d'un bois, d'un buisson ou d'un champ, à une époque ou à une autre, et la remarque vaut pour ceux nommés Bruyère, La Lande, Le Pin, Cerisiers, Noyers ou Le Chesnay. Le sens de ces toponymes est généralement facile à pénétrer, sauf dans les cas d'appellations strictement régionales ou de noms aujourd'hui tombés dans l'oubli.

Car beaucoup de noms d'arbres ou d'animaux ont changé au fil des temps. Le « tesson » (ou « techon ») fut longtemps le nom du blaireau, à cause de la « tache » qu'il portait au museau ; le « conil » celui du lapin nommé ainsi du fait qu'il « lapait » l'eau ; le goupil deviendra renart puis renard, qui n'était qu'un nom propre dans le célèbre roman dont il était le héros…

Pour les arbres, nous avons déjà eu l'occasion d'évoquer certaines appellations gauloises, comme *betua*, qui désignait le bouleau, et son dérivé *betia*, qui donnera quantité de Bèze (*cf.* ci-dessous), *cassanos* pour le chêne et *vernos* pour l'aulne. Il faut évidemment y ajouter d'autres termes apportés par les envahisseurs romains puis germaniques.

Les Romains ont ainsi imposé le mot *boscus*, à l'origine de nos bois et de nombreux lieux nommés Bosc, Bos, Bost, Buc… *Buxum*, le buis a engendré de nombreux Bussière, Busserolles, Buxerolles… D'*albellus,* désignant le peuplier blanc, on fera l'aubier, qui se retrouve dans des lieux nommés Les Aubiers. *Carpinus*, d'où l'on a tiré notre charme, a donné des Charmes et des Carmes ; *castaneum*, le châtaignier, subsiste à travers

De drôles de Bez

Les communes et lieux-dits nommés Bez (une commune dans le Var) et Le Bez (nombreux lieux, dont une commune du Tarn) doivent tous leur nom (comme ceux du nom de Besse) à un simple *bès*, désignant le bouleau. Il en va sans doute de même pour la rivière la Bèze, qui donne son nom au bourg bourguignon de Bèze, en Côte-d'Or, et de bien d'autres noms de lieux (Bezecourt, la cour aux bouleaux ; Bèzemon(t), la montagne aux bouleaux).

maints Chastang, Chastaing, Castan(g) et Castain(g) ; *sambuc*, le sureau, donna des lieux nommés Sahuc. Désignant l'épine et, de là, le taillis épineux, *spina* est à l'origine d'Épinal et des Espionnasse, Spinasse, Épinoux... À *tremulus* – le peuplier tremble –, on doit les Trimouille, Trémouille, Trémoilles, Trémolières... Les tilleuls, dont le nom vient du latin *tilium*, sont à l'origine de nombreux Theil, Thil, Teillet, etc.

Après le record des noms issus du verne, on enregistre celui établi par le latin *fraxinus*, qui a donné notre « frêne », que l'on retrouve non seulement dans Fraisne, Le Fresne, Frenay, Frenoy, Franey, Fréneuse, etc., mais encore, au sud,

Principaux toponymes évoquant un frêne

sous des formes restées plus proches du latin (Fraisse, Frèche et Fréchou, Fraissines, Freyssinet, Freissinières...). Imposant aussi, le catalogue des noms issus du latin *filex* – la fougère –, allant de Fouquières, au Nord, à Fauga et Hauga, au Sud, et de Foucherolles, Feucherolles et Fougerolles dans le Bassin parisien, à Falgoux, Falguerolles, Fauguerolles, Fréjarolles entre Auvergne et Périgord, sans oublier Fougeray, Faugères, ou le simple Fougères breton.

Souvent aussi, on s'est trouvé face à des plantations d'arbres de même essence, qui ont engendré quantité de noms de lieux, terminés selon les régions en *-ay* ou *-aye* ou en *-oy* ou *-oye*, comme une « houssaye » et une « fougeraie » étaient respectivement des zones couvertes de fougères et plantées de houx (on nommait aussi ces dernières des « housses », mot qui n'avait donc aucun rapport avec nos fauteuils).

Si la langue française a été pour une large part constituée à partir d'emprunts faits aux dialectes et parlers régionaux, ces mêmes langues régionales mélangeaient allégrement des mots d'origine gauloise, romaine ou germanique. Dès lors, s'il est difficile de savoir si tel toponyme tiré de la végétation se réfère à la végétation en place lors de la fondation de la ferme ou du hameau ou à celle qui l'avait précédée, il sera tout aussi délicat de dater l'ancienneté de l'appellation. Certes, un mot d'origine francique, comme « Gardin » (jardin) ne peut être antérieur à l'époque des grandes invasions, mais un toponyme comme Vernay peut aussi bien être apparu à l'époque gauloise qu'à celle des grands défrichements, dans une région dont les habitants continuaient à l'employer couramment.

Difficile aussi, de savoir, si un Ormoy n'a pas remplacé un antique Limour, ou si une Chesnay n'a pas été replantée sur un ancien Essart. À vouloir être trop précis, on risque d'y perdre son latin... et son gaulois, et surtout de se lancer dans des questions, somme toute aussi vaines que stériles.

Mots gaulois, romains ou francs ? Une cohabitation pacifique

Termes gaulois et romains ont longtemps cohabité, tout comme mots romains et mots germaniques. Aussi longtemps, en fait, que les langues régionales et les patois se maintiendront. Dans bien des campagnes, on parle ainsi encore d'un « verne », pour désigner un aulne par héritage gaulois, ou d'un « foyard » pour désigner un hêtre, selon le terme latin. Nombreux sont donc les cas de maintien parallèle des deux termes synonymes, partageant généralement la France entre diverses zones d'influences comme – en cas d'affrontement latin-germanique – entre les anciennes régions de langue d'oil, au Nord, davantage influencées par les langues germaniques, et celles de langue d'oc, au Sud, traditionnellement plus romanisées, comme l'illustrent les cas suivants.

Exemples de concurrence entre mots gaulois et latins :

- l'aulne, nommé vernos *en gaulois et* alnus *en latin, a donné ici des Aulnay et là des Vernay ;*

- le chêne, partagé entre le cassanos *gaulois et le* robur *romain, a donné autant de Rouvre(s) que de Chassan(g) ;*

- l'orme, désigné en gaulois par le mot limo*, est à l'origine de Limours, Leyment et Limoges. Nommé* ulmus *en latin, il a donné à la fois des « ormes », des « olmes » et des « ulmes », tous à l'origine de toponymes comme Olmès, Aumau, Lommé, Ormoy, Ormesson, Lhumeau…*

Exemples de concurrence entre mots franciques et latins :

- le jardin, espace cultivé, clos et gardé, c'est-à-dire protégé des animaux et des oiseaux nuisibles, était nommé par les Francs un gardin *(d'où notre « jardin » et, au Nord, les toponymes Gardin et Jardin) et par les Romains* hortus *(d'où notre « horticulture » et les nombreux Orts et Horts du Sud),*

- le hêtre, balance de même entre cette dénomination, d'origine francique, et le mot latin fagus*, qui a donné le mot « foyard », encore utilisé dans certaines régions, et a émaillé notre pays de nombreux toponymes allant de Fey et Feyt, Fay et Faye à Fou(x), en passant par Faux et Fage(s), et dont le dérivé* fagetum*, désignant la hêtraie, a donné maints Fayet, Fayol (le), Fayet, Fayette et Fagette.*

Divers et variés : les noms de la France moderne

Si les toponymes antérieurs à l'an mille ont majoritairement donné – via les noms des paroisses – ceux de nos actuelles communes, ceux qui sont apparus après cette date auront davantage désigné les hameaux, écarts et lieux-dits, où l'habitat s'est développé en dehors des chefs-lieux paroissiaux. Pour la plupart, ces nouvelles dénominations n'apparaîtront cependant qu'au cours de la première moitié du XVIe siècle, à la Renaissance.

Après la guerre de Cent Ans et les fléaux qui l'avaient accompagnée – notamment la terrible épidémie de peste qui avait déferlé sur la France –, la fin du Moyen Âge, en effet, avait été marquée par une très forte mortalité. Le pays avait alors perdu le tiers de sa population. De nombreux villages étaient abandonnés, la forêt et la nature avaient repris leurs droits. C'est seulement lorsque la situation avait été rétablie et que la croissance avait repris, qu'était intervenu un renouveau démographique. Comme le grand boom des siècles précédents, il avait poussé les hommes à déboiser à nouveau les espaces perdus entre-temps. De nouveaux lieux de vie étaient donc nés, auxquels il avait bien fallu donner des noms.

Le plus souvent, on s'était une nouvelle fois contenté de recourir au procédé classique qui consistait à fabriquer le nom du lieu sur celui de ses habitants, mais on l'avait fait dans un contexte nouveau.

Deux grands changements s'étaient en effet produits. Le premier était que les hommes du peuple étant devenus, comme on l'a vu, plus libres et plus indépendants, les lieux étaient de plus en plus identifiés par rapport au nom de leurs habitants et de ceux qui les avaient défrichés, et non en référence au seigneur ou au propriétaire. Le second était que le formidable « boom démographique » observé au lendemain de l'an mille avait été à l'origine du dégagement de nos patronymes, ce qui faisait que les nouvelles générations de défricheurs et de colons portaient désormais des noms de famille plus ou moins fixes.

Les toponymes de la Renaissance se sont donc majoritairement formés à partir de noms propres. Selon les régions, ils ont reçu différentes terminaisons. Bernard engendra ainsi tout à la fois Le Bernard et La Bernardière, en Vendée et en Poitou, La Bernardais en Anjou, La Bernardie en Limousin, Bernardias en Auvergne, Les Bernard dans le Centre et l'Est, mais aussi un peu partout, Chez Bernard, pour la « chèze Bernard », autrement dit la « maison Bernard ».

Que penser de cette nouvelle génération et comment la dater ?

La question mérite d'être posée du fait que Bernard est ici à la fois un nom famille et, plus anciennement, un nom de personne. La Bernardière peut de ce fait avoir été le nom donné au Xe ou XIe siècle au domaine d'un certain Bernard, ou celui, donné au XIIIe siècle ou à la Renaissance, à un domaine nouvellement défriché par une famille Bernard. La nuance n'est pas insignifiante, mais il est difficile de savoir…

Pourtant, à y regarder de près, on constate que la plupart de ces formations s'appuient sur des noms qui, comme Bernard, sont à la fois d'anciens noms de personne et, aussi, désormais des noms de famille, comme Robin, Gautier, Rigaud, donnant des Robinais,

Des « bleds » et des « trous »

Si autrefois le mot *« bled »* désignait le blé, et, par extension, toutes les céréales panifiables, il n'est nullement à l'origine de notre « bled », synonyme de trou de campagne, venu, quant à lui, de l'arabe, par la colonisation de l'Algérie, où il désignait effectivement et simplement le terrain ou le pays.

Gauterie, Rigaudias, mais aussi sur d'autres, comme Roussel, donnant La Rousselière. Dès lors, si l'on est en droit de penser que la plupart des toponymes en *-ière* peuvent être antérieurs au XIVe siècle, on doit supposer que ceux formés sur des patronymes sont, au contraire, postérieurs. Une question qui ne se pose pas pour les formations en Les et en Chez, extrêmement nombreuses dans les régions du Centre, notamment en Marche, en Bourbonnais, dans le sud de la Bourgogne et plus à l'Est, jusqu'en Savoie, où la majorité d'entre elles reprend manifestement des noms de famille. C'est très nettement le cas pour Les Bonnots, Les Buffets, Les Bidaults, Les Colas, Les Petits ou Chez Boisseau, Chez Cottet, Chez Dupuis, sachant que les « buffets » rencontrés ici n'ont rien à voir avec notre meuble contemporain pour se rapporter bel et bien à une famille ainsi nommée, et dont la présence est effectivement attestée dans la région où ce toponyme est rencontré. Ajoutons que l'on considère souvent que ces noms de lieux en *les* – particulièrement en Nivernais, Bourbonnais et Charolais – étaient dûs à des communautés familiales, dites aussi « taisibles », institution originale, autrefois courante[1].

Avec ces dernières générations, on peut estimer que notre patrimoine toponymique est à peu près totalement constitué, du moins pour ce qui concerne les principaux lieux habités. Les paroisses ont toutes été créées et nommées. On n'en créera pratiquement plus – sauf en ville –, et c'est sur elles que l'on calquera, plus tard, les futures communes. De même, peu de nouveaux hameaux verront le jour au-delà de ces époques, et les nouveaux apports toponymiques resteront marginaux, essentiellement limités à des changements de noms, et dûs, le plus souvent à l'influence de certaines familles.

Plusieurs fois déjà, des terres, et plus encore des villes ou des châteaux, avaient reçu le nom de leur fondateur ou de leur

---

1. *Cf.* Jean-Louis Beaucarnot, *Qui étaient nos ancêtres ?,* Jean-Claude Lattès, 2002.

De l'Enfer aux Trois-Fesses : drôles de noms de lieux !

Il n'y a rien d'étonnant à trouver plusieurs lieux nommés Chirac et plusieurs autres nommés Pompidou, puisque ces deux patronymes sont tirés de toponymes. De même, sur la commune d'Allogny, dans le Cher, on trouvera le « Grand » et le « Petit-Mitterrand », à l'origine de la famille de l'ancien président.

Rien de surprenant non plus dans ces hameaux nommés Bethléem au Moyen Âge par référence au lieu de naissance du Christ. Tout aussi logique que ces Loupendu ou Truiependue, donnés à la même époque à des endroits où l'on avait pendu des animaux, alors très sérieusement jugés pour actes de cruauté, comme s'il s'était agi d'êtres humains, ou que ces lieux nommés L'Homme mort, pour l'orme mort, (cf. p. 73) La Folie (en référence à des « fous », autrement dit des hêtres, cf. p. 73), Écoute-s'il-pleut (nom donné à un moulin à eau, en référence à ce que disait parfois, la nuit, le meunier à la meunière, afin d'aller actionner la roue à aube) ou Méfie-toi (nom d'un endroit peu sûr, en Berry).

Et même si l'on n'en sait plus rien, une logique semblable avait dû présider à la dénomination de cette rivière appelée La Conne ou de ces lieux nommés Anus, L'Enfer, Mariol, Néant, Pormignon, Rochepourrie, Les Vachettes…, ou encore La Pipe et La Trique (ce dernier, en Vendée, près de Saint-Laurent-sur-Sèvres). Plus intrigant, ce nom de Mort-aux-Juifs, porté par un hameau de la commune de Courtenaux, dans le Loiret, et dont on ignore l'origine.

Notons encore Le Bois-Dormant, dans les Vosges, La Culotte-qui-Sèche, dans les Yvelines, Montfroc, dans l'Isère, et Froidcul, près de Metz. Près de Lanslevillard, en Savoie, un même sentier de grande randonnée passe successivement par les lieux-dits : La Fesse d'en Bas, La Fesse du Milieu, La Fesse d'en Haut et Moncuc…

À Flers, dans l'Orne, le centre régional de Gendarmerie a été édifié au lieu-dit La Peau-de-Vache, et l'adresse des pompes funèbres officielles de la ville de Lausanne a longtemps été… à Beauséjour !

propriétaire. De même que les deux Bourbon voisins avaient été autrefois différenciés par le nom de leur seigneur – nommé Archambault pour l'un, et Anséus pour l'autre (d'où Bourbon-l'Archambault et Bourbon-Lancy) –, Azay-le-Rideau ne devait nullement son nom à un quelconque rideau mais au chevalier Hugues Ridel, qui avait vécu sous Philippe Auguste.

Il en va de même pour Beaumont-Hareng et La Chapelle-Hareng, dans l'Eure, tout comme pour le hameau voisin de La Harangère, qui ne devaient leur nom à aucun hareng mais à une riche et puissante famille Harenc, propriétaire des lieux.

De tels cas ont toujours eu cours. Un certain Raoul Chaillot avait créé au Moyen Âge, en Toulousain, le Val-Chaillot, qui allait ensuite devenir Beauchalot. Le bourg de Villeneuve, en Haute-Marne, avait pris vers 1252 le nom de Blancheville, en hommage à Blanche de Navarre, qui était comtesse de Champagne…

Les cas les plus connus ont sans doute été ceux de Chambrais, dans l'Eure, rebaptisée Broglie en 1742 (érigée en duché à la faveur de la famille de Broglie, d'origine italienne, dont on continuera à prononcer le nom à l'italienne, parlant du prince de Broye, alors que l'on prononcera à la française le nouveau nom de ce bourg normand), et de la ville d'Ivoy, dans les Ardennes, devenue en 1662 Carignan (érigée en duché pour le prince Maurice de Savoie-Carignan). On sait moins, en revanche, qu'Enghien doit son nom au fait d'avoir eu pour seigneur le duc de Condé, lui-même duc d'un lieu de ce nom, situé dans le Hainaut belge.

De tout temps, on voulut honorer les grands. Dès 1609, Sully donnait le nom de son roi au village qu'il créait, en Berry, pour en faire un haut lieu d'expérimentation agricole (Henrichemont). Pareillement, Richelieu donnera le nom de Louis XIII au port aménagé en Bretagne pour la Compagnie des Indes (Port-Louis) et Vauban donnera à ses forts le nom de

De Charleroi à Chilly-Mazarin : à tout seigneur, tout honneur

Au nombre des toponymes liés à la personne du fondateur, on peut citer les cas des deux Charleville : la ville des Ardennes, ainsi nommée pour avoir été rebâtie, en 1606, par le duc Charles de Gonzague, et une commune de Moselle, fondée en 1618 par l'abbé Charles de Lorraine. De même, Porcelette, en Moselle, a été fondée par M. des Porcelets, évêque de Toul en 1661, et la ville belge de Charleroi, en 1666, par le roi Charles II d'Espagne, comme Carling, en Moselle, sera fondée en 1716 sur les terres de Charles-Louis de Nassau, et Albertville en 1835 par Charles-Albert de Savoie.

Plusieurs modifications ont été dues à des changements de châtelains. Charleval, dans les Bouches-du-Rhône, doit son nom au fait d'avoir été érigé en fief pour Charles de Lorraine, en 1598. L'ancienne ville d'Ancre, dans la Somme, deviendra Albert après la disgrâce de l'arriviste Concini, duc d'Ancre et maréchal de France, au début du règne de Louis XIII, dont les biens, confisqués, seront rachetés, en 1617, par le duc Charles d'Albert de Luynes. Quelques années plus tard, Séant, dans l'Aube, prendra le nom de la famille de Bérulles, qui en avait acheté les terres, alors qu'en 1645, une paroisse du Loiret devient Bellegarde pour avoir été achetée par Roger de Bellegarde.

Souvent, ces nouveaux noms voient le jour lorsque le roi érige une terre en marquisat ou en duché, à l'intention d'un haut personnage qu'il souhaite honorer. Le premier de ces cas semble avoir été celui de Maillé, en Bretagne, qui devint Luynes en 1619 après avoir été érigée en duché pour le même Charles d'Albert de Luynes. En 1652, la famille de Castelnau donnera son nom à une paroisse du Cher devenue marquisat. En 1710, c'est au tour de Watry, dans l'Oise, de prendre le nom de Fitz-James (élevée en duché-pairie par Louis XIV à la faveur du fils naturel du roi Jacques II d'Angleterre, nommé duc de Fitz-James, nom signifiant « fils de James », autrement dit « fils de Jacques »). Condé, en Lorraine, deviendra en 1719 Custines (érigée en marquisat au profit du chef de cette grande famille). Chastres, en région parisienne, deviendra en 1720 Arpajon (érigée en marquisat pour Louis de Séverac, marquis d'Arpajon, dans le Cantal). Pérignan, dans l'Aude, deviendra Fleury en 1736 (érigée en duché-pairie au profit de Jean-Hercule de Fleury). Chilly deviendra Mazarin en 1622, son seigneur, le marquis de La Meilleraye, étant devenu duc de Mazarin par son mariage avec la belle Hortense Mancini, nièce du cardinal.

Louis XIV (Mont-Louis, dans les Pyrénées-Orientales, et Sarrelouis, devenue allemande en 1815) puis du dauphin (Mont-Dauphin, dans les Hautes-Alpes). En 1762, on changera également le nom de Grau-d'Aiguemortes en Grau-du-Roi, à cause du canal que le roi y avait fait creuser en 1725.

À toutes ces époques, ce type de changement de nom fut plus fréquent que les créations pures, au nombre desquelles on peut citer les ports du Havre et de Lorient. Le nom du premier avait été imposé au XVIe siècle par les habitants du lieu au roi François Ier qui souhaitait appeler Françoisville le nouveau port, qu'il venait de faire creuser en face de celui d'Honfleur, qui s'ensablait. Le second, fondé par Colbert en un lieu nommé Le Faouëdic, fut renommé ainsi en référence à la destination des navires qui y mouillaient.

On trouve aussi quelques cas de lieux rebaptisés pour des raisons religieuses.

Le nom de Boulogne-sur-Seine, en banlieue parisienne, a une curieuse histoire. Il s'agissait, à l'origine, d'un simple hameau, peuplé de bûcherons et nommé les Mesnuls, qui était devenu Notre-Dame-de-Boulogne-la-Petite, quand le roi Philippe le Bel, las de se déplacer, y avait fait édifier une copie en modèle réduit de la chapelle Notre-Dame de Boulogne-sur-Mer, où il avait coutume de se rendre en pèlerinage.

Même histoire pour la commune du Reclus, dans la Loire, dont le nom rappelait un village fermé, et auquel on allait substituer, au XIXe siècle, le nom de Lorette, en référence à un pèlerinage local à Notre-Dame-de-Lorette. Les pèlerinages de ce type étaient autrefois nombreux en France. Non seulement une première tradition voulait que des anges aient transporté, depuis Nazareth et à tire-d'aile, la maison natale de la Vierge, pour la déposer dans la ville de Lorette, en Italie du Sud, mais, le merveilleux se glissant alors partout, on ajoutait que ces anges, fatigués par un tel transport, avaient dû s'accorder quelques pauses en chemin, dans des endroits où l'on pouvait voir des traces de la maison, posée durant quelques instants sur un rocher.

Ces anges n'auraient par ailleurs pas hésité à allonger leur voyage aérien en faisant de nombreux crochets, notamment en France, où l'on recense, dans plusieurs régions, des traces de leur convoi, qui ont évidemment toutes donné lieu à la construction de chapelles ou d'oratoires, où les pèlerins venaient nombreux.

Sans foi ni roi : les noms sans culottes

La Révolution va bien sûr apporter sa contribution toponymique. Une contribution qui interviendra à deux niveaux, à la fois avec la création de quelques noms nouveaux, pour de nouveaux lieux, et surtout en ce qu'elle va souvent débaptiser les anciens.

Les nouvelles créations sont bien sûr nos départements, mot qui a lui-même sa petite histoire. Au Moyen Âge, « partir » avait le sens de partager. Nombre de nos expressions témoignent encore de cette origine, comme « faire un mauvais parti », qui signifiait initialement attribuer la mauvaise part lors d'un partage, ou « en prendre son parti », qui avait le sens de « se contenter » (de cette mauvaise part). En héraldique, un blason coupé en deux dans le sens horizontal était dit « parti ».

À l'origine, le mot « département » avait donc désigné une partie détachée d'une autre, avant de concerner la « répartition », notamment celle de l'impôt, et, de là, une division territoriale. C'est bien à ces circonscriptions fiscales qu'avait songé le comte d'Argenson, ministre de Louis XV, lorsqu'il avait demandé la division du royaume en « départements ». Dès lors, le mot est dans l'air, au point que certains cahiers de doléances, réclamant de découper le royaume en circonscriptions uniformes et de taille raisonnable l'emploient déjà.

Dès septembre 1789, sur la demande de Sieyès, un comité est mis en place pour étudier le remplacement et la simplification de l'ancien et lourd imbroglio administratif. Parmi les nombreux projets présentés, c'est celui du député rouennais Jacques Guillaume Thouret qui sera retenu. Il prévoit, à un premier niveau, le remplacement des généralités par des circonscriptions homogènes, communes à tous les services, et dont la taille permette d'effectuer, depuis n'importe quel point de son territoire, un aller-retour au chef-lieu à cheval sous 48 heures, et à un second, des circonscriptions plus petites, destinées à remplacer les subdélégations, et permettant de se rendre à leur chef-lieu en une journée, aller et retour.

L'idée est retenue, avec le principe de « départements » d'environ 18 lieues de côté (soit environ 70 km), dont les tracés seront définis par les députés des régions concernées, chacun de ces départements devant être divisé en six à neuf districts, eux-mêmes divisés en cantons. Le 15 janvier 1790, leur nombre, qui devait être compris entre 75 et 85, sera fixé à 83, et le comité, ayant rempli sa mission, sera chargé de les nommer avant de se séparer. On discuta longtemps s'il fallait leur donner tout simplement le nom de leur chef-lieu, celui de l'ancienne province ou encore leur attribuer un numéro. Pour finir, treize reçurent des noms de montagnes, quatre des noms de situations géographiques et les autres (soit 72 %), des noms de fleuves et de rivières, souvent couplés.

On hésita longtemps sur le point de savoir lequel serait connu sous la dénomination de Manche, que l'on faillit donner à notre actuel Pas-de-Calais. Pour le Calvados, on balança entre « Basse-Orne » et « Orne-Inférieure », lorsqu'un avocat de Bayeux proposa ce nom, qui était celui d'une zone de récifs dangereux depuis le naufrage d'un des navires de l'Invincible Armada. L'anecdote était fausse : le navire se nommait en fait *Calvador* – déformation d'El Salvador – et il avait en réalité été capturé par

La grande valse des préfectures

Pour ménager certaines susceptibilités, on avait eu l'idée, dans certains départements, d'instaurer des préfectures tournantes qui furent, pour la plupart, supprimées dès 1791, et qui concernaient les départements et villes suivantes :

- Ardèche (avec Privas, Tournon, Annonay et Aubenas),
- Creuse (avec Guéret et Aubusson),
- Dordogne (avec Périgueux, Bergerac et Sarlat),
- Hérault (avec Montpellier, Béziers, Lodève et Saint-Pons),
- Maine-et-Loire (avec Angers et Saumur),
- Haute-Marne (avec Chaumont et Langres),
- Meuse (avec Bar-le-Duc et Saint-Mihiel),
- Tarn (avec Castres et Albi).

Les autres, au nombre de cinq, disparurent à leur tour en 1794 :

- Ariège (avec Foix, Pamiers et Saint-Girons),
- Cantal (avec Saint-Flour et Aurillac),
- Gard (avec Nîmes, Alès et Uzès),
- Jura (avec Dole, Lons-le-Saunier, Poligny et Salins),
- Haute-Saône (avec Vesoul et Gray).

Parallèlement, le besoin de changer les préfectures d'origine, généralement dû au développement de cités ayant bénéficié de la révolution industrielle, offrira à plusieurs villes des promotions préfectorales :

- Pau, remplaçant Navarrenx, en 1790,
- Marseille, remplaçant Aix-en-Provence, en 1800,
- Albi, remplaçant Castres, en 1800,
- Vesoul, remplaçant Gray, en 1801,
- Lille, remplaçant Douai, en 1803,
- La Roche-sur-Yon, remplaçant Fontenay-le-Comte, en 1804,
- Mézières, remplaçant Charleville, en 1810,
- La Rochelle, remplaçant Saintes, en 1810.

La préfecture du Var fut successivement Toulon, puis Grasse, en 1793 (le département des Alpes-Maritimes n'existant pas avant l'annexion du comté de Nice), Brignoles, en 1795, Draguignan en 1800, pour redevenir Toulon en 1974.

Quand la France avait sept bouches... et 130 départements !

Au fil des conquêtes révolutionnaires et napoléoniennes, la France compta jusqu'à 130 départements, dont les dénominations furent choisies conformément aux principes de 1790, avec une majorité de références aux fleuves et cours d'eaux, et même, en 1811, un goût affirmé pour les « bouches », qui ne furent pas moins de six quand nous n'avons plus que celles du Rhône. Quarante et un départements apparurent alors :

1793
- *Mont-Blanc (nos deux départements savoyards actuels),*
- Mont-Terrible (en Suisse, *supprimé en 1800, pour être partagé* entre le Doubs et le Haut-Rhin, *correspondait à la région* de Porrentruy).

1795
- *Lys (chef-lieu Bruges),*
- *Escaut (chef-lieu Gand),*
- *Jemmapes (chef-lieu Mons),*
- *Deux-Nèthes (chef-lieu Anvers; du nom de deux rivières : la Grande et la Petite-Nèthe),*
- *Dyle (chef-lieu Bruxelles),*
- *Meuse-Inférieure (chef-lieu Maastricht),*
- *Ourthe (chef-lieu Liège),*
- *Sambre-et-Meuse (chef-lieu Namur),*
- *Forêts (chef-lieu Luxembourg),*

1798
- *Sarre (chef-lieu Trèves),*
- *Rhin-et-Moselle (chef-lieu Coblence),*
- *Mont-Tonnerre, d'après le mont Donnersberg, 687 m (chef-lieu Mayence),*
- *Roër (chef-lieu Aix-la-Chapelle),*
- *Léman (chef-lieu Genève),*

1802
- Doire (chef-lieu Ivrée),
- Sésia (chef-lieu Verceil),
- Pô (chef-lieu Turin),
- Stura (chef-lieu Coni),
- Marengo (chef-lieu Alexandrie),

1805
- Montenotte (chef-lieu Savone),
- Gênes (chef-lieu Savone),
- Apennins (chef-lieu Chiavari),

1808
- Arno (chef-lieu Florence),
- Méditerranée (chef-lieu Livourne),
- Ombrone (chef-lieu Sienne),
- Taro (chef-lieu Parme),

1810
- Simplon (chef-lieu Sion),
- Tibre (chef-lieu Rome),
- Trasimène (chef-lieu Spolète),

1811
- Bouches-de-L'Escaut (chef-lieu Middelbourg),
- Bouches-du-Rhin (chef-lieu Bois-le-Duc),
- Bouches-de-la-Meuse (chef-lieu La Haye),
- Yssel-Supérieur (chef-lieu Arnhem),
- Zuiderzee (chef-lieu Amsterdam),
- Bouches-de-l'Yssel (chef-lieu Zwolle),
- Frise (chef-lieu Leuiwarden),
- Ems-Occidental (chef-lieu Groningue),
- Lippe (chef-lieu Munster),
- Ems-Supérieur (chef-lieu Osnabrück),
- Ems-Oriental (chef-lieu Aurich),
- Bouches-du-Weser (chef-lieu Brème),
- Bouches-de-l'Elbe (chef-lieu Hambourg).

les Anglais. Peu importe ! L'histoire plut et le département reçut cette appellation, qu'il devait bientôt transmettre à un alcool.

Ainsi naquirent des noms durables, puisque tous se maintiendront, à de rares exceptions près : celle du Mayenne-et-Loire, qui préféra, dès 1791, se nommer Maine-et-Loire, et de six autres, qui attendront plus d'un siècle et demi pour se remettre à leur tour en question (*cf.* p. 108). Il faut croire que le projet de Thouret avoisinait la perfection, puisque la carte qu'on lui doit ne sera que très peu modifiée par la suite.

On nota en effet peu de changements au plan des préfectures (voir encadré) et moins encore à celui des départements, avec la suppression de quelques enclaves de communes intégrées dans un département mais rattachées à un autre (il en subsiste encore quelques-unes) et seulement deux redécoupages. L'un fut, en 1793, la division, dictée par la prodigieuse croissance de l'agglomération stéphanoise, du Rhône-et-Loire en nos deux départements modernes. L'autre, en 1808, engendra la création du Tarn-et-Garonne, constitué de cantons empruntés aux départements limitrophes.

En 1810, Napoléon crée la Corse, divisée jusqu'alors – et comme elle l'est redevenue récemment – en deux, avec le Golo (préfecture Bastia), et le Liamone (préfecture Ajaccio). En 1860, ce sera la création des deux départements savoyards et des Alpes-Maritimes, auquel on rattacha l'ancienne partie orientale du département du Var qui, du coup, ne sera plus arrosé par la rivière dont il porte le nom. En 1871, enfin, en même temps que la Meurthe se verra redessinée et augmentée du bassin de Briey, récupéré sur la Moselle annexée à l'Empire allemand, on créera le Territoire de Belfort, autour de la ville que l'on avait réussi à préserver de l'hydre prussienne.

Mais la Révolution engendra aussi des appellations d'un autre type, bien plus originales, en déclarant la guerre à tout ce qui rappelait les anciennes valeurs indésirables de la monarchie et de la religion. Comme on supprimait le culte des saints, notamment à travers la réforme du calendrier, on inscrivait les mots « brouette », « salade » ou « citrouille », à la place des noms des apôtres, des martyrs et des bienheureux autrefois vénérés. On s'attacha aussi à en alléger les noms de lieux, et tout particulièrement ceux des communes de la France républicaine.

Ce sont quelque 4 000 communes qui changeront de nom, selon des procédures et des sources d'inspiration diverses. À l'image de celle de Fabre d'Églantine, auteur des bucoliques trouvailles du calendrier, l'imagination des citoyens ne connut pas de bornes.

On vit alors seize municipalités choisir pour leur commune le nom de Fraternité, et quatre-vingt-sept rendant hommage au parti des Montagnards, au pouvoir avec Robespierre, en devenant La Montagne. Toulon se mua en Port-de-la-Montagne. Quimper et Angoulême devinrent Montagne-sur-Odet et Montagne-Charente. Saint-Cloud évolua d'abord en Pont-la-Montagne, puis en Montagne-Chérie. Saint Germain-en-Laye, enfin, se débarrassa de ses pestilentiels souvenirs royaux, en se rebaptisant Montagne-du-Bon-Air.

D'autres se donnèrent les noms des héros du jour : vingt et une communes prirent ainsi le nom de Marat, dont Mont-de-Marsan et Montmartre (qui était alors une commune indépendante) qui devinrent tous deux Mont-Marat, et un Saint Martin-des-Champs, qui devint Marat-des-Champs, pendant que d'autres préféraient le grand conventionnel Le Peletier de Saint-Fargeau (Aigues-Mortes devenant Fort-Peletier), jusqu'à Souillac qui choisit, plus originalement, de se nommer Trente-et-un-mai, en hommage au jour où le peuple de Paris avait porté les Montagnards au pouvoir.

On n'oublia pas les philosophes, dont les lumières avaient inspiré la Révolution, et l'on voulut parfois rendre hommage à leurs ouvrages. Montmorency choisit de se nommer Émile, en souvenir du traité de Jean-Jacques Rousseau. Saint-Denis et Lons-le-Saunier devinrent Franciade, du nom de la grande épopée de Ronsard.

Partout, les « rois » furent automatiquement remplacés. Marly-le-Roi devint Marly-la-Machine, Choisy-le-Roi se mua en « sur-Seine », et jusqu'à Rocroi, pourtant sans lien avec le moindre monarque, qui devint triomphalement Roclibre. Les « reines » et les « dauphins » ne furent pas épargnés : Bourg-la-Reine devint Bourg-Égalité, Montdauphin Montlyon. Jusqu'à Louis, considéré comme rappelant de trop mauvais souvenirs, dont Port-Louis et Sarrelouis se hâtèrent de se débarrasser en devenant l'une Port-la-Liberté et l'autre Sarlibre, pendant que Vitry-le-François, vouait aux gémonies le souvenir de François Ier, qui l'avait pourtant reconstruite, pour se rebaptiser tout simplement Vitry-sur-Marne.

Même traitement pour les « ducs » et les « comtes ». Bar-le-Duc devint Bar-sur-Ornain et Fontenay-le-Comte Fontenay-le-Peuple, pendant que Brie-Comte-Robert devenait Brie-sur-Hières. Même le village de Marquise, dans le Pas-de-Calais, voulut participer à l'élan général en se rebaptisant banalement Beaupré.

Elles ont changé de nom !

Si la commune de La Porcherie n'a pas réussi à changer son nom, d'autres ont été plus chanceuses :

- *La Chapelle-Moche,* dans l'Orne, où « Moche » n'était que le nom d'un ancien seigneur, est devenue La Chapelle-d'Andaine.
- *Saint-Fraimbault-sur-Pisse,* également dans l'Orne, s'est défait du second terme.
- *La Pisse,* dans les Hautes-Alpes, préféra prendre le nom du mont Pelvoux.

Naturellement, nos deux Bourbon – l'Archambault et Lancy – se dépêchèrent de faire peau neuve, en devenant respectivement Burge-les-Bains et Bellevue-les-Bains. Il en alla de même avec les Guise, la ville de ce nom devenant Réunion-sur-Oise, et les Condé : Condé-sur-Noireau fut ramené à Noireau, pendant que Condé-sur-Escaut devenait Condé-Libre.

Le mot « château » provoqua la même nausée. Neauphle-le-Château et Château-Chinon remplacèrent le leur par « La Montagne », Châteaulin devint Ville-sur-Aulne, et Châteauroux Indremont, Château-Salins devint Salins-Libre, Château-Thierry Égalité-sur-Marne, et les gens de Cateau, connaissant l'étymologie de ce nom, préférèrent habiter Fraternité-sur-Seine.

Toutes les références religieuses furent pareillement éradiquées. À Paris, notre carrefour de la Croix-Rouge devint celui de Bonnet-Rouge. Villeneuve-l'Archévêque devint Villeneuve-sur-Vanne, Pont-l'Evêque Pont-Libre, Han-les-Moines Han-les-Sans-Culottes, et Dunkerque élimina le kerque flamand signifiant « église » pour se transformer en Dunes-Libre.

On se démarqua autant que faire se pouvait des saints, soit en les gommant, comme Saint-Yrieix ou Sainte-Colombe devenant tout simplement Yrieix et Colombe, et le Mont-Saint-Michel Mont-Michel, soit en récupérant au passage quelque nom plus à la mode. Saint-Éloi opta pour une solution médiane en devenant Loi, Saint-Émilion devint Émilion-la-Montagne, Saint Amour Franc-Amour et Saint-Étienne Ville-Libre (avant de devenir Armes-Libre).

Un Saint-Bonnet devint Bonnet-Rouge, pendant que Saint-Gaudens devenait Mont-d'Unité. Saint-Amand devint Roche-Amand et Saint-Amand-Montrond Libreval. Saint-Lô devint Roche-de-la-Liberté et Saint-Mandé Révolution. Dans la Nièvre, Saint-Pierre-le-Moutier devint Brutus-le-Magnanime, pendant que, dans le Var, deux municipalités empruntèrent le leur aux civilisations anciennes, notamment aux républiques de la Grèce antique : Saint-Tropez devint Héraclée, et Saint-Maximin, Marathon.

Même le mot « noble » était impitoyablement éliminé, comme en témoigna la municipalité de Grenoble, en se fabriquant le curieux nom de Grelibre ! Partout, on procéda à une grande révision. On vit même certaines villes qui n'avaient rien à reprocher à leur nom mettre un point d'honneur à imiter les autres. Lyon se rebaptisa Ville-Affranchie. Chantilly devint Champ-Liberté, Charenton-le-Pont se mua en République, Hénin-Liétard en Humanité. Issoire devint Quartier-Sans-Culotte, Boulogne-sur-Mer Port-de-l'Union et Remiremont Libremont. Jusqu'aux trois îles de Ré, d'Yeu et d'Oléron, qui se rebaptisèrent respectivement île de la République, de la Réunion et de la Liberté. Quant à Versailles, elle saisit cette occasion inespérée de se dégager de son trop lourd passé et même d'inverser la vapeur en se proclamant ni plus ni moins Berceau-de-la-Liberté !

Tout était possible : Saint-Léonard n'hésita pas à se renommer Herbidor, pendant que d'autres communes devenaient Indivisibilité ou Ingénuité, Tricolore ou La Carmagnole et qu'un Saint-Avre préférait s'appeler… Antichambre !

Seule, peut-être, Marseille fit grise mine lorsque, pour la punir de s'être soulevée contre la Révolution, en 1792, Barras et Fréron décidèrent de nier carrément son existence en lui donnant le nom outrageant de… Ville-sans-Nom !

L'orage passé, la plupart de ces noms vont se voir ranger au placard. Exceptionnelles, en effet, seront les dénominations révolutionnaires qui se maintiendront, comme pour Beaumont-le-Vicomte, dans la Sarthe, qui gardera son nouveau nom de Beaumont-sur-Sarthe. Nos ancêtres étaient bien trop attachés aux anciennes appellations séculaires, pour ne pas y revenir d'un seul élan. Le plus souvent, la commune reprendra donc son ancien nom, à moins qu'elle ne préfère parfois conserver une physionomie un tantinet républicaine ou du moins plus laïque, en changeant un « royal » en « national » (Saint Gengoux-le-Royal restant, après la Révolution, Saint-Gengoux-le-National) ou en oubliant de reprendre le nom du saint patron paroissial. Saint Sébastien-d'Uchon laissera définitivement son saint à l'église pour n'être désormais qu'Uchon. La commune francilienne de Tremblay, si elle décida de rester Tremblay-Sans-Culottes, ne put tenir plus d'un siècle, puisqu'elle devint Tremblay-les-Gonesses en 1886, avant de devenir Tremblay-en-France en 1989.

De Napoléonville au Kremlin-Bicêtre : autres temps, autres références

Autres temps, autres références : l'occasion, pour quelques localités, de suivre les modes. La Roche-sur-Yon et Pontivy choisiront de devenir, pour un temps évidemment limité, Napoléon-Vendée et Napoléonville. Un régime chassant l'autre, le village d'Hix, dans les Pyrénées-Orientales, décidera, en 1815, de troquer son nom contre celui de Bourg-Madame, en souvenir du passage de Madame Royale, fille de Louis XVI et belle-fille de Charles X, lors de son retour d'exil.

Plus tard, c'est sous le nom d'Amélie-les-Bains que l'ancien hameau des Bains, situé sur la commune d'Arles-sur-Tech, sera érigé en commune, en l'honneur de la reine Amélie, épouse du roi Louis-Philippe, qui y avait favorisé la fondation d'un hôpital militaire.

Le XIXe siècle apportera lui aussi son lot de nouveaux toponymes, destinés à honorer l'importance politique ou financière des personnalités diverses. Comme Le Plessis-Bourré s'était adjoint le nom de Jean Bourré, trésorier de Louis XI et de Charles VI, qui y avait des terres, la ville de Maisons, au nord de Paris, deviendra Maisons-Laffite en 1830, en hommage au banquier Laffitte qui y possédait un magnifique château.

Quand Paris n'en finissait plus de grandir

Au fil de l'histoire, Paris ne cessa de s'agrandir. La ville déborda très vite des îles initiales et ne cessa d'engloutir les villages, faubourgs et hameaux voisins, comme les faubourgs Saint-Antoine, Saint-Marcel, Saint-Germain…, ou encore Chaillot ou les Gobelins, qui devaient leur nom au teinturier champenois, Jean Gobelin, qui, au XVe siècle, y avait établi ses ateliers sur le cours de la Bièvre.

Au début du XIXe siècle, Paris fut divisé en douze arrondissements, jusqu'à ce qu'elle absorbe, en 1860, onze nouveaux villages ou communes. Napoléon III avait souhaité l'absorption de l'intégralité du département de la Seine et voulait même y ajouter trois communes de la Seine-et-Oise : Sèvres, Meudon et Saint-Cloud ; mais on s'était contenté de celles se trouvant entre les limites d'alors et l'enceinte militaire édifiée par Thiers, ce qui la fit passer de 3 288 à 7 088 hectares, où l'on découpa nos vingt arrondissements, avec :

- l'actuel XIIIe, constitué notamment par des emprunts à la commune de Gentilly ;

- l'actuel XIVe, constitué par une partie de la commune de Montrouge, dénommée le « Petit-Montrouge » ;

- l'actuel XVe, constitué des anciennes communes de Vaugirard et Grenelle (celle-ci incluant les villages de Javel et de Beaugrenelle) ;

- l'actuel XVIe, constitué des villages d'Auteuil et de Passy ;

- l'actuel XVIIe, réunissant le hameau des Ternes (retiré à Neuilly) et l'ancienne commune des Batignolles ;

- l'actuel XVIIIe, réunissant les anciennes communes de Montmartre et de La Chapelle ;

- l'actuel XIXe, correspondant à l'ancienne commune de La Villette et une partie de la commune de Belleville, que l'on tenait à scinder en deux par crainte des soulèvements de sa population ouvrière ;

- l'actuel XXe, réunissant l'autre partie de Belleville (son hameau de Ménilmontant) et celle de Charonne.

Au début du XIXe siècle, tous ces villages, qu'ils aient été des communes ou de simples hameaux, se trouvaient encore le plus souvent au milieu des champs et des vignes. Souvent nés à l'ombre d'un monastère ou d'une abbaye, ils étaient émaillés de moulins ou de guinguettes. C'était au Val Girard (futur Vaugirard) que les Parisiens venaient respirer l'air pur ; c'était à Plaisance que l'on allait s'offrir de « plaisants » moments ; c'était à Auteuil qu'au temps de Louis XV, et à son imitation, les grands possédaient des villégiatures et venaient boire des eaux thermales réputées soigner la langueur ; c'était du côté des guinguettes de Ménilmontant que l'on aimait aller flâner.

Quelques années plus tard, en 1845, le nom de Levallois-Perret sera donné à la nouvelle commune fondée à partir du village de Champerret (ancien champ pierreux), retiré à la commune de Neuilly, du fait de la cité industrielle qui y avait été construite sur les terrains d'un certain Nicolas Eugène Levallois, ancien marchand de vins enrichi, qui s'était lancé dans l'immobilier.

En Lorraine, Stiringenditzchweiller a été, en 1813, rebaptisée Stiring-Wendel. Dans l'Aveyron, on nommera Decazeville, en 1827, la nouvelle commune où le duc Decazes, alors ministre de Louis XVIII développa l'exploitation des mines et, en 1856, il s'en fallut de peu qu'une pétition locale transforme Le Creusot en Schneiderville. Une nouvelle génération de dénominations se profile donc à l'horizon, qu'alimentera Gaspard Malo, riche armateur de Dunkerque, en créant Malo-Plages puis Malo-les-Bains en 1869, avant qu'un autre immobilier, M. Bray, ne lance celui de Bray-Dunes.

On va aussi rendre hommage aux gloires du Panthéon national, ou chercher à profiter de leur prestige, pour augmenter sa notoriété. Dans l'Aube, La Louptière-Thénard prit ce nom en mémoire du grand chimiste Thénard qui y avait vu le jour en 1777, La Haye-Descartes a fait de même, en 1802, en hommage au grand philosophe, et, en 1881, Ferney deviendra Ferney-Voltaire, en souvenir du domaine que l'écrivain y avait possédé.

Très rares seront les créations de communes, et elles garderont le plus souvent le nom du hameau ou du lieu-dit qui désignait le lieu devenu autonome. En Saône-et-Loire, ce fut successivement le cas, en 1793, du Creusot (nom d'un ancien hameau, situé près d'un creux, qui était en fait une petite charbonnière exploitée à ciel ouvert), puis en 1856 de Montceau, ancien hameau dont le nom désignait un petit « mont », et de Montchanin, tous deux érigés en communes indépendantes et

D'Auteuil au Val Gérard : les étymologies des quartiers de Paris

- Auteuil *vient d'une ancienne* altum ialo *gauloise, une clairière élevée qui dominait le hameau de* Billancourt *(*Billa cortem : *le domaine de Billa). Cette ancienne paroisse s'était vue amputée en 1343 de son hameau des Mesnuls (le ménil, cf. p. 62), qui devint, comme on l'a vu, Boulogne, puis, au* XVIIe *siècle, de celui de* Passy *(*Passiacum villa : *le domaine de Passius).*

- Belleville *était tout simplement un « beau domaine » (cf. p. 55).*

- Bercy, *venu de* berbicil *(bergerie, bercail), était le lieu où les vignerons avaient installé leurs chais, pour éviter de devoir payer les lourds droits d'octroi de la capitale.*

- Charonne *doit venir d'une ancienne «* Caro villa *», domaine d'un dénommé Caro.*

- Grenelle, *dont le nom vient de* garnella *(petite garenne, terrain de chasse), était un hameau de Vaugirard, érigé en commune en 1830. Un conseiller municipal, M. Violet, lancera un grand projet immobilier à* Beaugrenelle *(sans doute venu d'un ancien «* Bosc Grenelle *», bois de Grenelle). Son hameau de* Javel, *dont le nom vient de l'ancien mot « javelle » (évocateur des épis de blé mis en javelles) était occupé par des prairies jusqu'à ce que s'y installe, en 1777, une usine de produits chimiques, qui donna son nom à la fameuse eau de Javel.*

- La Chapelle, *commune nommée jusqu'en 1829 La Chapelle-Sainte-Geneviève, puis La Chapelle-Saint-Denis, doit son nom à la présence d'une ancienne chapelle, tandis que son hameau de* Clignancourt *doit le sien à une* clinus cortem, *c'est-à-dire un domaine en pente.*

- La Villette *vient tout simplement d'une petite « villa » (cf. p. 55),*

- Les Batignolles, *longtemps lande aride utilisée comme champ de manœuvres, se nommaient à l'origine « Bastignolles » et devaient leur nom – comme La Bastille – à une ancienne bastide (cf. p. 69).*

- Les Ternes *était une «* villa externa *» de l'évêché de Paris, domaine hors les murs, par opposition à la «* villa episcopa *» (notre quartier de la « Ville-l'Evêque »), à l'intérieur des murs).*

- Ménilmontant *désignait le* ménil *(manse, cf. p. 62) sur un mont.*

- Monceau *(le petit mont) était, comme* Courcelles *(*corticella *: petit domaine), un simple hameau.*

- Montmartre *venait de «* Mons Martyrium *», le « mont des martyrs », saint Denis et ses compagnons. En dépit de ses vignes et moulins (cf p. 63), l'endroit constituait une position militaire stratégique.*

- Vaugirard *était le lieu où Gérard Moret, abbé de Saint-Germain, avait fondé une maison de repos au hameau de Val Boitron, lequel avait alors pris son nom.*

qui s'adjoignirent le vocable « les-Mines », alors signe flatteur de prospérité.

Mis à part ces exceptions, le XIXe siècle ne sera guère plus fécond en toponymie que ne l'avait été le XVIIIe. Les créations se font de plus en plus rares et l'on enregistre surtout des changements de noms, notamment en Lorraine, à la suite des variations frontalières, qui ont quelquefois entraîné la francisation de certains noms de communes. Pour le reste, les changements sont ponctuels. En Saône-et-Loire, Saint Nizier-sous-Charmoy devient les Bizots à la suite du transfert de son église dans le hameau de ce nom. Dans les Landes, on baptisera Solférino une commune créée l'année de la bataille du même nom et, dans le Loiret, Éric Vial signale un village baptisé La Crimée.

Il convient de citer les curieux cas de toponymes dérivés d'enseignes, signalant le plus souvent des cabarets.

Le phénomène n'était pas nouveau: déjà au Moyen Âge, une commune du Calvados avait pris le nom de Deux-Jumeaux, en souvenir d'une de ces enseignes, et une du Vaucluse portait le nom de Cheval-Blanc, classique nom d'auberge. De même, Saint-Pol-sur-Ternoise, dans le Nord, semble devoir son nom à celui d'un cabaret, nommé *Le Grand Saint-Paul,* en référence au chevalier de Saint-Pol, qui fut un des compagnons de Jean Bart.

Plus insolites sont les histoires de quelques lieux particuliers. Lorsqu'elle fut érigée en commune, en 1896, Bicêtre, dont le nom était la déformation de celui de l'évêque de Winchester, représentant du roi d'Angleterre à Paris pendant la guerre de Cent Ans, se vit associer celui du Kremlin, dû à l'enseigne d'une auberge tenue, au début du siècle, par un soldat qui avait fait la campagne de Russie et avait baptisé son cabaret *Au sergent du Kremlin.* Juste retour des choses, lorsque l'on sait que ce mot désignait, en russe, une forteresse et avait sans doute été emprunté à notre propre mot « crénelé »...

Non loin de là, un ancien quartier détaché de Vanves en 1883 pour être érigé en commune allait choisir le nom de Malakoff, du fait de la présence d'un café célèbre, *À la Tour de Malakoff,* tenu par un ancien soldat de retour de la guerre de Crimée.

Lui aussi francilien, le nom de Robinson provient également d'une enseigne, *Au Grand Robinson,* qui était celle d'un restaurateur ayant eu l'idée originale de proposer à ses clients de déjeuner sur des tables installées… dans les branches de grands châtaigniers

De Bruxelles à Inthasendarragiratzeburukoharia, en passant par Plougastel-Daoulas : les trésors des langues allogènes

On appelle langues allogènes les langues parlées en France autres que les traditionnelles langues d'oil et d'oc et que le franco-provençal ; autrement dit, le breton, le basque, le corse, l'alsacien et le flamand. Autant de langues, autant de toponymes aux aspects particuliers, que l'on a déjà eu l'occasion de croiser, mais qui méritent qu'on les étudie ici, avant que l'école de Jules Ferry vienne, au XIXe siècle, sonner le glas ces langues et dialectes, que certains n'hésitent pas à regarder comme une des richesses de notre patrimoine.

« Pour que vive La Morte ! »

Le Dauphiné Libéré (19.03.2001), parmi les listes présentées aux élections dans la commune de La Morte (38)

La Morte : nom d'une commune de l'Isère, anciennement *Mons de Morta,* dont le nom vient du préceltique *mor-*, désignant une butte rocheuse.

On constatera souvent, en Alsace-Lorraine, et bien sûr en Suisse comme en Flandres et en Belgique, une prédominance des toponymes d'inspiration germanique.

On a déjà signalé, en Lorraine et en Alsace, les suffixes *-ach* et *-ig,* déclinaisons régionales de notre fameux *-iacum,* ainsi que les constructions sur *-willer* et *-weiler,* adaptations germaniques des *villa* et *ville* d'ailleurs. On a également rencontré les terminaisons en *-hof* (enclos, puis ferme), *-dorf* (village), *-heim* (maison), ainsi que *bach* (le ruisseau) comme Forbach (ruisseau bordé de sapins), *berg* (la montagne) comme Bergheim (la maison de la montagne), *burg*, (la forteresse) comme Strasbourg (la forteresse sur la grande route) ou encore *mülh* (le moulin), d'où Mulhouse (la maison du moulin), et *munster* pour monastère. Une exception : Colmar, à l'origine *Columbarium*, et qui vient donc d'un « colombier » à l'étymologie franchement latine.

Dans les Flandres belges et françaises, on retrouvera la plupart de ces termes d'origine germaniques, simplement assaisonnés à la sauce flamande, faisant passer de *feld* à *velde* (le champ), de *stein* à *steen* (la pierre), de *kirche* à *kerke* (l'église), de *mülh* à *meulen* (le moulin), d'où des toponymes comme Kerkhove pour Kerkhof, désignant l'enclos de l'église, autrement dit le cimetière. On y ajoutera *seli*, signifiant « maison », à l'origine de nombreux *seele*, comme Broxeele en France, et Bruxelles en Belgique, désignant étymologiquement la maison dans les marais. On rappellera enfin les terminaisons déjà signalées en *-eke* et *-ecques,* évolutions locales de notre fameux *-iacum.*

Les toponymes du Pays basque sont, eux, naturellement d'origine basque, de même que quelques noms relevés dans les régions alentour, témoins du fait que les Basques avaient autrefois occupé d'autres territoires que leur actuel « pays ». C'est ainsi le cas de Biarritz (forgé sur le mot *haritz,* signifiant « chêne ») ou de Bidache (d'après *bide*, signifiant « chemin », que l'on retrouve aussi dans Bidart). Au reste, pour ce qui est de la compréhension des noms de lieux, il suffit généralement d'avoir un bon dictionnaire basque et de traduire, sachant que l'on retombera souvent sur certains mots comme ceux-ci :

- *aran*, « vallée » a donné Arangaixa (mauvaise vallée, vallée infertile), Arampuru (le bout de la vallée), et un beau pléonasme, plus à l'Est, avec le val d'Aran.

- *berry,* « nouveau », a donné Etcheberry (la nouvelle maison), Oyanberry (le bois neuf), Jauréguiberry (le manoir neuf), Iriberry (le nouveau village).

- *etche*, « maison », a donné Etcharry (la maison de pierres), Etchegaray (la maison haute).

- *iri* et *ibar*, « village », ont donné Irun, Irissary (le vieux village), Irigoyen (en haut du village), Ibarolle.

- *ituri*, « source, fontaine », a donné Iturbide (le chemin de la source), Yturbe (au pied de la source).

- *mendi*, « montagne », a produit Menditte, Mendionde (*mendi hondo,* au pied de la montagne).

- *ur,* qui signifie « eau », a donné Urt, Urcuit (de *urketa*, beaucoup d'eau).

Il faut savoir que de nombreux toponymes basques ont été eux aussi forgés sur des noms de personnes, à l'aide des suffixes *-ia* et *-enea*, comme Errolenea, ou des suffixes *-egui* et *-baia,* équivalents de notre « chez », avec Irouléguy (« chez la fileuse ») ou Laffitebaia (« chez Laffitte »). Les toponymes peuvent être parfois très longs : Éric Vial cite le cas d'Inthasendarragiratzeburukoharia (31 lettres !), désignant « le rocher au bord du sentier boueux du bout de la fougeraie », situé dans la commune de Béhorléguy.

N'ayant pas connu d'occupation gauloise, la Corse offre des toponymes d'inspiration essentiellement romaine (à commencer par Ajaccio, dont le nom ne vient nullement de celui du héros grec, Ajax, mais du latin *adjacimus*, signifiant « halte, lieu de

Quand les « pékins » avaient des chapeaux ronds : les habitants de « Plou-ker-tref »

Si les termes familiers « pékin » et « péquenaud » viennent d'un ancien terme pekk, *signifiant « petit », d'où a été également tiré le plus récent « pedzouille » (né au début du* XIXe *siècle, sous la forme « pézouille »), notre mot « plouc » se réfère, lui, à la Bretagne, et à ses nombreux noms de villages commençant par le classique* « plou ».

Plou, *qui évolue volontiers en* Plé *ou en* Pleu, *mais aussi en* Pla *et en* Plu, *est un terme breton d'origine romaine, puisqu'il vient du latin* plebs, *désignant le peuple, et a d'abord été employé pour désigner une peuplade, puis son territoire, avant de nommer une paroisse. Des centaines de communes bretonnes, héritières des paroisses, comportent donc ce terme dans leur nom, souvent accompagné d'un nom de saint, comme dans Ploubalay (paroisse de saint Balay), Ploujean (paroisse de saint Jean), Plumieux (paroisse de saint Mioch), Pluvigner (paroisse de saint Guinner), ou d'un nom commun ou d'un adjectif, comme Plougras (groas : croix), Pleubian, (bihan : petit). Plougastel-Daoulas était la paroisse du château d'un seigneur nommé Douglas.*

À l'origine, Ker *a désigné un village clos – que ce soit par un fossé, un talus, ou éventuellement une palissade – pour désigner assez vite un groupe de maisons ou une exploitation agricole. Il est alors entré lui aussi en composition avec quantité d'autres mots, comme dans Kerfeunteun (la maison de la fontaine), Kermaria, Kerfourn (la maison du four), Kermoreau (la maison de Moreau… ou d'un Maure).*

Treb *(à l'origine du terme breton moderne de « trêve »), vient de* tref, *désignant un village ou un hameau qui n'est pas une paroisse et qui dépend d'un autre au plan religieux (par opposition, donc, à* plou*). Il s'agissait en quelque sorte d'une « paroisse annexe », que l'on nommait aussi une « succursale ». Ce terme entre à son tour en composition, ainsi dans Trégastel (la trêve du château), Trémeur (la grande trêve), Tréguinec (la trêve du vignoble)…*

repos ») et italienne. Certains, parfois, sont d'origine plus ancienne, comme Carghèse, dans lequel on retrouve notre vieille racine *kar* (*cf.* p. 29).

Les noms de domaines y ont été formés d'abord avec le suffixe romain *-anus,* donnant des toponymes comme Propriano (domaine de Proprianus), puis, à la mode lombarde, par le biais des suffixes *-ese* et *-ensis,* d'où Loretesi ou Cinarchesi, désignant à l'origine des lieux ayant appartenu à un homme nommé Loreto ou Cinarca. On y retrouve bien sûr nos habituelles *casa*, pour la maison (Casanova : la maison neuve) et *petra*, pour la pierre (Pitralba : la pierre blanche), nos bastides (Bastia), nos châteaux (Castiglione : castillon, petit château), les ports (Porto-Vecchio : vieux port), sans oublier des San et des Santa, pour nos saints et nos saintes (San-Nicolao, Santa-Lucia...).

Reste la Bretagne, avec ses saints bien à elle et souvent éponymes que nous avons déjà évoqués (*cf.* p. 51), avec des noms de domaines qui y ont quasiment gardé le suffixe *-acum,* comme Nivillac (venu de Novilliacus), Loudéac et Lohéac (tous deux venus de Laudius), Bourbriac (venu de Burburius), mais surtout avec ses toponymes spécifiques, à commencer par ses *tref,* ses *ker* et ses *plou* (voir encadré).

Nombreux sont en effet les noms de lieux bretons formés sur des termes propres, comme *men*, signifiant pierre, *mené*, qui désigne la montagne, *kelenn*, le houx (d'où des Quelennec, équivalents des Houssaye d'ailleurs), *poul,* la mare (Le Pouliguen : la mare blanche), ou *pen*, signifiant tête, qui donnera par exemple Penmarch (formé avec le nom d'une sainte bretonne, Gwenan) et qui se cache aussi dans Paimbœuf (où il est accompagné d'un dérivé de *budh*, l'abri). L'un des plus fréquents est sans doute *coat*, signifiant « bois », à l'origine de Kerghoat (la maison près du bois) ou de Coëtlogon (la cabane près du bois).

Parallèlement, on trouvera aussi beaucoup de noms formés sur des mots venus « de l'intérieur », comme on disait en Bretagne pour parler du royaume de France par opposition au duché. Il s'agit ici aussi bien d'adaptation de termes latins, comme *kastel*, venu de *castellum*, que l'on retrouvera dans Plougastel (paroisse du château), ou de termes gaulois, comme notre *verne* (l'aulne, *cf.* p. 73) qui donne des Guern, ou encore de termes gallo-romains comme *fagus* – le hêtre – à l'origine de Le Faou.

Pour les lieux consacrés à des saints, on eut aussi, parallèlement aux classiques « saints » et « saintes », les compositions fondées sur *lock* et sur *lan*. Les premières proviennent du latin *locus*, comme Locmalo, Locmaria, Locronan, Loctudy, équivalents parfaits de Saint-Malo, Sainte-Marie, Saint-Ronan, Saint-Tudy… Les secondes ont été formées sur l'ancien gallois *lan*, de sens identique, qui donna Landivisiau, Landerneau, Lamballe, pour Saint-Thivisiau, Saint-Ternoc et Saint-Paul, après un petit avatar assez classique.

De Beausoleil à Parly 2 : des toponymes « nouveau style »

Le XXe siècle sera marqué par deux types de dénominations nouvelles. Il y eut tout d'abord les noms des communes nées de fusions, qui ont toujours eu cours, mais seront recherchées et encouragées à partir de 1971. Les Rochelles-et-Aubette, dans le Puy-de-Dôme, avaient fusionné dès la fin du XVIe siècle sous le nom de Gémeaux, que l'on changea pour Jumeaux, afin de se distinguer d'une commune voisine homonyme.

Au XVIe siècle encore, la fusion de Chamouilly et de Givery, dans les Ardennes, avait donné naissance à… Deux-Villes, comme celle de trois villages, dans les Ardennes, avait donné… Troisvilles. En 1793, celle de Bouquemon et Neusarrewerden avait également produit la cité lorraine de Sarre-Union.

Drôles de communes !

Communes sur deux départements

- Les deux Seyssel *(Haute-Savoie et Ain), séparées par le Rhône, frontière jusqu'en 1860 entre la France et la Savoie ;*

- Les deux Saint-Pierre-d'Entremont*: deux communes pour une seule agglomération ancienne, entre Savoie et Isère, où le torrent qui les sépare, le Guiers, servait de frontière à la même époque ;*

- Les deux Pont-de-Beauvoisin *(Isère et Savoie), elles aussi séparées par le Guiers ;*

- Les deux Avricourt *(Moselle et Meurthe-et-Moselle) ;*

- Le hameau Pontgivard *est, lui, écartelé entre trois communes et deux départements : Auménencourt (Marne), Orainville et Pignicourt (Aisne).*

Communes sur deux pays

- Plusieurs communes du Bas-Rhin, comme Mothern *et* Scheibenhard*, séparées entre France et Allemagne par la Lauter, depuis le congrès de Vienne ;*

- Saint Gingolph *: deux communes, une française et une suisse, sur les bords du lac Léman, mais une seule paroisse.*

- Gognies-Chaussée *: même cas (deux communes, une française et une belge, de chaque côté d'une route, et une seule paroisse).*

On trouve aussi de nombreuses communes enclavées dans un département tout en relevant d'un autre, notamment entre le Nord et le Pas-de-Calais, la Nièvre et la Saône-et-Loire…

Homonymies

On compte :

- *6* Saint-Martin-des-Champs *(Cher, Finistère, Manche, Yvelines, Seine-et-Oise, Yonne) ;*
- *4* Villers-le-Sec *(Aisne, Marne, Meuse, Haute-Saône) ;*
- *3* Villiers-sur-Marne *(Aisne, Haute-Marne, Val-de-Marne) ;*
- *3* Saint-Jean-le-Vieux *(Ain, Isère, Pyrénées-Atlantiques) ;*
- *3* Saint-Pierre-le-Vieux *(Lozère, Saône-et-Loire, Seine-Maritime) ;*
- *3* Saint-Pierre-du-Mont *(Calvados, Landes, Nièvre) ;*
- *3* Saint-Pierre-d'Entremont *(Isère, Orne, Savoie).*

Communes sans habitants

C'est le cas, rarissime, de quelques communes :

- *dans la Meuse :* Beaumont-en-Verdunois, Bezonvaux, Cumières-le-Mort-Homme, Douaumont, Fleury-devant-Douaumont, Haumont-près-Samogneuse, Louvement-Côte-du-Poivre et Ornes, *rasées en 1916, mais qui sont restées des communes, et dont les maires sont nommés par le préfet ;*
- *dans la Meurthe-et-Moselle :* Lemesnil-Mitry, *dont le maire, Henri de Mitry, a longtemps été élu par trois électeurs : sa femme, son fils et lui-même.*

Noms records

Nom de commune le plus court : Y *(Somme) ;*

Nom de commune le plus long : Saint-Rémy-en-Bouzemont-Saint-Genest-en-Isson *(Marne) : 45 caractères ;*

Nom de lieu le plus long : Inthasendarragiratzeburukoharia *(nom de hameau basque, 31 lettres d'un seul tenant !).*

Après l'échec de plusieurs projets de regroupements, proposés au XIXe siècle, la cinquième République vit les politiques dénoncer la lourdeur du réseau communal et s'attacher à réduire le nombre des communes. Avec près de 38 000, nous en comptions en effet plus de quatre fois plus que l'Espagne et l'Italie, qui n'en avaient chacune que 8 000 environ – sachant qu'un département comme le Pas-de-Calais en comptait à lui seul plus de 900. C'est pourquoi 298 fusions, intéressant 635 communes, eurent lieu entre 1958 et 1970, et qu'une loi fut votée en 1971, pour les favoriser.

Se heurtant aux traditions et à une véritable culture communale, cette loi ne devait cependant produire que 838 fusions, concernant à peine plus de 2 000 communes, fusions souvent éphémères, nombre de ces communes ayant vite recouvré leur séculaire et précieuse autonomie. Nous en conservons donc aujourd'hui 36 500, dont 21 600 (soit 60 %) ont moins de 500 habitants, alors que l'Allemagne de l'Ouest, qui avait engagé à la même époque une politique de même principe, réussit à réduire par trois le nombre de ses communes.

À quoi tient donc cet attachement très français ? Il semble qu'un des points d'achoppement de l'application de cette loi ait souvent été le problème du nom même à donner à la nouvelle commune, qui obligeait à recourir à des trésors d'imagination et faisait rarement l'unanimité. La formule la plus simple est apparemment celle des deux noms accolés, illustrée par le cas des deux communes de Rillieux et Crépieux-la-Pape, en région lyonnaise qui, après avoir été détachées en 1927 se réunirent à nouveau, en 1972, sous le nom de Rillieux-la-Pape. Dans les Deux-Sèvres, Nieul-sur-Argent et Les Aubiers, fusionnèrent en 2000 sous le nom de Nieul-Les-Aubiers. Dans la Drôme, Chauvac et Laux-Montaux s'unirent en 2000 pour constituer une commune – de 47 habitants ! – sous le nom de Chauvac-Laux-Montaux… Mais cette formule posait encore le problème de

Des bêtises de Cambrai aux parapluies de Cherbourg : à quoi tient la notoriété ?

Le tour de France des célébrités urbaines serait interminable, qui va de la rose de Provins au melon de Cavaillon, en passant par de nombreuses recettes ou spécialités gastronomiques : Vire a son andouille, Bayonne son jambon, Guérande son sel, Morteau ses saucisses. Agen a ses pruneaux, Nantua sa sauce et Sainte-Menehould ses pieds de porcs.

Ces spécialités sont souvent sucrées, comme les madeleines de Commercy, qui doivent leur appellation au prénom de la cuisinière du duc de Lorraine Stanislas Leszczynski, qui les inventa en cette ville, au XVIII*e siècle, ou comme les fameux calissons d'Aix, qui auraient fait leur apparition lors du second mariage du roi René d'Anjou, célébré là en 1454. Les berlingots de Carpentras auraient été créés au* XIV*e siècle, au temps où les papes résidaient en Avignon ; et les célèbres bêtises de Cambrai ont pour origine les bonbons ratés, en cette ville, voilà plus de deux siècles, par l'apprenti-confiseur Émile Afchain…*

*D'autres villes sont devenues célèbres pour avoir servi de décor à de grandes œuvres littéraires ou cinématographiques, comme Bellac, grâce à l'*Apollon *de Giraudoux, Cherbourg et Rochefort grâce aux comédies musicales de Jacques Demy (*Les Parapluies de Cherbourg*, en 1964, et* Les Demoiselles de Rochefort*, en 1967). Maubeuge le fut durant un certain temps pour son clair de lune (*Un Clair de Lune à Maubeuge*, nom d'un film oublié de Pierre Perrin, en 1962, dont la chanson principale donna un tube, où « le clair de lune à Maubeuge » dialoguait avec le « doux soleil de Tourcoing »).*

D'autres, enfin, ont parfois, sans qu'on le sache, servi de modèles à de grands auteurs : Gueugnon, connue depuis quelques années pour son équipe de foot des « Forgerons » a inspiré Clochermerle à Gabriel Chevallier, comme Limoges a proposé Chaminadour à Jouhandeau. Illiers (Eure-et-Loir) est si fière d'avoir inspiré à Marcel Proust le Combray servant de cadre à La Recherche du temps perdu*, qu'elle est devenue en 1971 Illiers-Combray.*

savoir lequel des deux noms aurait la prééminence sur l'autre, et l'on préféra parfois opter pour une construction nouvelle… sans beaucoup plus de succès à terme. Dans l'Aube, les trois communes de Bourdenay, Trancault et Bercenay-le-Hayer, qui avaient fusionné en 1973 sous le nom de Val-d'Orbin, ont divorcé en 2000 pour retrouver leur indépendance.

Une des dernières créations de communes, au sens propre, semble avoir été, en 1972, celle des Ulis, dans l'Essonne, constituée à partir de fractions de celles d'Orsay et de Bures-sur-Yvette.

C'est également de cette époque que datent les cinq villes nouvelles créées en région parisienne à partir de différents hameaux et quartiers. Il fallut leur donner des noms, ce que l'on fit à partir de ceux de lieux préexistants (parfois les simples noms des communes, comme Cergy-Pontoise), tout en ayant soin de sacrifier aux règles de la communication par l'introduction de termes « valorisants », suggérant une certaine qualité de vie. Melun-Sénart se réclame de la forêt de Sénart. Saint-Quentin-en-Yvelines du nom d'un étang qui deviendra sa base de loisirs, et Marne-la-Vallée de la vallée de la Marne, que l'on n'imagine évidemment que verdoyante, comme toute vallée. Évry a opté au contraire pour une image résolument

Carnet d'adresses

On a relevé dans les annuaires téléphoniques, en 1997:

- *M. Clochard,* rue de la Providence, Beaulieu-sous-Bressuire Deux-Sèvres;
- *M. Crucifix,* rue du Presbytère, Crèvecœur-le-Grand (Oise);
- *M. Apoil,* rue des Bains, Saint-Aubin-sur-Mer, (Calvados);
- *M. Cochon,* rue de Croque-Châtaigne.

moderne, celle d'une cité d'architecture et de conception futuriste, en devenant Évry-Ville-Nouvelle, sans savoir peut-être qu'elle reprenait un type d'appellation qui avait déjà eu cours voilà quelque sept à huit cents ans...

Le second facteur entrant dans ces nouvelles dénominations fut la recherche de ces appellations (noms ou épithètes) valorisantes, parfois d'inspiration littéraire – comme pour Illiers, dans l'Eure-et-Loir, qui devint en 1971 Illiers-Combray, pour avoir inspiré à Proust le Combray d'*À la recherche du temps perdu* –, mais le plus souvent d'inspiration touristique.

« Côté mer », après la création de la commune de Beausoleil, en 1904, on verra revaloriser les noms de plusieurs communes du Var, des Alpes-Maritimes ou de l'Hérault : Bormes, La Cadière et Palavas deviennent Bormes-les-Mimosas (1968), La Cadière-d'Azur et Palavas-les-Flots, cette dernière avoisinant La Grande-Motte, créée en 1974. On notera en passant que le quartier de Juan-les-Pins, à Antibes, est devenu presque aussi célèbre que sa commune mère, après avoir failli s'appeler Albany-les-Bains, du nom du duc d'Albany, septième fils de la reine Victoria, qui venait y prendre des bains de mer, comme on disait à l'époque.

« Côté montagne », le même mouvement a permis à Chamonix de devenir en 1921 Chamonix-Mont-Blanc, avant que des villages jusqu'alors obscurs ne gagnent tout à coup une étonnante notoriété. Qui connaissait Megève, avant qu'elle ne soit repérée en 1916 par la baronne de Rothschild, lasse de devoir aller jusqu'en Suisse pour s'adonner aux joies de la neige ? Qui aurait vu dans Val-d'Isère, petite commune sans route, ni eau, ni électricité encore en 1920, un des futurs hauts lieux du tourisme blanc ? Et ce sont souvent de simples hameaux ou lieux-dits qui vont accéder à la gloire, en se voyant promus au rang de station de ski, comme, autrefois, on était érigé en duché. Plusieurs occultèrent alors complètement le nom de la commune dont ils dépendaient.

Quand nos départements avaient des complexes

Au plan des départements, le XXe siècle a connu deux sources de nouveautés.

L'une fut la création, en 1964, des six nouveaux départements d'Île-de-France, résultant d'un démembrement de l'ancienne Seine et de l'ancienne Seine-et-Oise. Conformément à la tradition de 1790, ils furent nommés tout simplement les Hauts-de-Seine, le Val-de-Marne et le Val-d'Oise, la Seine-Saint-Denis et les Yvelines, selon le nom d'une ancienne forêt.

L'autre fut la suppression des épithètes « basse » et « inférieure », remplacées par celles de « maritime » (Charente, 1941, Seine, 1951), « atlantique » (Loire, 1957, Pyrénées, 1969) ou, mieux, « de Haute-Provence » pour les anciennes Basses-Alpes, en 1970. Fort de cette expérience, on évita de créer une Haute et une Basse-Corse lorsqu'on créa deux nouveaux départements en 1975, pour la nommer « Corse-du-Sud ». Magie du Sud, épouvantail du Nord : le dernier changement en date fut celui des Côtes-du-Nord, désireuses de gommer cette évocation jugée antitouristique, et qui devinrent Côtes-d'Armor en 1990. On ne saurait donc s'étonner que certains élus de Saône-et-Loire aient été un temps partisans d'un percutant « Bourgogne-du-Sud », réunissant la double promesse des grands vins et du soleil. À se demander ce qu'attend décidément le Bas-Rhin pour se proclamer « Rhin de Haute-Alsace » ou « Alsace-du-Sud »…

Ainsi Courchevel, petit village de la commune de Saint-Bon-Tarentaise, dont les élus substituèrent le nom de leur hameau à la traditionnelle Tarentaise pour le rebaptiser Saint-Bon-Courchevel, alors que plus au nord, Bourg-Saint-Maurice lançait son ancien hameau des Arcs, étagé entre trois stations aux appellations évocatrices : Arcs 1600, Arc 1800 et Arc 2000 !

Ailleurs encore, c'est Châlons-sur-Marne, qui choisit en 1995 de devenir, plus commercialement, Châlons-en-Champagne, un nom nettement plus pétillant et mieux adapté à ses ambitions.

Plus que d'un nouveau genre, ces appellations procèdent d'un nouveau mode de dénomination, puisque, comme on avait commencé à le faire en 1790 avec les noms des départements, on s'est désormais engagé dans une recherche dictée par des considérations liées au marketing. Ce sont elles qui vont commander la plupart des choix contemporains. Si, sur les autoroutes, la plupart des aires de repos se sont contentées des noms sous lesquels elles apparaissent sur le cadastre (car, ne l'oublions pas, la moindre parcelle, même en friche, est cadastrée sous un nom officiel), on n'a pas toujours retenu ce nom pour les zones industrielles ou les centres commerciaux, moins encore pour les nouvelles cités et les lotissements.

Si l'on trouve ainsi des « ZI » du Buisson, des Alouettes, de Chambray, de La Fayette…, on rencontre des appellations nettement plus sophistiquées comme celle de la zone d'activité Coriolis, près de Montchanin, de Burospace, à Bièvres, ou de l'Europarc, à Créteil. Paradis de la consommation, voici encore, en région parisienne, Créteil-Soleil ou Val-d'Europe, sans oublier le cas du centre commercial de Parly 2, près de Versailles, que ses fondateurs avaient eu, comme on l'a remarqué, la prétention de vouloir baptiser Paris 2 (on avait bien Vélizy 2) – comme si l'idée seule d'un second Paris avait été décemment envisageable !

Mais c'est au niveau de l'habitat résidentiel que la recherche est incontestablement la plus poussée. Les lotissements ont pu tout

Des provinces aux régions

Nos anciennes provinces avaient des noms simples, dont la plupart de nos régions administratives se sont directement inspirées.

Beaucoup de ces noms venaient des anciens peuples; ainsi la Normandie, avec les peuples scandinaves, venus du Nord; l'Artois, avec les Atrébates *(à l'origine d'Arras); le Béarn, avec les* Bearni, *l'Auvergne, avec les Arvernes, la Bourgogne, avec les Burgondes, la Gascogne, à l'origine* Vascogne, *avec les Vascons (eux-mêmes à l'origine de nos Basques), le Roussillon, avec les* Ruscinenses, *la Bretagne, avec les Bretons (Celtes établis dans l'ancienne Bretagne, l'actuelle Angleterre), sachant que son ancien nom, l'Armorique, désignait en langue celte le « pays près de la mer ».*

Beaucoup venaient du nom de leur principale ville : l'Orléanais, le Lyonnais, le Poitou, l'Anjou, l'Angoumois, le Limousin, le Nivernais, la Touraine, la Saintonge (Saintes), le Bourbonnais (Bourbon-l'Archambault) ou l'Aunis, autrefois Alnis *(*castrum Alionis, *Châtelaillon).*

D'autres évoquaient la géographie : Champagne, comme « campagne », désignait une plaine fertile (comme la Campanie italienne), ou reprenait le nom du cours d'eau qui les traversait; le Hainaut arrosé par la rivière la Haine, le Maine par la Mayenne.

D'autres enfin, tiraient leur nom de l'histoire :

- la Lorraine désignait le Lothari regum, *royaume de Lothaire;*

- l'Île-de-France, de l'histoire de Paris et de la France *(cf. p. 17)**;*

- le Languedoc était la région où l'on parlait la langue d'oc, ainsi nommée du fait que oui s'y disait oc;

- la Provence le doit à son ancien statut de « province » romaine;

- la Marche, au sens ancien de ce terme, désignait un pays frontalier;

- la Franche-Comté désignait la partie de la Bourgogne qui passa, à la mort du dernier duc, à sa fille, Marie de Bourgogne, tout en restant « franche », c'est-à-dire libre, par rapport à la couronne de France;

- le Dauphiné était l'ancien pays des comtes d'Albon, dont l'un épousa une comtesse anglaise, qui donna à l'un de leur fils le second prénom, fréquent dans son pays, de Dolfin. Rapidement francisé en « dauphin » ce prénom devint héréditaire et fut considéré comme un titre, qui passa au fils du roi de France, lors du rachat de la province en 1349.

D'autres noms, enfin, restent obscurs : la Savoie doit-elle son nom à une histoire de sapins, l'Alsace, vient-il d'un mot allemand qui aurait signifié « Étranger » ? Si la Guyenne, vient d'Aguyaine, altération d'Aquitaine, ce dernier nom reste d'étymologie inconnue, tout comme le sont ceux de la (ou des) Flandre(s), du Perche, de la Picardie et de la Corse.

aussi bien hériter de leur nom cadastral (La Bussière, Les Rousseaux, La Chesnaie…) ou se voir doter d'un véritable viatique, bucolique et champêtre à souhait, destiné à promouvoir leur charme tranquille, leur verte et riante vallée, ou toute autre référence à nos actuelles valeurs.

En ville, les constructions modernes clament haut et fort combien elles sont l'antithèse des H.L.M et I.L.N. d'antan. Nées de l'imagination des promoteurs immobiliers des années 70, elles exhibent des appellations qui sont parfois de véritables trouvailles, luxueuses et élitistes, toutes plus flatteuses les unes que les autres, depuis la Résidence des Roses-Rouges, à Villejuif, à celle des Orcades, à Lyon, en passant par celles des Martins-Pêcheurs, à La Celle-Saint-Cloud, des Jardins d'Arcadie, à Rouen…

Pareilles dénominations n'épargnent pas les maisons de retraite nouveau style, de la Résidence d'Automne à celles des Feuilles d'Or ou des Héspérides. Autant d'appellations qui préfèrent le rêve à la réalité.

De la rue Poil-au-Con à l'avenue de l'Europe : trésors et secrets de nos noms de rues

Les rues sont-elles vieilles ? Pas toujours, même si l'on emploie volontiers l'expression « vieux comme les rues » pour qualifier quelque chose d'ancien et un tantinet démodé…

À quand remontent nos rues ? De quand datent leurs noms ? Celles des villes romaines et gallo-romaines, qui se coupaient à angles droits, n'en portaient pas. C'est sans doute à l'époque médiévale que les choses ont changé.

Toutes les rues, alors, ne sont pas pavées : le souvenir de certaines, recouvertes d'herbes, subsiste d'ailleurs aujourd'hui dans des « rues du Chemin-Vert ». Beaucoup de ces rues étaient non seulement boueuses, mais généralement bombées, ce qui est à l'origine de notre expression « tenir le haut du pavé ».

Ah ! Ah ! Quelles drôles de rues...

Il existe d'assez nombreuses rues « du Ah Ah » ou « du Haha », que Bernard C. Galley signale notamment à Saintes, Valence, Château-Thierry... Elles doivent leur nom à l'ancien mot « *haha* » désignant une coupure ou un obstacle aménagé dans un mur d'enceinte et destiné à faire trébucher les assaillants.
Belfort possède une « rue Quand-Même », qui commémore l'élan patriotique de 1870, et rappelle que la ville était restée « quand même française ».

Quand les rues commencent à porter des noms, ceux-ci sont d'abord simples et parlants, le plus souvent liés aux activités professionnelles, artisanales ou commerciales qui y sont exercées. Ce sont les rues des Bouchers, des Orfèvres, des Maréchaux (ferrants), ou encore des Tanneurs (ou des Mégissiers), comme on trouve des rues des Juifs ou des rues « Judaïques », qui conserveront parfois leur nom jusqu'à la Libération, sinon jusqu'à nos jours.

Beaucoup aussi portent des noms de couvents et d'établissements religieux : rue des Ursulines, des Carmes, des Chartreux (ou des Chartrons, comme à Bordeaux), ou encore celles des Capucines (le boulevard parisien de ce nom le doit à des religieuses appartenant à un ordre fondé en 1528 à Naples et tenues à porter une capuche), des Filles du Calvaire, autre ordre religieux fondé en 1617, ou simplement des « Dames », évoquées dans de nombreuses « rues aux Dames » (de même que dans le nom de la ville franc-comtoise de Baume-les-Dames).

Nombreuses, aussi, ont été celles à porter des noms d'enseignes, en référence à telle échoppe ou telle auberge. Enseigne classique, objet symbolique comme la botte pour le bottier ou la paire de lunettes pour le lunetier, ou la carotte de nos bureaux de tabac, représentant un rouleau stylisé de feuilles de tabac. Autant d'objets qui ont donné des rues de la Clé ou des rues de l'Épée. Celle de l'Épée-de-Bois, à Paris, vient de l'enseigne d'un estaminet.

La plupart de ces enseignes, en effet, appartenaient à des auberges ou à des cabarets, et se présentaient soit sous la forme d'« images », soit sous celle de rébus.

À l'origine, le mot « image » évoquait une statue ou un portrait dessiné, le plus souvent de celui d'un saint. On trouvait ainsi des auberges dites *À l'Image Saint-Paul* ou *À l'Image Saint-Éloi...* Pour nos aïeux, pétris de religion, les saints étaient des personnages extrêmement familiers, et de surcroît facilement identifiables grâce à leurs attributs (*cf.* p. 151).

D'autres consistaient en rébus, tel le fameux *Lion d'or,* qui signalait l'auberge en annonçant: *« Ici lits, on dort ».* Beaucoup proposaient des images pittoresques, comme *À la Pie qui tète, À la Truie qui file* ou encore la très balzacienne *Maison du chat qui pelote.* L'éventail est riche et varié, allant de *La Lune* et du *Soleil d'or* à de fréquentes enseignes trinitaires, *Les Trois Clés, Les Trois Croissants, Les Trois Maures* (trois princes musulmans venus en France par fidélité à la mémoire de Saint Louis, qui

De la rue des Crottes à la rue Bombecul...

À Marseille, la *rue des Crottes* n'était qu'une ancienne rue des Grottes. À Haute-Rivoire (69), on trouve la *rue des Fesses-Fanées,* nom qui viendrait du fait qu'elle avait été, au début du XXe siècle, habitée par des vieilles filles. À La Penne-d'Agenais (47), on a une *rue Bombecul* (d'après la position que prenaient les piétons pour en gravir la pente, très raide).

De la rue Blanche à la rue Madame, les curieux noms des rues parisiennes

À Paris comme ailleurs, l'histoire des noms des rues est généralement toute simple, même lorsqu'ils peuvent paraître étonnants :

- la rue Blanche *était empruntée par les chariots remplis de plâtre descendant des carrières de Montmartre ;*

- la rue du Jour *est une déformation de la « rue du Séjour », faisant référence à une résidence secondaire du roi Charles V ;*

- la rue Mouffetard *tire son nom du mot « moufette », qui désignait une odeur pestilentielle due au voisinage de la Bièvre, qui recevait les déchets déversés par les tanneurs, corroyeurs, écorcheurs et tripiers ;*

- la rue de la Muette *conduisait à l'ancien chenil royal, abritant la « meute » des chiens du roi ;*

- la rue Française *n'était qu'une ancienne rue François, et auparavant une rue Saint-François ;*

- la rue Où-Dieu-fut-bouilli, *ancien nom de la partie sud de la rue des Archives, rappelait qu'un mécréant y avait ébouillanté une hostie ;*

- la rue la Goutte-d'Or, *percée en 1814, rappelle que le prévôt des marchands offrait chaque année au roi, pour l'anniversaire du couronnement, quatre tonneaux du vin blanc des coteaux de Montmartre.*

Mais qui étaient ce « Monsieur », cette « Madame » et cette « Mademoiselle », qui ont eux aussi leurs rues ? Les réponses sont claires :

- la rue Monsieur *fut ouverte en 1779 pour dégager l'accès aux écuries des équipages de Monsieur, titre désignant traditionnellement, sous la monarchie, le frère puîné du roi, en l'occurrence le comte de Provence, le futur Louis XVIII ;*

- la rue Madame *est celle de l'épouse de « Monsieur » (ici Marie Joséphine de Savoie, épouse du comte de Provence) ;*

- la rue Mademoiselle *porte le titre traditionnellement donné aux petites-filles de France (dans ce cas, celle de Charles X, âgée de neuf ans lorsque la rue fut ouverte, en 1827) ;*

- la rue Monsieur-le-Prince *se réfère à Henri II de Bourbon, prince de Condé et premier prince du sang, qui acheta en 1612 un vaste hôtel, encadré de deux rues qui deviendront les rues de Condé et Monsieur-le-Prince ;*

- la rue Princesse *fut ainsi nommée à sa création, en 1630, à cause de l'hôtel qu'y possédait Catherine de Lorraine, sœur du duc de Guise, devenue princesse de Dombes par son mariage avec le duc de Montpensier.*

avait guéri leur mère). On trouve même, à Toulouse, un quartier des Trois-Cocus, venu par déformation d'une ancienne enseigne représentant trois coucous...

D'autres noms étaient d'inspiration héraldique, ainsi *Aux Armes de Dombes,* pour une librairie ouverte à Paris par un imprimeur de Trévoux qui voulait ainsi marquer son origine et son allégeance au duc du Maine, prince de Dombes, dont cette ville faisait partie. La mode aussi s'en mêlait. Vers 1640, on vit une floraison d'enseignes d'inspiration anglaise, conduisant un mercier parisien à troquer son *Image Saint-Éloi* contre un *À la Ville de Londres* et son voisin paumier changer son *Soleil d'or* pour *Le Roy d'Angleterre.* Combien de nos anciennes rues doivent leur nom à l'une de ces pittoresques enseignes, telle que cette rue des Quatre-Vents, dans laquelle une enseigne montrait quatre angelots joufflus.

Si la plupart de ces noms se contentaient de décrire les choses, donnant ainsi de banales rues du Chapitre, en référence au chapitre d'une cathédrale[1] ou « rue Neuve-Notre-Dame » (pour une rue Notre-Dame nouvellement construite ou reconstruite après un incendie), d'autres sont plus difficiles à comprendre de nos jours, comme la rue Court-au-Vilain, au sens aujourd'hui oublié, ou ces rues ou impasse du « Ah ! Ah ! », ainsi orthographiées par ignorance de leur origine (*cf.* p. 112).

De petites rues sombres et écartées, favorables aux amourettes ou à la prostitution, portent des noms sans équivoque, de même que d'autres où l'on n'hésitait pas à soulager ses besoins naturels. On trouve ainsi des rues Bon-Amour, des rues Trace-Putain, des rues de Pute-y-muse, qui deviendront « du Petit-Musc », autant de dénominations dont les oreilles médiévales ne s'offusquaient nullement, pas plus qu'elles ne le faisaient d'une rue Merderée (devenue Merderet, puis Verderet) ou de cette rue « Poil-au-Con », une des plus anciennes de Paris selon

1. *Cf.* Jean-Louis Beaucarnot, *Qui étaient nos ancêtres ?,* Jean-Claude Lattès, 2002.

Henriette Walter, ainsi nommée avant de se transformer en rue du Pélican – nom sous lequel elle existe toujours dans le premier arrondissement !

Longtemps, les noms de rues renvoyant à des personnes sont restés exceptionnels, même si l'on avait bien, à Paris, les rues Aubry-le-Boucher et Croulebarbe, cette dernière en référence au nom d'une famille de meuniers qui y exploitait un moulin sur la Bièvre.

Il faut attendre le XVIIIe siècle pour que ce genre d'appellation devienne plus fréquent, renvoyant le plus souvent à de grands personnages vivants. On vit alors telle paroisse prendre, à titre d'hommage, le nom de son seigneur et maître, telle rue louer une célébrité qui était souvent à son origine, comme la place Louis XV, future place de la Révolution et aujourd'hui place de la Concorde, honorait le souvenir du roi qui l'avait fait construire sur un de ses terrains personnels.

Paris joua là, incontestablement, un rôle de pionnier. Il n'est guère de ville, en effet, où autant de rues recevront aussi tôt autant de noms de personnes, et contrairement à ce que l'on pourrait attendre, la Révolution ne joua pas là un rôle particulier. Alfred Fierro estime que, sur un millier de noms de rues parisiennes, 155 tout au plus, ont changé de nom à cette occasion. Les rues Bourbon et Dauphine furent rebaptisées rue de

---

Mme Chrétien est décédée à Contrecœur

Journal canadien

Contrecœur : nom de lieu québécois, qui devait faire allusion, comme nos Crèvecœur, aux mauvaises terres (*cf.* p. 34).

Lille et de Thionville ; la place Royale, place de l'Indivisibilité, avant de devenir place des Vosges en 1800, afin de rendre hommage à ce département qui avait montré une rare ardeur à s'acquitter des nouveaux impôts. Et dix seulement de ces 155 nouveaux noms ont subsisté, dont les places de la Concorde et du Panthéon, le quai Voltaire, les rues Pigalle et Jean-Jacques Rousseau, de Fleurus et de la Fidélité... La rue Marat redevint celle de l'École-de-Médecine, comme la rue des Francs-Citoyens redevint celle des Francs-Bourgeois.

Napoléon, à son tour, valut à Paris des rues commémoratives : rues d'Aboukir, des Pyramides, d'Austerlitz..., ou celles célébrant des généraux, comme Desaix ou Kléber. Mais il favorisa surtout les noms tirés de la grande histoire, et rendant hommage aux hommes de guerre d'Ancien Régime : Turenne, Ségur, La Bourdonnaye... En réalité, comme le souligne Alfred Fierro, « le vrai *big-bang* des noms de rues parisiennes, ce sera bien plus tard, avec Napoléon III ». Avec les travaux d'Haussmann, une grande quantité de voies nouvelles sont créées, entraînant l'apparition de plus d'un millier d'appellations nouvelles.

Par chance, on avait pris l'habitude, au XVIIe siècle, d'indiquer ces noms par des plaques. Auparavant, il n'y en avait de trace qu'orale. Et il fallut attendre Bonaparte pour voir les maisons repérées par des numéros, à Paris comme en province, et cela dans le simple but de faciliter le couchage des troupes, lorsque les soldats traversant une ville recevaient des billets de logement pour se faire héberger chez l'habitant.

Ce n'est donc guère qu'à partir du XIXe siècle qu'on accorda vraiment de l'importance aux noms et à leur choix, que ce soient ceux des rues et des places, ou ceux des avenues et des boulevards, de plus en plus nombreux dans les nouveaux paysages urbains. L'« avenue » était à l'origine l'allée d'arrivée, « la venue » à une propriété. Le « boulevard », lui, tirait son nom du flamand *bolwerk*, qui avait d'abord désigné un remblai de terre défensif, ouvrage souvent reconverti en voies plantées d'arbres et destinées à la promenade. Dès lors, en face d'appellations banales, on verra se répandre des dénominations plus recherchées, largement influencées par l'histoire et les modes.

Si toutes les villes ou presque ont leur rue ou leur place de l'Église et de la Mairie (ou de l'Hôtel-de-Ville – sachant que celui de Paris est le seul à toujours s'écrire avec deux majuscules), si presque toutes ont des places du Marché, et souvent des rues du Cimetière (dite aussi des Ancêtres, comme à Belfort, plus couramment du Repos ou, plus philosophiquement, de l'Égalité), nombreuses sont celles que le développement du réseau ferroviaire dotera à la fin du XIXe siècle d'une rue de la Gare, reliant la cité à ce bâtiment, généralement construit, alors, à sa périphérie. Ces rues au nom banal seront souvent, les premières que l'on choisira de débaptiser plus tard, pour permettre de commémorer tel événement ou honorer tel grand homme. C'est ainsi qu'en 1970 beaucoup de places du Monument-aux-Morts se muèrent en places Charles-de-Gaulle.

Au fil des siècles, on assista à un vaste ballet commémoratif. Si les victoires de Napoléon III, comme Sébastopol ou Magenta, avaient déjà inspiré nombre d'édiles à leur époque, le premier phénomène national fut observé au lendemain de 1870, avec une formidable éclosion de rues de la République et de rues du Quatre-Septembre, avant de céder la place à un défilé de personnalités.

Il semble que Victor Hugo ait été le premier grand inspirateur en date, et cela de son vivant, puisque Paris décida, dès 1881 de donner son nom à l'avenue du Bois, conduisant au bois de Boulogne et dans laquelle il résidait. Situation sans précédent qui valut à l'auteur des *Misérables* de recevoir des courriers adressés « à Monsieur Victor Hugo, en son avenue, Paris ».

La mode des noms de rues donnés en référence aux grands hommes (et que l'on doit orthographier avec des traits d'union entre le nom et le prénom : « rue Victor-Hugo ») était lancée. Après Victor Hugo et Gambetta, les années 90 virent éclore les rues Jules-Ferry, père de l'école pour tous, et surtout Carnot, en hommage au président de la République, dont l'assassinat, en 1894, à Lyon, par un Italien, avait frappé le pays.

Vinrent ensuite Zola, honoré par les municipalités de gauche, comme plus tard Jean Jaurès, Édouard Vaillant ou Aristide Briand, ou le maire de Lille Roger Salengro, après son suicide en 1936.

Après que la colonisation eut apporté ses quartiers du Tonkin ou du Maroc, et ses rues d'Alger ou de Casablanca, les guerres, redevinrent les grandes inspiratrices. La Première Guerre mondiale, outre ses places du 11-Novembre, nous valut des Georges Clemenceau, des Raymond Poincaré et des maréchal Joffre ; la Seconde Guerre et la Libération, outre les rues du 6-Juin-1944, commémoratrices du fameux « jour J », consacreront les maréchaux Leclerc et de Lattre de Tassigny, ainsi qu'un large éventail de résistants, de Jean-Pierre Timbaud à Pierre-Brossolette, du colonel Fabien à Guy Môquet ou à Victor Basch, sans oublier Jean Moulin.

On n'hésita pas non plus à honorer des personnages et des héros étrangers : le « roi-chevalier », Albert de Belgique, et le président américain Wilson pour leur aide au cours de la

---

Un exhibitionniste arrêté à Fourqueux

Le Courrier des Hauts-de-Seine - 24.03.1994

Fourqueux : cette commune des Yvelines est un ancien *Forqueus* (1278), qui avait précédemment été nommé *Fulcosa* (1180) et encore avant *Filcusas* (au IXe siècle), ce dernier nom trahissant son étymologie, par le latin *filex*, qui désigne la fougère.

Première Guerre, le président américain Roosevelt, après la Seconde, pendant que les municipalités communistes développaient leur propre panthéon, réunissant autrefois Lénine et Staline, puis le président chilien Salvador Allende, les écrivains Éluard et Aragon, ou d'autres personnalités, comme Fidel Castro ou Léo Ferré.

Les femmes, seules, furent majoritairement oubliées, à l'exception du succès jamais démenti de Jeanne d'Arc (qui apparaît parfois, comme à Rouen, sous le nom de « la Pucelle ») et plus récemment de celui de Marie Curie, après son entrée au Panthéon, en 1998.

Cependant, à une époque où la passion rend semble-t-il les choix des noms de rues de plus en plus délicats, il semble que la préférence aille aux noms les plus consensuels : génies, savants et personnalités du monde des arts. Voici des rues dédiées à Marc Chagall ou à Vincent Van Gogh, à Jacques Brel ou à Édith Piaf, ou encore à Saint-Exupéry, qui semble devoir à son *Petit Prince* d'arriver en tête des nouveaux « patrons » des établissements scolaires, depuis les écoles maternelles jusqu'aux lycées.

Mêmes locaux, en effet, les grands hommes divisent. Les conseils municipaux préfèrent donc souvent donner leurs noms aux « salles polyvalentes » ou aux écoles qu'ils ont fait construire, plutôt que de débaptiser à leur profit la place de la Mairie, qu'ils espèrent peut-être ainsi se réserver pour le jour où leur tour sera venu. Aux grands hommes et aux grandes dates, qui elles aussi divisent souvent (comme on peut le voir avec le débat toujours houleux autour du choix du jour commémoratif de la guerre d'Algérie), on préfère donc les avenues plus fédératrices « de l'Europe », mais surtout les inoffensives rues des Jasmins et des Jonquilles, le record des noms de rues fleuris étant détenu par les plus parfumées : les lilas, suivis des roses et des violettes, talonnées par les bleuets.

Pour le meilleur mais pas pour le pire : l'art de « débaptiser »

Qu'ils soient millénaires, comme ceux de la plupart de nos communes, centenaires comme ceux de nos lieux-dits, ou plus récents, comme ceux de nos rues, les noms de lieux ne sont jamais définitifs : certains ont évolué au fil du temps ; d'autres ont fait l'objet de changements délibérés.

Tremblevif, dans le Val-de-Loire, ainsi nommée en référence à un ancien *vicus* (village) au milieu des peupliers trembles, demanda, en 1854, à changer son nom pour devenir Saint-Viâtre, nom du saint patron de sa paroisse. Une commune du Jura nommée Les Faisses, préféra, en 1999, devenir Bonnefontaine. Une autre, dans le Doubs, connut d'étranges va-et-vient.

Nommée Les Allemands, en référence à une ancienne colonie germanique du temps des grandes invasions, elle obtint, en 1915 – en pleine guerre franco-allemande – de devenir Les Alliés. Sous l'Occupation, les autorités allemandes la rétablirent sous son nom d'origine et elle se hâtera de recouvrer sa nouvelle identité dès la Libération.

Il en alla de même pour certaines rues. À Paris, un édile d'Auteuil ignorant que la rue Wilhem célébrait le créateur de l'orphéon du quartier, et y voyant un hommage au Kaiser

Miss Haut-Rhin est de Moosch

L'Alsace (27.05.2002)

Moosh : nom d'une commune du Haut-Rhin, anciennement *Mosch* (en 1550), venu du germanique *moos*, désignant l'endroit bourbeux (alors que notre adjectif moderne « moche », qui n'est apparu que vers 1880, vient d'un autre mot allemand, *mocke*).

Comment baptiser une rue ?

À l'exception de Paris, aucune disposition officielle n'impose aux communes l'obligation de procéder à la dénomination des rues.

La faculté de nommer les rues, places, salles communales, etc., relève de la compétence du conseil municipal, dont la délibération, selon la loi du 2 mars 1982, sera exécutoire de plein droit dès sa transmission au préfet et sa publication.

L'État n'exerce donc aucun contrôle en la matière. La dénomination est laissée au libre choix du conseil municipal, dont l'appréciation est souveraine. Le maire peut cependant, en vertu de ses pouvoirs de police, interdire les dénominations qu'il jugerait contraires à l'ordre public et aux bonnes mœurs (sachant que s'il s'en abstenait, le préfet pourrait agir).

Avant 1982, les circulaires du ministère de l'Intérieur déconseillaient aux élus de choisir des noms qui pourraient être contestées. Le maire devait veiller à ce que cet hommage public ne soit décerné qu'à « des personnalités qui s'étaient illustrées pour les services rendus ou par leur contribution éminente au développement de la science, des arts ou des lettres, et dont l'œuvre était à l'abri de toute polémique grâce à l'épreuve du temps ». Le ministère précisait qu'un tel hommage ne pouvait concerner une personne dont le décès datait de moins de cinq ans.

S'il ne s'agit là que de recommandations, elles restent la référence implicite, et il est recommandé aux maires qui voudraient attribuer à une rue le nom d'une personne en vie ou décédée depuis peu de s'assurer de son accord ou de celui de ses héritiers.

Tout cela fait, comme on l'a vu, que la plupart des actuelles dénominations sont souvent très neutres et banales. Les « Bleuets » suscitent toujours moins de contestation que François Mitterrand, tout comme certains types de personnages, tels que Marie Curie.

... et comment la débaptiser ?

La procédure sera la même.

Toutefois, si cette éventualité était, avant 1982, déconseillée comme source de perturbations dans la vie de la cité, sa procédure actuelle s'est également simplifiée. Il en va ainsi aussi bien pour la débaptisation d'une anonyme « Grande-Rue » que pour le tronçonnage d'une rue particulièrement longue, ou encore pour une rue dédiée à un homme ou à une femme auquel on ne souhaite plus rendre hommage, comme ce fut le cas, après la Libération, pour la plupart des rues du Maréchal-Pétain.

Guillaume II, l'ennemi public de l'époque (Wilhem en allemand), se hâta de la faire débaptiser en 1914.

Ce fut aussi le cas, au Creusot, lorsque la mairie passa aux mains de la gauche, et débaptisa des rues encadrant le château privé des Schneider, symbole évident du capitalisme, pour en faire des rues Jean-Jaurès, Édith-Cavel, Marcel-Sembat, Édouard-Vaillant, Georges-Clemenceau et... Jules-Guesde. Ironie du destin, le dernier des Schneider allait quelques années plus tard épouser la petite-fille de ce même Jules Guesde, laquelle serait un jour à la tête du groupe industriel.

Il en alla de même, naturellement, des nombreuses rues offertes à l'époque de Vichy au maréchal Pétain, qui se virent toutes débaptisées au lendemain de la guerre, tout comme Paris sanctionna l'entrée en guerre du Japon en faisant du quai de Tokyo l'actuelle avenue de New-York.

Quelques stations de métro, qui portent presque toujours, à Paris comme ailleurs, les noms des rues et des quartiers qu'elles desservent, changèrent aussi de nom. Combat devint Colonel-Fabien, Obligado, qui commémorait une victoire anglo-française par trop teintée de colonialisme, fut renommée Argentine, en 1948, pour des raisons diplomatiques.

Troisième partie

Les noms de personne devenus nos prénoms

Dès que l'homme a vécu en société, il lui a fallu nommer. Nommer, comme on l'a vu, les lieux, ses territoires de chasse ou de cueillette, et les grands repères de son paysage – montagnes et cours d'eau ; nommer les choses qui l'entouraient, et nommer aussi, bien sûr, les membres de son groupe ou de sa tribu, hommes ou femmes, jeunes ou vieux. « Le nom est universel, remarque Claude Lévi-Strauss, dans toutes les sociétés, il sert à signifier, à identifier et à classer. »

Porter un nom, c'est d'abord avoir une place reconnue dans son milieu. C'est exister. Donner un nom à quelqu'un, c'est l'intégrer à son univers et lui donner le droit d'y vivre.

Pourquoi Dieu laissa-t-il Adam choisir les noms des animaux ? Noms sacrés et noms cachés

Les sociétés primitives ont toutes respecté et appliqué ce principe. Chaque homme y a un nom, choisi selon des règles précises, et qui a souvent un caractère sacré, la seule connaissance de ce nom étant volontiers considérée comme un pouvoir. Prononcer le nom de quelqu'un, c'était, d'une façon ou d'une autre, l'invoquer, le citer à comparaître, revendiquer sa présence ou son identité.

Prononcer le nom de Dieu était donc vu comme une tentative d'usurpation. C'était vouloir être Dieu soi-même, puisque ce nom, à lui seul, contenait la puissance divine. C'est pourquoi l'invoquer – même sous le vocable banalisé de « Dieu » – fut longtemps considéré comme un blasphème et sévèrement puni comme tel. D'où l'habitude, à la Renaissance, d'édulcorer les jurons en faisant de « Par Dieu ! » un « Par Bleu ! » ou de « Sacré Dieu ! » « Sacrebleu ! ». Jusqu'à notre « sapristi », qui vient de « sacristie[1] ».

Dans la plupart des sociétés, la connaissance du nom de la divinité conférait un pouvoir immense. En Égypte, Isis tenait le sien du fait qu'elle savait le véritable nom de Râ. En Inde, invoquer le vrai nom du Bouddha suffisait à provoquer la renaissance. Chez les musulmans, connaître le centième nom d'Allah permettrait d'accomplir des miracles. Dans la Bible, c'est parce qu'il connaissait le nom de Dieu que Salomon avait pu vaincre les démons.

Pour les Anciens, l'être et le nom s'identifiaient totalement et connaître un nom, que ce soit celui de Dieu, du diable, ou de n'importe qui, équivalait donc à le tenir en son pouvoir. C'est pour cette raison que Dieu a laissé à Adam le soin de choisir lui-même les noms des animaux : il s'agissait par là d'affirmer la suprématie de l'homme sur le règne animal.

On trouve ici les bases mêmes de l'envoûtement, puisque le fait de prononcer un nom en regardant d'une certaine façon la statuette que l'on tient entre ses mains, faisait que celle-ci s'identifiait, par une force occulte, à celui ou à celle qui le portait et dont on entendait ainsi posséder l'âme ou le corps. La statuette, comme le nom, représente la personne et, agir sur l'une équivaut à agir sur l'autre. En Inde ou en Chine, le seul son du nom est investi de pouvoirs surnaturels.

Non seulement le nom vit, mais il est la vie.

---

1. *Cf.* Jean-Louis Beaucarnot, *Qui étaient nos ancêtres ?*, Jean-Claude Lattès, 2002.

En Mésopotamie, nommer, c'était appeler à la vie, tout comme, chez les chrétiens, le fait de donner un prénom à un enfant le jour de son baptême lui ouvre sa nouvelle vie d'« enfant de Dieu ».

Selon la même logique, nommer était aussi considéré comme un moyen de guérir et de retarder la mort, d'où l'habitude, chez des peuples primitifs du Pacifique, de se réunir autour du moribond pour crier son nom en chœur. Le Christ, pour ressusciter Lazare ne l'appelle-t-il pas en lui disant « Lazare, lève-toi ! ».

Chaque société primitive reconnaît et met ces principes en pratique, assortis de ses règles et de ses croyances propres. Toutes ont connu des rites d'invocation, d'anéantissement, de prise de possession ou de conciliation, basés sur la connaissance et la prononciation du nom. Ici, en l'écrivant, là en le chantant, on faisait vivre ou survivre celui qu'il désignait. Condamner un nom à ne plus figurer parmi les vivants est une sanction plus cruelle encore que la condamnation à mort.

On ne prononçait donc jamais un nom à la légère. Les populations vivant aujourd'hui dans le golfe du Bénin interdisent encore aux inférieurs de prononcer le vrai nom de leurs supérieurs. Ce n'est pas plus étrange que d'appeler un roi « Sire » ou « Votre Majesté », en lui parlant à la troisième personne, que d'appeler votre voisin « Monsieur le Maire » ou « Docteur », un officier par son grade, un curé « Mon Père » ou le pape « Sa Sainteté ». Et que fait l'amoureux, sinon répéter, à longueur de journée, le nom de la personne qui lui manque ? N'essaie-t-il pas ainsi de la rendre présente et d'exercer un pouvoir sur elle, selon une habitude venue du fond des âges ?

Devant tant de menaces, on comprend que les hommes primitifs, comme les dieux, se soient attachés à protéger leur nom, en le sacralisant et en le gardant soigneusement caché. Chez les Arabes, autrefois, le nom attribué au bébé ne devait pas franchir les murs de la maison. Les habitants de certaines tribus reculées portaient même parfois un nom de jour et un nom de nuit, l'un destiné à obtenir les faveurs des puissances diurnes, l'autre à se protéger des divinités nocturnes, soupçonnées d'intentions nuisibles.

Le vrai nom était comme un manteau, dans lequel on se drapait contre le choc, contre la parole négative, toujours dangereuse. On préférait le taire, ou le remplacer par un autre. À l'étranger qu'il rencontrait, l'Arabe se nommait comme étant Abdallah, autrement dit simplement « serviteur de Dieu », comme, chez les Inuits du pôle Nord, l'enfant ayant reçu le nom du grand-père défunt préférait se faire nommer « grand-père » dans la vie quotidienne – ce qui ne manqua pas de dérouter les premiers explorateurs.

D'autres n'hésitaient pas à recourir à une double dénomination. Certaines tribus laissaient au seul sorcier la connaissance des noms véritables, et leurs membres vivaient sous d'autres noms, de faux noms destinés à tromper la mort et les ennemis. Certains allaient jusqu'à enfouir le « vrai nom » dans quelque objet lui-même soigneusement caché. On dit qu'à

Un livre : L'examen du sein, par le professeur Robert

Le Canard Enchaîné, 28.03.1979

Robert est un patronyme des plus fréquents, puisque, neuvième au classement des patronymes français, et porté par plus de 25 000 foyers.
En revanche, ce n'est que depuis le siècle dernier que les seins sont, en argot, appelé des « roberts », tout simplement en référence à une marque de fabrique : celle des biberons Robert...

Rome, la ville elle-même avait un nom secret, ignoré de tous et profondément enfoui dans le sol d'une de ses collines...

Comment et quand les noms étaient-ils choisis et attribués ? Rien, évidemment, n'était laissé au hasard, à moins que ce hasard n'exprimât une volonté surnaturelle. Chaque tribu avait ses habitudes. Certains sorciers énonçaient à haute voix, durant le travail de l'accouchement, une liste de noms, et retenaient celui qu'ils prononçaient au moment où l'enfant poussait son premier cri. D'autres, attendaient près de la mère, pour retenir le premier mot prononcé par la première personne entrant dans la pièce, ou bien l'on s'en remettait à la première chose vue par la mère après l'accouchement. On aurait ainsi rencontré des enfants nommés « Chien-qui-baise »... Dans la plupart des cas, cependant, on préférait attendre quelques jours, le temps de laisser le chaman officier, pour interpréter par exemple le dernier songe de la mère.

Peu à peu, l'évolution semble s'être faite dans un sens d'allongement de ce délai de nomination. Il était de trois mois chez les anciens Arabes, de dix chez les Hindous, alors que chez les Juifs, l'enfant recevait son nom le jour de sa circoncision, comme plus tard, chez les chrétiens, au moment du baptême.

Qui choisissait le nom ? Pas toujours les parents. À Ceylan, le sorcier-astrologue considérait le mois, le jour et l'heure de la naissance et, après avoir observé les vingt-sept signes du zodiaque régional, donnait aux parents la première lettre du nom de l'enfant, qui devait leur permettre de le choisir en harmonie avec la date précise de naissance. Chez les chrétiens, on verra que le nom, autrefois, était traditionnellement choisi non par les parents, mais par les parrain et marraine.

Quel nom choisissait-on ?

Ici encore, les parents avaient bien peu de latitude.

Chez les Esquimaux, le nom était considéré comme étant la partie de l'âme immortelle contenant la personnalité et les qualités du défunt. Après la mort, cette partie restait sur terre et errait en attendant que la famille redonne le nom au premier enfant à naître, afin d'en réinvestir la nouvelle enveloppe charnelle.

Pour cette raison ou pour une autre, c'était une habitude quasi universelle que d'attribuer à un enfant le nom d'un aïeul ou d'un parent décédé, avec l'idée que le nouveau porteur prolongerait le défunt et hériterait de ses qualités. C'est cette même idée qui conduira les chrétiens à donner à l'enfant le nom d'un saint « patron », mot à prendre ici dans son ancien sens de « protecteur », en référence aux actions et aux pouvoirs du saint en question. Mais si, au plan symbolique, rien n'est gratuit, rien ne l'est non plus au plan psychologique. Les psychogénéalogistes dénoncent ainsi unanimement la reprise du nom d'un parent défunt comme extrêmement dangereuse en raison des identifications qu'elle est censée provoquer.

En fait, la superstition s'en mêlant, tous les cas de figures avaient cours, du nom délibérément déplaisant, donné pour mieux tromper, à celui de certains enfants dénommés « Sans nom », destiné à désarmer un mauvais génie paraissant s'acharner contre certains noms. Partout, il existait des noms soigneusement recherchés – ou soigneusement évités – selon qu'ils étaient ressentis comme bénéfiques ou maléfiques, en fonction des personnalités qui les avaient portés préalablement. De façon générale, un nom était facilement tenu pour responsable de tout ce qui pouvait arriver, le bon comme le mauvais.

Une autre caractéristique de la dénomination ancienne tient à sa pluralité. Non seulement on pouvait avoir un nom secret et un nom public, mais on pouvait aussi en changer au fil de la vie ou de circonstances particulières.

La Bible en donne de nombreux exemples. Abram, dont le nom signifie « père du peuple » se voit appeler Abraham, « père de la multitude », au moment où son épouse, Saray, est renommée Sarah en devenant féconde. Jacob, lorsqu'il aura vaincu l'ange de Dieu deviendra pareillement Israël, nom signifiant « Tu as combattu avec Dieu et tu as vaincu ». Ces changements étaient indispensables pour assumer les nouveaux rôles qui leur étaient attribués par Dieu. C'est d'ailleurs ce qui conduisit les premiers chrétiens à changer de nom à l'occasion de leur conversion, comme le montre l'exemple du nom René, signifiant originellement « re-né », c'est-à-dire « né à nouveau ».

Le nom devant toujours correspondre à la réalité, les anciens Africains, comme les anciens Amérindiens, en avaient souvent plusieurs successifs : un nom d'enfant, souvent banal, comme « Petit Mâle », un nom d'adolescent, reçu après avoir échappé à tous les périls de l'enfance, un nom d'adulte, enfin, le plus souvent en tant que guerrier, à valeur symbolique et qu'ils se choisissaient parfois eux-mêmes.

Le nom de guerre, au Moyen Âge, est ressenti comme un bouclier protecteur. Dans le cycle de la quête du Graal, le premier chevalier mis en scène n'a pas de nom. Il ne recevra que plus tard celui de Perceval, nom qui désigne sa mission : percer les profondeurs du val, autrement dit celles de la connaissance.

M. Lamour-Modeste, père de dix-sept enfants

Nord-France, 06.05.1956

Rencontre insolite de deux patronymes, tous deux banalement venus d'anciens prénoms : le premier d'Amour (on connaît la ville de Saint-Amour, dans le Jura), comme Landré vient du prénom André ; le second, de celui d'un ancien saint Modestus (nom latin signifiant à l'origine réservé, vertueux et doux).

De façon générale, tout événement important de la vie pouvait donc être l'occasion de changer de nom : la puberté, un deuil, la paternité... De même, un homme malade pouvait espérer se libérer ainsi, du mal attaché à son nom. Changer de nom, c'est « faire peau neuve »...

Comment s'étonner, dès lors, que les anciennes dénominations aient été toutes chargées de messages ?

Ces appellations traditionnelles, qui semblent toutes remonter à la nuit des temps, peuvent se classer en trois groupes principaux :

- des noms dits *théophores*, rendant grâce ou hommage à un dieu et véhiculant généralement une prière à son adresse. Il semble que les pharaons aient régné sous des noms savamment étudiés, comme Toutankhamon, traduisible par « statue vivante d'Amon », Aménophis, signifiant « Amon est satisfait », Ramsès « Râ l'a engendré », ou Cléopâtre « gloire du père », construction inversée et synonyme de celle qui donnera le nom de Patrocle, l'ami d'Achille. Le même principe se retrouve dans le nom d'Héraclès, qui signifie « gloire d'Héra ». Ces noms théophores seront particulièrement nombreux chez les Grecs, avec Théodoros (« don de Dieu »), Théophile (qui aime Dieu), Théodule (serviteur de Dieu). Il en allait de même chez les Romains, où Martinius signifiait « consacré à Mars », le dieu de la guerre, et chez les Arabes, avec des noms comme Abd Al Khalek, signifiant « serviteur du créateur » ou Salah-Ad-Dîn, « salut de la religion ». Les anciens noms bibliques avaient tous un sens profond et clair, Adam signifiait « terre rouge » (en référence à celle dans laquelle Dieu l'avait modelé), David « aimé, chéri », Jésus « Dieu sauve », Daniel « Dieu est mon juge », Jonathan « Dieu accorde », Zacharie « Dieu se souvient »... Ce principe présida également à beaucoup de noms germaniques, par exemple ceux voués à l'ancienne divinité Ans, d'où Anshard (*hard* : fort), Ansfried (*fried* : paix), ou Gottschalk, « serviteur de Dieu » ;

De « À l'aise, Blaise ! » à « Chauffe, Marcel ! » : prénoms et expressions

De nombreuses expressions populaires, se rapportent à des prénoms, sans que l'on connaisse bien pour autant leur origine.

Beaucoup, en fait, ne tiennent qu'à une rime ou à une sonorité :

Trop tard, Oscar !
Tu parles, Charles !
Bien jeté, Gautier !
À la tienne, Étienne !
Assurément, Mme Clément !
Logique, Véronique !
Tout juste, Auguste !
Fonce, Alphonse !
À l'aise, Blaise !
Étonnez-moi, Benoît !
Ça colle, Anatole !

Mais, en revanche, pourquoi dit-on Chauffe Marcel et T'as l'bonjour d'Alfred*?*

Citons encore quelques phrases, répliques, chansons ou clins d'œil en tout genre et fort connues, avec :

Rodrigue, as-tu cœur ?
Arthur, où t'as mis l'corps ?
Gaston, ya l'téléphon qui son
Quand je pense à Fernande...
Thérèse, qui rit quand on la b...
Où ya d'l'Eugène, ya pas d'plaisir

Ou de simples jeux de mots, comme :

Mme Malo m'a dit
Mélanie l'amie d'Amélie

D'autres, mieux connues, ont des sens particuliers : le faubourien Tu vas me le payer, Aglaé ! *est ainsi employé à propos de rien ;* Tu dis vrai Jacquet ! *exprime la moquerie. L'argotique* Pas de ça Lisette ! *exprime le refus et* Nicolas, j'tembrouille ! *a un sens de défi.* Pousse Quentin ! *est destiné à encourager, alors qu'*Adieu Berthe *exprime le regret et la désillusion, et* Au r'voir Simone, *le rejet.*

- des appellations *programmes*, comme dans la mythologie grecque où le nom de Thésée signifiait « je poserai », ou, dans la Bible, celui d'Isaac (« il sera »), et surtout des appellations votives, forgées par chaque civilisation à partir de ses propres valeurs et références. Les noms grecs Periclès et Andréas signifient ainsi respectivement « très illustre » et « viril », comme Platon signifiait « aux épaules larges », ou Alexandre « défenseur des hommes ». L'hébreu Job signifie « l'assaillant », le perse Xerxès « le guerrier ». Les noms iraniens primitifs comme Aklamani et Mirza, respectivement « opinion précieuse » et « valeureux comme le fils d'émir », l'indien Laskar, « soldat ». Les tahitiens Ma'o aka et Te putea Korera se traduisaient par « requin avec foie » et « sac d'éloquence », comme le jivaro Richiat signifiait « sifflement de cigale », l'africain Mande « léopard d'argile ». On n'en finirait pas de parcourir le monde à la recherche de ce genre de noms, en en rapportant des amérindiens comme « vent-qui-souffle » ou « aurore-qui-se-lève », ou le chinois « bravoure du tigre »… Parfois – autres pays, autres mœurs et autres noms ! –, on se trouvera en présence d'appellations plus curieuses, dont on se gardera bien de rire : à Tahiti, nommer une petite-fille « Grand vagin » était reçu de façon tout à fait positive, étant donné que le sexe a pour fonction de perpétuer la race ;

- des dénominations données en référence à la naissance, à ses circonstances, à la place de l'enfant dans la famille, aux particularités qu'il présentait comme ce nom chinois traduisible par « étoile unique », donné à un bébé né avec une dent qui brillait. De même, le tahitien Mahuru, signifiant « bébé qui tète », l'africain Ngumba, qui veut dire « longtemps stérile », donné au fils d'une femme qui l'avait été. En Arménie, un vieil usage faisait de même surnommer les enfants selon leur caractère ou l'affection qu'on leur portait, avec des noms comme « Mon petit diamant », « Miel de mes yeux », ou comme encore ce bel « Imberbe à barbe blanche », affectueusement ironique, donné un enfant trop sûr de lui. En Chine, on enregistre de pittoresques apostrophes, comme « Chien hargneux », « Vieille vipère haineuse », « Côtelette rançie » ou « Petit ruisseau huilé »...

Autant d'appellations certes simples, mais qui, entendues dans une langue étrangère, perdent rapidement tout leur sens, exactement comme cela s'est produit, au cours des derniers siècles, pour nos propres prénoms et pour nos patronymes, pourtant tout aussi simples à l'origine.

De Vercintégorix à Jules César : la multiplication des noms

Qu'en était-il chez nos ancêtres les Gaulois ?

Il est malaisé de répondre à cette question dans la mesure où les noms gaulois nous sont parvenus par l'intermédiaire de leur adaptation latine et qu'il est difficile de connaître leur forme celte. Une des rares exceptions est celle du plus fameux de tous : Vercingétorix, qui était en gaulois *Ver kenn kedo righ,* et qui put signifier « grand chef des tribus ». Manifestement, ce ne pouvait être là un nom reçu à la naissance, et il s'agit donc d'un nom de guerre et de commandement. Le suffixe *-rix* – n'en déplaise à Astérix et Obélix – semble bien chez les Gaulois avoir signifié « chef », ce qui explique qu'on le retrouve dans la plupart des noms des Gaulois passés à l'Histoire. Pour le reste, les noms plus anonymes nous sont peu connus. Si le père de Vercingétorix s'était nommé Celtill, n'est-ce pas une appellation banale signifiant « le Celte » ?

Une seule chose est sûre, les rares noms de Gaulois « moyens » qui nous soient connus ne se terminaient pas en *-rix,* mais étaient plus couramment assortis des suffixes *-natos* ou *-genos,* comme *Boduognatos* ou *Rextugenos*, désignant respectivement le « fils du nommé Corneille » et celui « de l'homme droit ». Beaucoup de ces noms étaient également inspirés par les animaux : *Boduog* (corneille), *Carvos* (cerf), *Artos* (ours), ou par l'aspect physique, comme *Durnacos* (poing fort), *Rousios* (rouge), sans que l'on puisse savoir si l'on n'avait pas affaire ici à une appellation votive, souhaitant au nouveau-né la puissance de l'ours ou la force d'un poing ferme.

Une chose est certaine : on n'est là en présence que de « noms de personnes », d'appellations personnelles ne se transmettant pas héréditairement. Aucune de ces dénominations n'a la moindre valeur de nom de groupe ou de famille. Du pôle Nord à la Terre de Feu, les peuples antiques ou primitifs n'ont connu que des noms individuels. Les premiers noms de groupe semblent être apparus en Mongolie, et étaient vraisemblablement l'apanage d'une élite sociale. Il en alla de même pour les premiers noms de famille, apparus chez les patriciens romains.

Qui a fait du latin se souvient sans doute que César et Cicéron se nommaient en réalité *Caius Julius Cæsar* et *Marcus Tullius Cicero*. Caius et Marcus sont leur *prænomen*, équivalent de notre prénom ; Julius et Tullllius leur *nomen*, qui correspond à notre nom de famille ; enfin Cæsar et Cicero, souvent seuls passés à la postérité, ne sont que leur *cognomen*, c'est-à-dire le nom de leur branche. Cæsar rappelait ainsi qu'un ancêtre de Jules était né par opération « cæsarienne », opération évidemment beaucoup plus rare à cette époque qu'à la nôtre. Cicero désignait une branche des Tullius, surnommée « pois chiches », peut-être à cause d'un gros bouton sur la peau ou le visage d'un ancêtre. Tous les citoyens romains – c'est-à-dire tous les hommes libres et affranchis – possédaient ainsi trois noms, dont deux – le *nomen* et le *cognomen* – qu'ils transmettaient à leurs enfants.

La dénomination romaine était particulièrement élaborée, et se voyait parfois compliquée d'un surnom supplémentaire. Ainsi, les deux Scipion, qui étaient frères, étaient porteurs d'un même nom et d'un même *cognomen*, mais de *prænomen* différents : Publius Cornelius Scipio et Lucius Cornelius Scipio, et avaient en outre reçu chacun un surnom : « Africanus » (l'Africain), pour l'un, qui avait mené une expédition contre Carthage, en Afrique, et « Asiaticus » (l'Asiatique), pour l'autre, qui était allé combattre en Syrie.

De tous ces noms, le deuxième était le plus important. On le nommait *gentilice*, car il était celui de la *gens*, qui correspondait à la descendance d'un même homme libre, et dont les membres partageaient à la fois un héritage spirituel et matériel : ils avaient en commun le culte des mêmes ancêtres, et en particulier du même dieu familial, que l'on nommait le *lar familiaris,* ainsi que la propriété collective de la terre familiale, administrée par un conseil familial, lui-même constitué des chefs des diverses branches. Rome comptait ainsi un certain nombre de *gens*, puissantes, comme celle des Cornelia, qui était celle de nos Scipion, des Porcia, d'où sortirent nos Caton, des Iulia…

Ce système très élaboré semble s'être maintenu tant que dura la civilisation romaine et avoir par ailleurs été exporté et imité dans les provinces et pays conquis, comme la Gaule romanisée. Il se délita avec la chute des institutions romaines, pour finalement disparaître.

Quelques siècles durant, dans un périmètre limité, les familles appartenant aux classes dominantes avaient donc porté des noms. Le phénomène n'avait été qu'un simple épisode de l'histoire de la dénomination. Les siècles qui allaient suivre ne verraient pas de sitôt renaître des noms de famille.

Siegfried et Robert : les glorieux noms germaniques

Ostrogoths, Wisigoths, Goths tout court, comme les autres peuples germaniques, ne connaissent donc que des systèmes à nom unique, mais avec des appellations composées de façon originale.

Les noms des Francs, en effet, étaient traditionnellement composés de deux éléments juxtaposés ou accolés, et bientôt soudés : deux éléments à coloration votive, à la fois évocateurs et symboles de pouvoir et de puissance. Ils intégraient des mots comme la gloire (*hrod*), l'armée (*hari*), le combat (*hild*, qui évolua parfois en *child*), la lance (*ger*), la paix (*frid*) et la victoire (*sig*), des adjectifs comme rouge (*rot*), dur (*hard*) ou brillant (*berth*), des verbes comme gouverner (*waldan*) ou conseiller (*raten*), des animaux comme l'ours (*ber*) ou le loup (*wulf*)...

Ces mots, en fait peu nombreux, avaient, de par les possibilités de combinaisons qu'ils offraient, donné une grande variété d'appellations, telles que Ber-Hari, Ber-Land, Sig-Frid, Hrod-Berth, Ger-hard, Wald-Hari, Berth-Hramm que l'on est tenté de traduire par « l'armée de l'ours », « le pays de l'ours », « la victoire et la paix », « la gloire brillante », « la lance dure », « l'armée qui gouverne » ou « le corbeau brillant ». En réalité, il n'est pas dit que ces combinaisons aient revêtu ces significations, ni même qu'elles en aient eu une.

Leur juxtaposition semble avoir eu pour principe essentiel d'indiquer une filiation : un homme nommé Wald-Hari, pouvait ainsi avoir deux fils, nommés respectivement Wald-Frid et Wald-Berth, ou encore Hrod-Hari. Si l'on considère la dynastie mérovingienne, aux VIe et VIIe siècles, on constate que les lignées se transmettent généralement un seul de ces deux éléments. Ainsi, les rois d'Austrasie sont nommés, de père en fils, Sigebert (initialement *Sieg-Berth*), Childebert (*Hild-Berth*), Théodebert, Dagobert et Sigebert. L'avant dernier, Dagobert, avait eu, outre Sigebert, un second fils, Clovis, lui-même père de Clothaire...

Ce n'est que plus tard que les noms apparaîtront à la fois plus stables et indissolubles, ce qui leur permettra de se transmettre héréditairement et désormais intégralement – peut-être, d'ailleurs, sous l'influence du christianisme. Les Carolingiens se transmettent ainsi les noms de Pépin, de Charles et de Louis, sachant que Louis, traduit du latin *Ludovicus*, n'était qu'une déformation de Clodovicus, autrement dit… Clovis. Une façon comme une autre de se rattacher au roi Clovis, le fondateur du royaume de France, dont les Capétiens reprendront plus tard à leur tour le prénom.

De ces Capétiens, on est récemment parvenu à mettre au jour les origines lointaines, en s'appuyant justement, en partie, sur l'étude des prénoms. Longtemps, en effet, on était resté bloqué au niveau de l'arrière-grand-père d'Hugues Capet, le duc Robert le Fort, jusqu'à ce qu'on découvrît récemment, en se laissant justement guider par l'hérédité des prénoms, que ce dernier était très certainement le fils de Robert III, comte de l'Oberrheingau et du Wormsgau, sur les bords du Rhin, dans la région de Worms, où l'on a pu suivre les traces de la famille sur près d'un siècle et demi, avec un Robert II, un Tumrobert et un Robert Ier, ce qui fait que les historiens du Moyen Âge préfèrent parfois parler des Robertiens que des Capétiens. Cette dénomination est donc forgée sur leur prénom traditionnel, Robert, qui n'était autre que l'évolution de l'ancien *Hrod-Berth,* qui avait à l'origine associé l'évocation de la gloire et de la brillance, et dont le sens initial était déjà oublié depuis bien longtemps.

Toutes ces appellations, en effet, n'ont pas résisté au temps et les anciens Ber-Hari, Sig-Frid, Ger-hard et Wald-Hari ont été en fait les ancêtres directs des ultérieurs Bernard, Siegfried, Gérard ou Valtier, qui évolua lui-même à la fois, selon les régions, en Walter, Vaut(h)ier et Gaut(h)ier.

Au nom de tous les saints : le grand amalgame

Au temps des invasions barbares, notre pays va donc se retrouver avec trois types de dénominations concurrentes : les anciens noms gaulois, les noms gallo-romains, qui tendent à disparaître en même temps que disparaît la civilisation dont ils sont issus, et les noms germaniques.

« Déchausser Bertrand » et le « bain-marie » : prénoms et expressions

D'autres expressions intègrent des prénoms à titre de références :

Déchausser Bertrand *signifiait « être ivre », sans que nul ne sache plus pourquoi.*

Faire le Jacques, *signifiant faire le niais, vient de l'ancien sobriquet du paysan français, que l'on retrouve à l'origine des révoltes paysannes, appelées les « jacqueries ».*

Gai comme Pierrot *faisait référence, par ce diminutif jugé rustique, au paysan naïf et facilement content, souvent prénommé Pierre.*

Pauvre comme Job *se réfère à un célèbre personnage de la Bible, heureux et comblé, que Satan parvint à mettre à l'épreuve, et qui perdit toute sa richesse.*

Pleurer comme une Madeleine *se dit en souvenir de la femme citée par l'évangile de saint Luc, une « pécheresse publique », autrement dit une prostituée, qui se jeta en pleurant aux pieds de Jésus, lequel lui donna son pardon. Cette femme a souvent été identifiée à Marie de Magdala, ainsi nommée selon sa ville d'origine, en Galilée, et qui fut une des saintes femmes qui allèrent embaumer le corps du Christ au matin de Pâques. Symbole du repentir, nos ancêtres la représentaient volontiers en pleurs.*

Résolu comme Berthaud *se disait en déformation de « comme Berthole », en souvenir du nom d'un brillant jurisconsulte, réputé pour ses décisions rapides.*

Tranquille comme Baptiste, *signifiant en fait « mou », semble venir d'un personnage, très mou et naïf, fréquemment présenté sous ce nom dans les anciennes farces médiévales.*

On n'oubliera pas :

- une Marie couche-toi là *et une « catin », désignant la fille facile, en un temps où Catherine était vu comme un prénom banal et commun;*

- que le pot de chambre fut parfois nommé un « Jules », un « Thomas », et la chaise percée la « Veuve Thomas »;

- que Frère Jacques *désignait parfois le membre viril, au risque de laisser supposer que la célèbre contine enfantine aurait été, à l'origine, bien moins innocente qu'elle n'y paraît;*

- que notre bain-marie *était à l'origine (au XVIe siècle) un terme d'alchimie, d'après le nom d'une sœur supposée de Moïse, qui aurait été l'auteur d'un traité d'alchimie;*

- que Marianne *incarne la République depuis qu'elle a été choisie, en 1880, en souvenir d'une société politique secrète, qui s'était donnée pour mission, sous le Second Empire, de renverser Napoléon III.*

Les premiers sont des noms exclusivement personnels. Les deuxièmes, qui étaient les seuls à présenter une dimension héréditaire et de noms de famille, vont se déliter et se ramener généralement de trois noms à un seul. Les derniers, enfin, s'étaient vaguement situés, à leur origine, entre les deux, en intégrant, comme on vient de le montrer, un élément récurrent. Ces trois ensembles vont peu à peu s'amalgamer, notamment sous l'influence du christianisme.

De même qu'il a été une étape capitale dans l'histoire des noms de lieux, avec la création des paroisses, le christianisme va introduire une habitude nouvelle au niveau des noms de personnes. Le baptême, qui est une des bases de la nouvelle religion, est, pour celui qui le reçoit, la marque symbolique d'une rupture – celle des liens avec la famille terrestre – pour intégrer sous un nom neuf celle de ses nouveaux coreligionnaires et accéder plus tard sous celui-ci à la cité de Dieu. À l'origine, les nouveaux convertis prennent donc un nouveau nom, qui reste unique, et qu'ils choisissent selon des règles et des tendances particulières.

Les tout premiers chrétiens ont ainsi souvent pris les noms des apôtres du Christ. Mais avec les martyrs, nombreux à ces époques, puis les évangélisateurs, de nouveaux modèles leur ont été proposés. Et, avec eux, de nouveaux noms. Martin, Germain, Hilaire, Aubin, et bien d'autres encore…

Avec la création des paroisses, on assiste à un autre phénomène. Chacune, en effet, se place sous la protection d'un de ces nouveaux héros, et le revendique de façon concrète. Conformément à l'étymologie même de son nom, liée à la fameuse « chape » de saint Martin (*cf.* p. 48), chaque chapelle abrite quelque relique du saint auquel elle est vouée. Ici, un fragment de son vêtement, ailleurs, la phalange d'un de ses doigts ou, à défaut, quelque statuette le représentant.

Ces saints sont vite légion. Après les évangélisateurs et les grands évêques, on trouve la foule de ceux qui sont réputés avoir

« Fiancées » du Christ : les vierges chanteuses

Et les femmes ? Pendant que saint Laurent était supplicié sur son gril ou que saint Georges combattait le dragon, que faisaient-elles ? Que les féministes se rassurent : l'occasion fut souvent donnée aux femmes de gagner elles aussi l'auréole, que ce soit par un classique martyre, tel celui bien connu de la petite esclave Blandine, exposée aux bêtes fauves à Lyon, ou par celui que leur imposèrent, au quotidien, quelque royal fiancé ou mari, aussi dépravé que cruel. Les voies qui les conduisaient à Dieu étaient nombreuses et diverses, grâce au courage et à la piété qu'elles surent montrer en beaucoup de circonstances.

Les premières, les plus pures, étaient réputées avoir subi le martyre en chantant à pleine voix la gloire de Dieu. C'était sainte Agathe, qui après avoir été flagellée et avoir eu les chairs déchirées et les seins tranchés, serait morte sur les charbons ardents en poussant des cris de joie; c'était sainte Agnès, qui connut le supplice pour avoir, à l'âge de douze ans, refusé le mariage pour ne pas être infidèle à Jésus-Christ, qu'elle nommait son « fiancé céleste »; c'était sainte Catherine d'Alexandrie, martyrisée à l'aide d'une machine infernale, sainte Cécile, qui dut tant et si bien chanter, à l'heure de sa mort, qu'elle devint la patronne des musiciens, sainte Apolline, et bien d'autres.

Beaucoup ont refusé le mariage, soit que le promis imposé par un père impitoyable ait été par trop repoussant, soit qu'elles aient bravé la volonté paternelle parce qu'elles avaient déjà décidé d'offrir leur vie à Dieu. Tel fut le cas de sainte Barbe, que son père enfermera dans une tour, de sainte Marguerite, jeune et pauvre bergère de la région d'Antioche qui refusera sa main au sinistre gouverneur Olibrius, tombé amoureux d'elle. Sainte Audrey, elle, fuira son mari pour une vie d'abstinence. Sainte Rita entrera en religion une fois veuve d'un mari tyrannique. Sainte Bonne d'Armagnac se coupera elle-même les cheveux pour éloigner un beau parti, que son duc de frère lui proposait. Jusqu'à sainte Ursule, dont la légende fait une fille du roi d'Angleterre qui, pour fuir un mariage, se serait enfuie jusqu'à Cologne avec une escorte de onze mille vierges, qui y auraient été martyrisées à ses côtés...

accomplis des miracles et que l'on a canonisés sans beaucoup de formalités. Nos ancêtres les connaissent tous et savent leur légende et la liste sans cesse allongée de leurs exploits. Ils leur sont familiers comme peuvent l'être pour nous les personnages de nos feuilletons télévisés. Tous les font rêver, apportant à la fois du merveilleux et un modèle à suivre. C'est donc tout normalement que leurs noms sont repris pour placer sous leur protection les enfants que l'on baptise. Certains ont plus de succès que d'autres. Saint Martin, est populaire de par son œuvre de pionnier. Saint Laurent est célèbre pour son martyr sur le gril, saint Georges pour avoir vaincu le dragon; saint Denis pour, après sa décapitation, avoir pris sa tête sous son bras et marché, sur plusieurs lieues, jusqu'à tomber à l'endroit où on lui a édifié une chapelle, à l'origine de la cathédrale de Saint-Denis, près de Paris…

Sans oublier une multitude de saints locaux, essentiellement honorés dans la région où ils avaient vécu, et que l'on a déjà rencontrés, avec leurs noms parfois curieux. Ils sont d'autant plus nombreux que, jusqu'au XIIe siècle, les évêques avaient été habilités à canoniser eux-mêmes tous ceux qui leur semblaient méritants…

On a ensuite découvert les personnages de l'Ancien Testament, comme Adam, Abraham, Isaac, Salomon, vite détrônés par ceux du Nouveau Testament, qui pulvériseront tous les records, à commencer par ceux des évangélistes Jean et Matthieu, et des apôtres Pierre, André, Barthélemy, Philippe, Simon ou Thomas. Sans oublier Jacques, que l'on va prier à Compostelle, à une époque où le pèlerinage est l'un des objectifs que se donne tout chrétien.

Si les noms d'origine germanique régressent alors nettement, ils ne vont pas disparaître pour autant, un très grand nombre d'entre eux restant en usage par l'intermédiaire d'un saint l'ayant porté.

Car si les premiers saints comme Martin, Hilaire, Albin, Laurent, ont été principalement d'origine romaine, et donc porteurs de noms latins, on en compta de plus en plus dans des familles d'extraction franque, aux noms, par conséquent, d'origine germanique.

Les premiers en date ont été la reine Clothilde *(Hlod-Hild)* et, grâce à elle, son mari Clovis, bientôt imités par la majorité de la haute aristocratie de leur temps. Sigismond, fils du roi de Bourgogne et gendre de celui d'Italie, accéda ainsi à la sainteté pour s'être repenti de façon édifiante, après avoir cruellement étranglé le fils de sa femme. Cloud (à l'origine *Clodoald*), le propre petit-fils de Clovis, mena de son côté une sainte vie, près de Paris, dans un monastère qui devait après sa mort, prendre le nom de Saint-Cloud…

Au fil du temps, ces cas se sont multipliés, notamment au Xe siècle, avec un nouveau couple royal, celui du duc Henri de Bavière et de son épouse Cunégonde de Luxembourg, qui deviendront saint Henri et sainte Cunégonde; avec saint Arnould (*Arn-Wulf*), conseiller des rois mérovingiens d'Austrasie, à Metz, qui fut finalement évêque de cette ville; avec sainte Adélaïde (*Adal-Haid*), fille d'un roi de Bourgogne qui, successivement veuve du roi d'Italie Lothaire II puis de l'empereur germanique Othon Ier, se retira dans un monastère, avec saint Aymeric (*alias* Aimeric ou Émeric, dont le nom initial était *Haim-Ric*), mort en 1031, qui était un roi des Bulgares.

Voici encore deux rois anglais édifiants : Edmond, décapité en 870, et dont la tête fut plus tard retrouvée intacte entre les pattes d'un loup – signe qui ne manqua pas d'être interprété comme miraculeux – et Édouard, dernier roi anglo-saxon avant l'arrivée de Guillaume le Conquérant, qui deviendra un héros national et dont le prénom sera plus tard systématiquement repris par les descendants de « l'usurpateur », soucieux eux aussi d'asseoir leur légitimité.

Quand la sainteté s'exerçait en famille

Les premiers saints d'origine franque seront royaux. Comment s'en étonner ? N'était-il pas normal qu'en ces temps d'évangélisation massive, les grands personnages donnent l'exemple et accumulent les mérites en fondant des monastères, des abbayes, et en distribuant aux religieux protection et finances ?

Les premiers saints francs sont donc non seulement rois, mais encore fils, frères, gendres, pères de rois, puisque l'un n'allait jamais sans l'autre, du fait des stratégies matrimoniales multipliant les alliances entre les familles puissantes. On trouvera donc des couples de saints, fondateurs de royaumes, comme Clovis et Clothilde ou Henri de Bavière et Cunégonde, et des familles où la concentration des saints va atteindre des records.

Chez les Mérovingiens, deux petits-fils de Clovis et de Clothilde seront saint Cloud et saint Gontrand, mais les Carolingiens, feront mieux. Charlemagne (qui sera lui-même canonisé en 1165) est entouré de saints, dont sa sœur, sainte Gisèle (première du nom) et une de ses épouses, sainte Hildegarde, elle-même descendante de saint Arnoul, évêque de Metz.

Même sainteté chez les Capétiens. Leur fondateur, Hugues Capet, était lui-même le petit-fils de sainte Mathilde, une intrigante repentie, qui avait été l'épouse de l'empereur d'Allemagne Henri l'Oiseleur. Ils donneront ensuite Saint Louis, qui entra dans une famille de saints, puisqu'il devint, en épousant la reine Blanche, le beau-frère de sainte Éléonore, épouse du roi d'Angleterre, et le cousin germain de saint Ferdinand, roi de Castille. Ils donneront plus tard sainte Jeanne de France, la fille cadette de Louis XI, laide, boiteuse et contrefaite, qui sera la première épouse de Louis XII avant de se voir répudier au bénéfice d'Anne de Bretagne. Sans oublier saint Bertrand de Comminges, neveu du roi Robert II le Pieux.

Mais le record absolu appartient sans doute au bienheureux Émeric qui, roi des Bulgares au XIe siècle, était le fils – et petit-fils ! – de couples royaux et saints, avec pour parents saint Étienne, fondateur du royaume de Hongrie, et sainte Gisèle (seconde du nom, différente de la sœur de Charlemagne), laquelle était fille de saint Henri et de sainte Cunégonde…

Dès les VIe-VIIe siècles, de nombreux moines, abbés, ermites, évêques, issus d'anciennes lignées franques, accédant un jour à la sainteté, vont ainsi inscrire leur nom au rang de ceux des noms de baptêmes chrétiens. La liste en serait longue, qui passe par Baudouin, Berthold, Bertin, Bertrand, Enguerrand, Ernest, Frédéric, Gaultier, Gérard, Renaud, Thierry, Wolfgang…

Les noms donnés à l'enfant lors de son baptême proviennent donc d'étymologies variées. Leur éventail est des plus éclectique : toute appellation est bonne, dès lors qu'elle a été portée par un saint quelconque, roi mérovingien ou obscur moine local. Entre les noms d'origine hébraïque, tirés de la Bible, comme Michel ou Matthieu, ceux d'origine grecque, portés par certains apôtres comme André ou Philippe, les noms latins portés par des chrétiens des premiers siècles, comme Martin ou Benoît, et le large échantillon de noms germaniques, dernièrement mis à l'honneur par toute une foule de saints plus récents, nos ancêtres ont un très vaste choix.

Bien sûr, on ne se soucie nullement d'étymologie. Nul ne sait que Matthieu signifiait en hébreu « don de Dieu », qu'André voulait dire « viril » en grec, que Martin venait du dieu Mars. Seul compte le saint. On ne voit plus en Bernard l'évocation d'un « ours dur », mais seulement le prédicateur de la deuxième croisade… Qu'ils aient été d'origine hébraïque, grecque, latine ou germanique, tous ces noms ont désormais cours au même titre, sans autre distinction que celle des mérites de leur saint, mérites que l'on entend justement transmettre à ceux ou celles que l'on place sous leur protection.

Tous ces saints offraient à nos ancêtres des personnages qui leur étaient d'autant plus familiers qu'ils peuplaient véritablement leur univers. Nos aïeux savaient tout de leur vie, que leur racontaient les vitraux, les chapiteaux et les statues de leurs églises. Ils en connaissaient sur le bout des doigts les mérites et les spécialités, savaient les maladies qu'ils étaient réputés soigner. Meilleurs guérisseurs que tous les mires d'antan, les saints se partageaient les pathologies, comme le rappellent d'ailleurs les appellations de nombreuses maladies. Le mal de dents était ainsi le *mal sainte Apolline,* parce que ses bourreaux lui avaient fracassé la mâchoire. La lèpre était le *mal saint Lazare* (qui en était mort), la peste le *mal saint Antoine,* le *mal saint Sébastien* ou le *mal saint Roch.* L'abcès était le *mal saint Julien* et le mal de gorge le *mal saint Martin.* Par jeu de mots, le mal des yeux était le *mal sainte Claire,* le cancer du sein le *mal saint Mammert* (à cause du mot « mamelle »). Quant à la diarrhée, elle revenait à celui dont le nom se rapprochait le plus du mot « fiente », saint Fiacre, qui, en tant que patron des jardiniers, se voyait également chargé des hémorroïdes, rapprochées ici des bourgeons des arbres[1].

Mais la popularité de ces saints et de ces saintes était surtout due au fait que chacun avait reçu de multiples attributions. Le slogan aurait pu être « un saint pour chaque chose ». Les pays, les villes, les paroisses, les métiers, les hommes comme les animaux : tous et tout avait autrefois le sien, à la fois patron et protecteur, dont il se devait d'honorer la fête et qu'il ne priait jamais en vain. Un saint bien à soi, selon des principes variés.

Chaque saint, chaque sainte protégeait également une ou plusieurs professions, soit que celle-ci fût en rapport avec celle qu'il avait exercée durant sa vie, soit qu'elle se rapportât directement ou indirectement à sa légende. Pour avoir apporté à Marie la nouvelle de l'Incarnation, l'archange Gabriel a été choisi comme patron des ambassadeurs, et plus récemment des télégraphistes et des métiers de la radio. Peseur et scrutateur des âmes, l'archange saint Michel patronna les épiciers, dits « marchands du poids » et, plus tard, les radiologues, qui scrutent les corps. Parce qu'il avait douté, saint Thomas fut le patron

1. *Cf.* Jean-Louis Beaucarnot, *Qui étaient nos ancêtres ?*, Jean-Claude Lattès, 2002.

des experts, et pour avoir servi le Christ à table, sainte Marthe fut celle des ménagères, des lavandières et des aubergistes. À saint Sébastien, mort criblé de flèches, la protection des archers ; à sainte Catherine celle des fabricants de roues et de chapeaux (qui sont ronds), en souvenir de son supplice sur la roue…

Ces saints étaient d'autant plus familiers qu'il était toujours facile d'aller les prier, de mettre une chandelle devant leur statue pour faire monter vers eux la prière qu'on leur destinait (c'est là l'origine de l'expression « devoir une fière chandelle »). Leurs statues étaient partout, dans la moindre église et la moindre chapelle, et l'on n'aurait pu se tromper, entre celle de saint Pierre et celle de saint Paul, de sainte Apolline ou de sainte Agathe. Si les noms sont rarement indiqués, du fait que personne, autrefois, ne pouvait les lire, chacun était représenté avec son attribut, évoquant sa vie ou son martyre. Saint Pierre avait à la main la clé du Paradis, saint Paul l'épée avec laquelle il fut décapité. En souvenir de leur martyre, sainte Apolline et sainte Agathe tenaient la première une dent dans une tenaille et la seconde un plateau portant les seins qu'on lui avait tranchés.

À la faveur de la christianisation, le nom de personne, devenant nom de baptême, va évoluer dans ses principes d'attribution. Jusqu'alors, tant chez les Égyptiens, les Grecs, les Romains ou les Francs, aucun nom n'était attribué à un enfant sans qu'il n'ait été porté par un de ses ancêtres directs.

Chez les Francs, en héritage, sans doute, des anciens noms en deux parties, il avait été souvent transmis héréditairement, bien des dynasties ayant eu le leur comme on l'a vu à propos des Robertiens. Les comtes de Champagne avaient leurs Thibault, ceux d'Anjou leurs Foulques… Peu à peu, le nom de baptême n'a plus été hérité, mais choisi, et cela non pas par les parents, mais par les parrains et marraines.

Autrefois, parrains et marraines jouaient en effet un rôle extrêmement important. Ils étaient appelés à remplacer les

Savoir reconnaître les saints

Chaque saint était représenté de manière particulière ou avec un attribut bien à lui, dont voici un petit catalogue :

Agneau : *saint Jean Baptiste*
Aigle : *saint Jean*
Ancre : *saint Sylvestre*
Balai : *sainte Pétronille (qui avait « tenu le ménage » de saint Pierre)*
Bêche : *saint Fiacre, patron des jardiniers*
Bœuf : *saint Luc*
Bubon sur la cuisse : *saint Roch, patron des pestiférés*
Cerf : *saint Hubert (en référence à sa légende)*
Chien *(avec un pain dans la gueule) : saint Roch (le chien qui l'avait nourri)*
Clé : *saint Pierre (clé du Paradis)*
Cochon : *saint Antoine (en référence à sa légende)*
Coquille Saint-Jacques : *saint Jacques*
Couronne : *Saint Louis*
Couteau : *saint Barnabé (écorché vif)*
Croix : *sainte Marguerite*
Croix en X : *saint André (crucifié)*
Dent *(dans une tenaille) : sainte Apolline (martyre)*
Épée : *saint Paul*
Fer à cheval : *saint Eloi*
Flacon de parfum : *sainte Salomé et sainte Madeleine (qui embaumèrent le corps du Christ)*
Flèches *(dans le corps) : saint Sébastien (en référence à son martyre)*
Gerbe de blé : *saint Isidore ou saint Blaise (patrons des agriculteurs)*
Gril : *saint Laurent (en référence à son martyre)*
Homme ailé : *saint Matthieu*
Lion : *saint Marc*
Louche ou marmite : *sainte Marthe, patronne des ménagères*
Palme : *symbole d'un saint martyre*
Pelle plate : *saint Honoré (patron des boulangers)*
Pierre : *saint Étienne (lapidé)*
Planche : *saint Joseph*
Roue : *sainte Catherine*
Scie : *saint Simon (par jeu de mots)*
Seins : *sainte Agathe*
Tête : *saint Denis (décapité)*
Tour : *sainte Barbe (en référence à celle où elle fut brûlée vive)*

Les vêtements, également, renseignent sur l'identité : tiares de papes, chapeaux cardinalices, crosses d'évêques... Saint Dominique est représenté en dominicain, saint François d'Assise en haillons, ou nu et décharné...

D'autres fois, enfin, c'est une scène complète qui est figurée : saint Jean Baptiste est montré vêtu d'une peau de mouton et regardant les cieux ; saint Georges, à cheval, terrasse un dragon ; saint Martin, à cheval lui aussi, partage son manteau. Saint Christophe est représenté avec un bâton et l'Enfant Jésus sur ses épaules ; saint Nicolas avec la cuve d'où sortent les trois enfants qu'il a sauvés.

parents, dans le cas où ceux-ci disparaissaient prématurément, ce qui arrivait alors fréquemment du fait des terribles taux de mortalité. Parrains et marraines n'étaient donc pas choisis au hasard, mais en fonction d'habitudes qui avaient force de lois.

Dans l'idéal, les enfants recevaient généralement leurs parrains et marraines dans l'ordre suivant : l'aîné se voyait parrainé par le grand-père paternel et la grand-mère maternelle, le deuxième par le couple inverse, les suivants par les oncles et tantes directs (frères et sœurs des parents), parfois par des grands-oncles, grands-tantes, cousins germains plus âgés ou parents plus éloignés.

Les familles étant généralement nombreuses, les plus jeunes d'une fratrie se retrouvaient souvent parrainés par leurs frères et sœurs plus âgés, à moins qu'ils ne le soient par un notable du lieu, tel que – chez les paysans – leur seigneur ou son régisseur.

Tous ces choix procédaient d'une logique implacable, qui reposait sur les interdits édictés par l'Église, désireuse à la fois d'éviter les mariages entre cousins, toujours suspects du fait de l'antique tabou de l'inceste, et de profiter de cette occasion pour percevoir de l'argent, en faisant payer des « dispenses », permettant de transgresser ces contraintes.

Ces interdits étaient de trois types et touchaient trois formes de parenté :

- la « parenté par le sang », interdisait le mariage entre parents, à l'origine jusqu'au septième degré, puis, à compter du XIIe siècle, jusqu'au quatrième (impossible de marier sans dispense un couple ayant des arrière-arrière-grands-parents communs) ;

- la « parenté par alliance », étendait ces interdits aux veufs et aux veuves, qui se trouvaient pareillement dans l'impossibilité d'épouser sans dispense expresse tout parent de leur précédent conjoint à ces mêmes degrés ;

- la parenté que l'on nommait « spirituelle », issue justement du parrainage, interdisait au parrain d'épouser aussi bien sa filleule, que celle qui avait été marraine avec lui (ils étaient entre eux « compère » et « commère ») ou que la mère de son filleul.

Ces interdits étaient d'autant plus lourds que nos ancêtres vivant dans des univers très fermés et trouvant leur conjoint dans des périmètres restreints, à l'intérieur desquels tout le monde cousinait, voyaient l'éventail de leur choix se réduire comme peau de chagrin. Aussi, les habitudes de choix des parrains et marraines, en respectant l'ordre présenté ci-dessus, avaient pour principale finalité de ne pas contribuer à réduire davantage cet éventail. En choisissant des parents très proches (frères et sœurs aînés) et d'âges souvent décalés (grands-parents, oncles et tantes), on ne risquait pas de compromettre des unions ultérieures, pas plus qu'avec des personnes d'un milieu nettement supérieur, avec lesquelles, outre l'honneur qu'apportait leur parrainage, le fossé social suffisait à éliminer tout risque d'alliance.

Par ailleurs, au moins jusqu'au XVIe siècle, il a été longtemps d'usage de donner deux parrains aux garçons et deux marraines aux filles. On appelait couramment ces « doublons » les parrains et marraines « babillards », et c'étaient eux qui choisissaient et attribuaient le prénom. En fait, le garçon recevait automatiquement le nom de son parrain, la fille celui de sa marraine.

Du nom de personne à notre « prénom »

C'en est donc fait : les anciens noms de personnes, sont devenus les noms de baptême. Mais ils restent des dénominations uniques, personnelles et individuelles : à ces époques, un homme a pour seule appellation Matthieu, André, Martin ou Robert. Certains se voient parfois désigner par un titre, – ils sont « duc de Bourgogne » ou « seigneur d'Abbeville » –, ou par un surnom : Pépin « le Bref », Charles « Martel » ou Hugues

« Capet ». Ces titres et surnoms sont eux aussi, en principe, personnels et individuels.

Tout va bientôt changer avec l'apparition des noms de famille, dans les circonstances que l'on décrira au chapitre suivant, si bien qu'à partir des XIIe-XIIIe siècles, nos ancêtres se verront généralement désignés sous une double appellation, composée à la fois d'un nom et d'un surnom, qui deviendront, l'un notre « prénom », l'autre notre « nom de famille », ce dernier progressivement fixe et héréditaire.

Néanmoins, le nom de baptême restera pourtant le principal élément de la dénomination, et dans la célèbre *Farce de Maître Pathelin* l'on parle encore « d'un certain Guillaume, qui a pour nom de famille Josseaulme ». Même devenu « prénom », le nom de baptême continua, jusqu'à une époque récente, a être choisi comme on l'a vu, non sans que cela entraîne diverses conséquences.

On connut ainsi de fréquentes homonymies familiales, soit entre un père et son fils, tous deux porteurs du même nom de baptême, soit entre plusieurs frères ou sœurs. Le curé ou le notaire, rédigeant un acte, parlaient alors de Jehan « l'ancien » et de Jehan « le jeune » pour un père et son fils, de Pierre « l'aîné » et de Pierre « le jeune », pour distinguer deux frères... Tous les généalogistes en ont relevé des exemples et se sont, à leurs débuts, étonnés de se trouver face à trois sœurs prénommées Jeanne ou Marguerite, à trois frères prénommés Claude ou à quatre prénommés Jean...

Dans la vie courante, on s'arrangeait pour gérer aux mieux ces homonymies. Plus familièrement, beaucoup de gens avaient deux prénoms : celui de l'état civil, le « vrai », et un « faux », utilisé dans la vie quotidienne. Nicolas se voyait ainsi nommé Émile, Pierre devenait Jean... Enfin, il était courant, après un deuil, de redonner au premier enfant à naître le prénom du défunt, et les enfants portaient souvent celui de leur frère ou de leur sœur morts : un comportement que l'on a dit dénoncé comme négatif par les psychologues et les psychogénéalogistes.

Ce sont peut-être ces homonymies qui, au Moyen Âge, ont favorisé l'éclosion des diminutifs et aphérèses, et qui, à partir du XVIIe siècle, ont permis l'apparition de prénoms composés.

D'Azor à Zorobabel : des références variées

Quels prénoms se voyaient attribuer nos ancêtres ? Tous, et même les plus impossibles ! Non seulement ceux tirés de l'Ancien et du Nouveau Testament, ceux de toutes origines et étymologies, sanctifiés par la foule des saints et des bienheureux, ainsi que leurs variantes et déformations régionales, mais aussi des diminutifs en tout genre.

Les prénoms portés par nos ancêtres ont donc été longtemps très différents des nôtres. Pour preuve, une petite enquête réalisée à travers trois régions, entre le XVe et le XVIIe siècles, et qui montrera en quoi ces prénoms étaient différents, dans leur fréquence, dans leur choix et leur variété.

Si l'on observe d'abord leur fréquence, une constatation s'impose : partout, un très petit nombre de prénoms suffit à dénommer la majorité des habitants.

À deux siècles de différence, et dans deux régions différentes, quatre prénoms suffisent pour la moitié des hommes. En 1464, en Vivarais, ce sont Jean, Pierre, Antoine et Guillaume (suivis d'Étienne, Jacques, Pons, Raymond, André, Bertrand, Louis…). Deux siècles plus tard, en Franche-Comté, se sont Claude, Jean, Pierre et François.

Un beau record pour le tandem vedette : Jean et Pierre.

Pour ce qui est de la variété, le fait le plus marquant est que partout règne une même véritable « cacophonie » orthographique.

En Vivarais, on rencontrait concurremment Anthoine et Anthoyne pour Antoine, Estienne pour Étienne, Loys pour Louis, Raymund pour Raymond, Sahornin pour Saturnin,

Mais combien saint Pierre avait-il donc de doigts ?

Dix, comme tout le monde, répondrez-vous, car aucun texte ne le présente jamais comme ayant subi une amputation ni comme ayant présenté la particularité rare d'être sexdigitaire, c'est-à-dire d'avoir six doigts aux mains ou aux pieds, comme le fut notamment Anne Boleyn, la deuxième des six épouses du roi d'Angleterre Henri VIII.

Alors, pourquoi cette question ? Parce que si l'on compte bien, et que l'on additionne toutes les reliques dispersées de par le monde et présentées comme étant l'un de ses doigts, on n'en totalise pas mois de trente-deux ! De même que l'on recense huit bras de saint Blaise, onze jambes de saint Matthieu, dix têtes de saint Léger et huit de saint Étienne…

Sainte Madeleine, elle, aurait même trois corps complets : un à Rome, l'autre à Utrecht et le troisième en Catalogne, ainsi qu'une tête (sans corps) à Rouen et des os, entre autres, à Vézelay, Anvers et Bruxelles.

Tout cela tient en fait au véritable commerce qui s'était développé en matière de reliques, en un temps très éloigné où les premiers pèlerins allant à Rome aimaient à en revenir avec quelque objet sacré qu'on se chargeait de leur proposer. Il s'était d'abord agi d'ossements récupérés dans les catacombes, puis, lorsqu'ils furent épuisés, de pièces importées de Constantinople, où elles avaient vraisemblablement été « fabriquées ». L'abbaye bénédictine de Corbie s'était ainsi retrouvée en possession de nombreuses reliques du Christ lui-même, à savoir quelques miettes provenant des pains qu'il avait multipliés, un morceau de sa serviette d'enfant et même quelques centimètres de son cordon ombilical. S'y ajoutaient des morceaux des sandales de saint Pierre, des cheveux de Marie Madeleine et même des poils de barbe hérités du père Noé ! Un peu partout, on trouvait des épines provenant de la Sainte Couronne, des morceaux du voile de la Vierge. À Compiègne, on vénérait le couteau ayant circoncis le Christ et dans bien d'autres endroits (Rome, Chartres, Anvers, Le Puy…), des lambeaux de son prépuce. Même Judas, qui n'est pourtant pas un saint, a contribué à ces saintes collections, puisque l'on avait conservé de lui une lanterne, une tasse et bien sûr les deniers contre lesquels il avait vendu le Christ.

Pascalet pour Pascal, Barthomieu pour Barthélémy, Salvayre pour Sauveur... en même temps que de nombreux diminutifs, déformations et dérivés (Jacme pour Jacques, Ponsinet pour Pons...); et certains de ces diminutifs en engendraient à leur tour d'autres, comme *Guiot*, diminutif de Guy, donne Guionet.

En Artois, en 1569, le moindre prénom était presque toujours présent sous un minimum de trois formes (Philippe, Phillippe, Philippes, Phillippes...) ainsi que sous des déformations ou diminutifs divers (Philippot, Philpot) et leurs propres variantes orthographiques. Berthemieu, variante de Barthélémy, donnait Betremieu et Betremet; Cyprien donnait Chiprien, Florent Flourent. Firmin donnait par déformation et « métathèse » le très fréquent Fremin. Aignan donnait Agnus et Agnieux. Aimé donnait Amé et Amez, comme Sulpice donnait Suply, Renaud Regnault ou comme Gérard se contractait en Girard.

En Franche-Comté, les formes dérivées étaient légion : ainsi Huguenin pour Hugues, Claudot, Claudy, Claudirot pour Claude, Mathey pour Matthieu, Cile pour Cyr, Demouge pour Dominique, Poncet pour Pons, Anatoile pour Anatole, Agnus pour Aignan, Rolin pour Raoul...

Partout, enfin, on rencontrait un très fort contingent de prénoms obtenus par le phénomène appelé « aphérèse », avec des Gonin et Gonon, venus d'Hugues par Hugonin et Hugonon ; Guinot, venu sans doute de Seguin ; Manset tiré de Clémens (pour Clément) ; Mondon, formé sur le très fréquent Raymond ; Naudet et Naudon formés sur Arnaud, Cardin sur Ricard (forme régionale de Richard) ; Collard et Colchon (tous deux à partir de Nicolas, le second par Nicolson, comme on a Jeanson, Jacqueson...).

Aphérèses parfois en chaîne, comme avec Minot (venu de Guillaume par Guillemin et Guilleminot) ou Tassinot (venu d'Eustassee, variante d'Eustache, par Tassin). Un prénom comme Baudechon, porté en 1569 par une centaine d'Artésiens, était lui-même une variante de Baudesson, aphérèse de Thibaud, ou même de Baud tout court, ancienne appellation germanique.

À l'inverse de l'aphérèse, on voyait des prénoms composés par « apocope » : Guillaume donnait ainsi Guille, Barthélemy donnait Bart, Nicolas Nicot…

Et quant au choix, partout, les anciennes listes nominatives débordent de prénoms, curieux et déroutants.

Dans le Midi, voilà Alzias, Amyeu, Artaud, Astorg, Barmond, Brancas, Cirice, Dalmas, Dragonet, Durand, Duron, Gamet, Gain, Gimons, Godon, Meillet, Montan, Rostang, Sermet, Telmon, Viban, Vinson, Ypol, tous au net accent de langue d'oc, et bien sûr eux aussi diminués, comme Gimons donnant Gimonet et Maurin donnant Maurinot. En Franche-Comté, voici Nithier, Thaurin, Vaudrey, Renobert, Othenin… En Artois, la liste de ces prénoms étranges est plus impressionnante encore, allant d'Abachus à Zarobabel (pour le nom biblique Zorobabel), en passant par Azor.

De saint Nicolas à Frédéric Mistral : d'une région à l'autre

Berthemieu en Artois et Barthomieu en Vivarais : on le sait déjà, la France d'alors étant une mosaïque de langues et de dialectes, un même nom de baptême, offrait d'une région à l'autre une infinité de formes et de variantes.

Par ailleurs, chaque région avait ses prénoms préférés, ou spécifiques : fréquents en Vivarais, Vidal, Montan et Rostang étaient totalement absents en Artois, tout comme Vaast, très présent en Artois, était inconnu en Vivarais. À quoi s'ajoutait l'influence, non négligeable, de saints locaux, faisant parfois d'un nom particulier un possible indicateur de l'origine géographique (*cf.* encadré). En Artois, la présence de Vaast s'explique par des patronages de paroisses picardes. En Franche-Comté, celle de Lupicin était due au saint patron

Azor et Médor : des prénoms ?

Longtemps, l'Artois et la Picardie (la Somme en particulier) ont vu leurs habitants arborer des prénoms pour le moins insolites, et cela jusque dans les milieux les plus simples, totalement analphabètes et bien incapables d'être allé chercher des Scevola ou des Virgile dans une quelconque histoire romaine. S'en remettaient-ils à des curés friands d'érudition ?

De nos trois matériaux d'étude, c'est l'Artois de 1569 qui offre la liste des noms curieux la plus nourrie, avec, entre autres, et par ordre alphabétique : Abdenago, Cleriadus, Extase, Huchon, Lion, Maillin, Malcader, Ponthus, Porphyre, Propion, Publy, Rebron, Riquier, Rotrus, Salatiel, Sidracq, Souffrant, Ulfran, Walerand... Certains sont très portés, comme Sacré ou Marand. D'autres sont tirés de noms de fêtes, comme Pasquier et Pasquin ou Paquin (formés sur Pâsques), de l'histoire ou de la Bible, comme ces inattendus Saladin, Vaspasien, Hercule, Absalon, Enoch, Pharaon, ou même... Azor !

Pourquoi pas Médor ? demandera-t-on.

En fait, Azor et Médor ne sont nullement des noms de chiens, ou du moins ne l'étaient pas à l'origine. Une preuve, pour Azor : ces trois hommes vivant en 1569 dans le Pas-de-Calais, nommés Azor Deboulongne, Azor Loffrey et Azor Delecamb. Demeurant respectivement à Metz-en-Couture, au Transloy et à Sainghin-en-Weppe, tous trois devaient leur prénom à une ancienne ville de Palestine, d'où certains lettrés ont dû, au XIXe siècle, s'amuser à tirer de même le nom de leur animal favori.

*Pour ce qui est de Médor, il provient du nom d'un personnage d'*Orlando furioso *(Roland Furieux) de l'Arioste, poète italien de l'époque de la Renaissance ; récit chevaleresque, dans lequel un certain Médor sauvait une belle captive qu'il finissait par épouser.*

Azor et Médor sont aujourd'hui deux noms de familles authentiques, le premier, en Guyane, et le second à La Réunion, où ils ont pu être des noms donnés à des esclaves lors de leur affranchissement.

d'une paroisse du Jura, comme les noms de Desle, Valbert et Thaurin étaient ceux des saints des anciennes grandes abbayes de Lure, de Luxeuil et de Gigny…

Mais, surtout, chaque région avait ses grands saints bien à elle, soit qu'ils l'aient autrefois évangélisée ou qu'ils y aient été évêques, à moins qu'il ne s'agisse de saints ermites ayant vécu là ou d'« enfants du pays » y ayant subi le martyre.

Le culte de saint Martin est ainsi plus particulièrement répandu dans les régions du Centre et nettement moins dans la partie Est du pays, où il cède le pas à saint Nicolas, patron de la Lorraine depuis le début du XIIe siècle. En 1098, en effet, un chevalier lorrain, Albert de Varangeville, avait rapporté de la première croisade un des doigts du grand saint, qu'il s'était procuré à Bari, et pour lequel on avait édifié, en trois ans, une église sur les bords de la Meurthe, où pèlerinages et miracles s'étaient bientôt multipliés. Rien d'étonnant donc à ce que ce prénom ait été autrefois très fréquent dans ce pays, de même que ses diminutifs : Col(l)as, Col(l)et, Colson… et surtout Col(l)in.

Plus à l'ouest, en Picardie et en Thiérache, régnait principalement Quentin, un Romain qui avait évangélisé la région et avait été martyrisé en un endroit qui était devenu Saint-Quentin.

La Champagne honorait saint Rémy, évêque de Reims, que sa mère, elle aussi sainte (sainte Céline), avait nommé ainsi à la suite d'un songe fait durant sa grossesse, qui lui avait révélé que son fils, par sa sainteté, « remédierait » à beaucoup de maux.

La Franche-Comté préférait saint Claude, du nom de l'ermite censé s'être retiré dans un monastère qui fut à l'origine de la ville jurassienne de Saint-Claude. Au XVIIe siècle, Claude était encore le prénom de plus de 25 % des hommes de cette province.

La Bourgogne honorait Bénigne, patron de la cathédrale de Dijon, et le Morvan Lazare, patron d'Autun et de Saulieu.

Le Berry avait saint Sylvain et surtout sainte Solange, le Bourbonnais saint Gilbert, fondateur de monastère dans l'actuel département de l'Allier ; la Marche saint Marien ; le Limousin saints Léonard et Martial, ce dernier ayant été le premier évêque de Limoges.

Alors qu'en Anjou on priait saint René, en Alsace on priait sainte Odile (fondatrice d'un monastère sur l'ancien mont Hohenburg, devenu depuis le Mont-Sainte-Odile) et en Savoie Amédée; en Ardèche saint Barthélemy et, à Paris, sainte Geneviève, qui avait sauvé la capitale assiégée par les Huns...

La Bretagne, pour sa part, avait ses saints bien à elle, notamment les trois fils de saint Fragan : saint Guennolé, saint Jacut et saint Gwézenneg, mais surtout Alan/Alain, Yan(n) et son diminutif Yannick, formes régionales de Jean, et plus encore Yves, en hommage à saint Yves Héloury, avocat des pauvres au XIIIe siècle.

Un dernier prénom régional est d'apparition plus récente. Il s'agit de Mireille, très populaire en Provence, et qui est en fait le seul prénom ayant une date de naissance connue, puisque l'on sait qu'il fut « inventé » par Frédéric Mistral. En 1861, parrain d'une petite fille de Beaucaire, que ses parents voulaient prénommer ainsi, il se chargea de soutenir au curé, dubitatif, que ce nom n'était autre que la forme provençale de Marie...

Comment un champ du Morvan produisit un prénom : des origines insoupçonnées

Au fil des siècles, on ne cessera en fait de voir l'éventail des prénoms se réduire, d'abord avec la disparition progressive, consommée dès la Renaissance, de l'usage des aphérèses, qui va favoriser la domination des formes principales et classiques, du moins dans les actes officiels, où Jeannot et Colin vont se faire de plus en plus rares, avant de laisser, plus tard, la place aux prénoms composés.

Ce n'est généralement qu'au XVIIIe siècle que l'on verra apparaître, et d'abord dans les classes aisées et évoluées, des prénoms doubles ou multiples, qui se démocratiseront assez vite en ville (à Paris, dès la fin du XVIIIe) mais qui n'atteindront les campagnes et les classes ouvrières qu'à la fin du XIXe. Les records se rencontreront dans les familles régnantes : si jusqu'à Louis XVI, nos rois n'ont presque tous eu qu'un seul nom de baptême, le duc de Bordeaux, né en 1820, en recevra cinq, et d'autres princes en portaient facilement seize ou vingt. C'est le cas de l'infante d'Espagne Marie-Isabelle, Françoise d'Assise, Antoinette, Louise, Ferdinande, Christine, Amélie, Philippa, Adélaïde, Josèphe, Hélène, Henriette, Caroline, Justine, Rufine, Gasparine, Melchiore, Balthazare, Mathée d'Orléans et Bourbon, née en 1848 et qui épousa le comte de Paris. Une habitude qui conduisit certains Espagnols épris de simplicité à se limiter à trois ou quatre prénoms… suivis de la formule « et tous les saints » !

Il faut également remarquer que, dès le XIIIe siècle, les prénoms se raréfient d'autant plus que l'on n'en voit plus apparaître de nouveaux. D'une part, les canonisations se font plus rares, et d'autre part les noms des nouveaux canonisés sont déjà reconnus depuis longtemps. Les Antoine n'avaient pas attendu que l'on canonise, en 1232, le saint orateur de Padoue, mort l'année précédente, après la procédure de canonisation la plus rapide de l'histoire. Depuis plusieurs siècles déjà, ils avaient leur patron en la personne d'un premier saint Antoine, dit « le Grand », qui avait résisté aux tentations rencontrées dans le désert. Plus proches de nous, les exemples ne manqueront pas, de saint Vincent de Paul à sainte Thérèse de Lisieux. Peu de prénoms nouveaux verront donc réellement le jour, les quelques exceptions étant d'autant plus remarquables qu'il ne s'agissait à l'origine nullement de prénoms, mais plutôt de noms de famille, comme Gonzague, Chantal ou Xavier.

Le premier est dû à un saint nommé Louis de Gonzague, membre de l'illustre famille italienne de ce nom, qui quatre siècles durant tyrannisa le duché de Mantoue.

Chantal était le nom d'une branche de la maison de Rabutin, famille de la noblesse bourguignonne, dont certains membres étaient barons de Chantal, nom d'une de leurs terres, située près d'Autun, vraisemblablement nommée ainsi en référence à une histoire de champ. L'un d'eux épousa, en 1592, Jeanne Françoise Frémyot, à laquelle il donna six enfants, parmi lesquels se trouvait le père de Mme de Sévigné. C'est cette Jeanne Frémyot qui, une fois veuve, vécut sous la férule d'un beau-père autoritaire, jusqu'au jour où elle rencontra le futur saint François de Sales, qu'elle décida de suivre pour fonder l'ordre des Visitandines, ce qui lui valut d'être canonisée sous le nom de sainte Jeanne de Chantal, ou encore de sainte Chantal, tout court.

Xavier, enfin, vient du nom de lieu basque *Javeri* ou *Jaberry*, altération d'Etchéberri (« maison neuve »), et qui était le nom d'un château de la région de Pampelune, propriété de la famille à laquelle appartenait le disciple de saint Ignace de Loyola.

Un dernier nom de ce type, plus récent encore, mais cependant moins connu, nous sera offert par le curé d'Ars, canonisé en 1925. Nommé à l'état civil Jean-Marie Vianney, il est à l'origine, notamment en région lyonnaise, d'enfants prénommés sous ce patronyme.

En principe, tout nom patronymique de saint ou de sainte pourrait être donné pour prénom, ce qui a conduit à voir des enfants prénommés Dufour, Dumoulin ou Duval, ou, plus excentrique encore, Cornebout, Cufitelle, Piécourt ou Saultemouche, dus effectivement au bienheureux Arnoul Cornebout, cistercien mort en 1228, au bienheureux Guillaume Cufitelle, franciscain mort en 1404, à la carmélite Marie-Anne Piedcourt, guillotinée en 1794, et au jésuite Guillaume Saultemouche, martyrisé en 1593.

Un des derniers noms de baptême à avoir vu le jour est probablement celui de Bernadette, à l'origine propre à la région de Lourdes, et qui allait connaître un remarquable succès à travers tout le pays à partir du moment où l'on envisagea de canoniser la bergère de Massabielle, dans les années 1925.

Cela dit, dès 1614, Rome avait veillé au grain, en prenant soin de rappeler, à la suite du concile de Trente, que « les curés devront veiller à ce que l'on donne un nom chrétien à ceux qui vont être baptisés », précisant que lorsque celui-ci ne pourra l'obtenir « il ajoutera au nom donné par les parents un autre qui soit celui d'un saint et qu'il inscrira l'un et l'autre dans le registre des baptêmes ».

De Carpe à Sue-Ellen : le temps de la réglementation

La Révolution se soucia également des prénoms. La loi de l'an II, qui sera reprise par le Code civil, stipule que les prénoms, dont elle ne limite pas le nombre, sont attribués à l'enfant par celui qui en déclare la naissance à l'officier d'état civil, et qu'ils sont choisis parmi « les noms en usage dans les différents calendriers et ceux des personnages connus de l'histoire ancienne ». Apparemment clair, ce texte souleva pourtant des problèmes.

Qu'entendait-on, d'abord, par différents « calendriers » ? Faisait-on allusion au nouveau calendrier et à ses bucoliques appellations dues à Fabre d'Églantine, telles que Salade, Fumier, Pioche, Brouette, Artichaud ou Navet ? Il semble que ces appellations n'étaient en fait nullement destinées à se substituer aux prénoms traditionnels, mais plutôt à éliminer le culte des saints, en les remplaçant par des valeurs et des références plus « naturelles ». Les cas où elles furent choisies pour prénom restent donc plutôt des errances que des exceptions, comme ces exemples, relevés à Limeuil (Dordogne), de nouveau-nés prénommés Absinthe, Carpe, Cyprès, Faisande, Opinion, Piment

Le prénom : marqueur et indice généalogique ?

Le prénom peut tout aussi bien compliquer qu'aider des recherches généalogiques.

Le prénom composé les compliquera, en ce sens qu'il sera souvent difficile de déterminer le prénom usuel, qui pourra être, selon les cas, le premier, le dernier, ou n'importe lequel.

Il en va de même des prénoms homonymes, portés par des parents proches, surtout avec la fréquente réaction poussant, à partir du XIXe siècle, à en adopter un autre dans la vie courante.

En revanche, le prénom constitue un marqueur généalogique, exploitable à plusieurs niveaux.

Devenu quasiment héréditaire dans une branche d'une famille par le processus des parrainages, il pourra être retenu comme une présomption d'appartenance à cette branche, en généalogie descendante, notamment lorsqu'il s'agit d'un prénom peu ou moyennement courant (comme Toussaint, Gabriel, Matthieu, et non pas comme Pierre ou Jean).

En généalogie ascendante, lorsque l'on bute sur un couple d'ancêtres manifestement venu d'ailleurs et porteur de prénoms localement inusités, ceux-ci pourront être retenus comme indices. Une mère prénommée Faronne pourra inciter à tenter une recherche à Meaux, dont sainte Fare patronnait une des paroisses. Un aïeul affublé du curieux prénom de Frézal, orientera vers la Lozère, où se trouvent les deux seules communes de ce nom.

Authentiques ou fantaisistes ? Saints Charlemagne et Napoléon

On a vu que, côté sainteté, les dynasties royales faisaient généralement figures de « pistonnées ». En fait, chacune tenait à avoir son saint, histoire de mieux établir son pouvoir de droit divin.

Va donc pour Clovis chez les Mérovingiens, qui donna, on l'a vu, le prénom Louis, qui en était un dérivé. N'avait-il pas, en épousant la religion de Clothilde, sauvé son royaume et converti ses compatriotes au christianisme ?

Mais Charlemagne ? Dès 1165, il fut canonisé, par un antipape, à la demande de l'empereur d'Allemagne, et cela pour des questions de politique pure : donner à Aix-la-Chapelle, située en territoire allemand, un éclat européen pour mieux asseoir les ambitions impériales du souverain germanique. Longtemps, saint Charlemagne fut l'objet d'un réel culte. En 1471, le roi Louis XI ordonna que sa fête soit célébrée par tout le pays sous peine de mort, et en 1661, la Sorbonne le choisit pour patron, eu égard, bien sûr, à son rôle légendaire en matière scolaire. Sa fête resta inscrite à la date du 28 janvier et elle continue, d'ailleurs, à être fêtée en Belgique comme en Allemagne.

Après que les Capétiens eurent un temps essayé de donner à la France leur boiteuse sainte Jeanne pour patronne, vint l'épisode de l'Empire et l'aventure de saint Napoléon.

Alors qu'il allait se voir couronner empereur, Bonaparte constata avec stupeur qu'aucun saint Napoléon n'était inscrit à aucun martyrologe. Il chargea immédiatement une équipe d'érudits de remédier à cette lacune et, en cherchant bien, on finit par trouver un très ancien et très oublié Néopolis, « mort à Rome pour la foi », dont on fit aussitôt un officier romain de haute naissance, au courage et à la vaillance exemplaires. Bonaparte étant né le 15 août, il en fit fixer la fête à cette date, pour être certain, dit-on, que cette fête fût bien chômée à l'avenir. Mais celle-ci, évidemment, ne survécut pas à Waterloo…

ou Sarcloir. Et le conventionnel André Dumont, qui devint Pioche Dumont, puisque le nom Pioche était inscrit au jour de l'ancienne Saint-André, fait également figure d'anecdote.

Ensuite, qu'entendait-on par « histoire ancienne » ? Si Socrate ou Hercule en faisaient évidemment partie, pouvait-on y ajouter Molière ou Shakespeare ? Certainement pas ! Aux yeux des contemporains la question ne se posait même pas : on entendait essentiellement par là les personnages de la Bible et de l'Antiquité gréco-romaine… On vit donc naître des Brutus, des Scevola et des Titus…

Le XIXe siècle fut donc le siècle des amalgames et des variétés. Chaque milieu n'hésitait à pas à recourir à ses propres références, utilisant des prénoms régionaux et locaux, des prénoms gréco-romains, ou à d'autres, étranges et déroutants. Entre 1836 et 1846, on relève, à Tazilly, une petite commune de la Nièvre, de bien curieux seconds prénoms, tels Léonard Krawsky Commeau, Joseph Metternich Dagain, Jean Abdlelkader Lanoiselée ou Jean Zumalacarregui Millot, dont on se demande d'où ils ont bien pu surgir.

Dans de modestes familles paysannes de la Somme, aux côtés de Clobert, de Clovis et de Kléber, on enregistre des flots de plus curieux Benoni, Alcindor, Clodomir, Tranquille, Gualbert, Théophane, Ildefonse, Dalphée, Dosité… quitte à ce que ces dénominations fassent l'objet de pas mal d'hésitations concernant leur graphie (comme entre Docité, Dosithée, Dovité…). Quitte aussi à ce qu'on obtienne, pour les filles comme pour les garçons, d'extravagantes combinaisons, comme Clorinde Zulma Olimpe, Marie Orelisse Cléore Fileas Adeoda, Charles Telesfont Philogone – relevés, eux, à Roissy-en-Brie –, et jusqu'à ces amusants jeux sur les mots : Martial Côme Annibal Perpétue Magloire (prénoms portés par Guernon-Ranville, ministre sous la Restauration) ou Parfait Amand Constant Fidèle…

Tous ces prénoms étant parfaitement légaux, nul rédacteur d'acte n'aurait eu l'idée de les refuser. Près de deux siècles durant, aucun employé d'état civil ne put empêcher non plus un enfant porteur d'un prénom pour nom de famille de recevoir une identité-doublon, comme André André ou Pierre Pierre, pas plus qu'il n'avait pu empêcher un père irresponsable ou pervers de prénommer son fils Parfait Amand Constant Fidèle. Ni un M. Bonneau de prénommer son rejeton Jean.

Au petit jeu des faire-part, la réalité dépasse souvent la fiction. Un M. Cul, habitant à Montmagny, dans l'actuel Val-d'Oise, prénomma bel et bien son fils Jean, en 1703, comme un M. Delune prénomma sa fille Claire. Un Marseillais nommé Cuche baptisa son fils Armand et M. et Mme Joyeux, se dirent, en février 1973 et selon la formule consacrée, « heureux d'annoncer la naissance de leur fils Noël ». Et sans parler de Blanche de Bellebrune, Parfait Hideux ou Prosper Bordel, on a rencontré d'authentiques Henri Quatre, Louis Quinze et Charles Quint, une Anne Dautriche et une Reine Dangleterre, sans oublier Jeanne Darc, Louis Trez et Hugues Capet…

Il n'est évidemment pas toujours possible d'éviter ces homonymies. Tels parents peu instruits, nommés Chopin ou Valjean, ont pu ne pas voir d'inconvénient à prénommer leur fils Frédéric ou Jean. On compte ainsi une bonne dizaine de Jean-Jacques Rousseau et de Philippe Lebel… Et beaucoup d'autres ne pouvaient se douter, au moment où ils en déclaraient la naissance, que leurs petits Raymond Poincaré ou Marcel Proust, ou, plus récemment, les petits Alain Delon ou Jacques Chirac, feraient un jour sourire, du fait d'une homonymie impossible à prévoir.

Durant des siècles, le choix des parents resta de toute façon souverain, dès lors qu'il se cantonnait au cadre fixé par la vieille loi de l'an II. Personne n'aurait songé à refuser Cunégonde ou Xénophon, pas plus que Merd, que l'on pouvait fort bien choisir en référence au saint creusois.

Peut-on changer de prénom ?

Oui : l'article 60 du Code civil prévoit le cas. Il autorise toute personne justifiant d'un intérêt légitime à demander un changement de prénom, ou l'adjonction ou la suppression de l'un de ses prénoms, si elle en porte plusieurs.

Il faut le faire par lettre motivée adressée au juge aux affaires familiales auprès du tribunal de grande instance (soit celui dans le ressort duquel se trouve la commune où a été dressé l'acte de naissance, soit celui du lieu de domicile). Jugement sera rendu après audition de votre avocat (obligatoire) et avis du procureur de la République, et sera mentionné sur les registres de l'état civil.

On considère généralement qu'il y a « intérêt légitime » lorsque le prénom est jugé gênant, ridicule ou qu'il peut porter préjudice, notamment par la crainte de discrimination raciale ou religieuse, ou encore lorsque c'est son association avec le nom de famille qui produit des effets jugés ridicules.

Un cas particulier est celui de la francisation d'un prénom, qui doit en principe être demandée lors de la procédure d'acquisition de la nationalité française, ou dans le délai d'un an suivant son obtention.

De telles demandes restent cependant rares. Il est en effet plus facile de vivre sous un prénom différent de celui reçu à l'état civil que de vivre sous un autre patronyme. De la même façon, celui qui prend un pseudonyme ne change pas forcément son prénom, telle Édith Gassion devenant Piaf, sans doute pour garder un dénominateur commun entre vie publique et vie privée. À l'inverse, cependant, certaines stars se contentent de troquer un prénom obsolète contre un autre, plus original ou plus « branché », ou plus jeune aussi, qu'il n'était pas rare d'accommoder à la sauce anglaise, au temps des Dick, des Eddy et des Johnny (cf. p. 334).

On avait, en revanche, toutes les peines à faire passer des prénoms régionaux non attestés officiellement, à commencer par les prénoms bretons, tout comme ceux inspirés de personnages du cinéma ou de séries télévisées, comme lorsque certains parents décidèrent, à la fin du siècle dernier, de nommer leurs enfants Éden ou Jason.

D'autres noms, plus recherchés, comme Cassandre, Mélodie, Océane ou Swann, ou surtout plus poétiques, comme Jade, Ambre, Cerise, Vanille, Myrtille, Chêne… défrayèrent de plus en plus régulièrement la chronique judiciaire pour avoir été refusés par les officiers d'état civil.

On vit de plus en plus de parents saisir les tribunaux, souverains en ce domaine, lesquels acceptaient ou refusaient ces originalités en fonction de leur propre sensibilité. Dès lors, c'était à n'y rien comprendre. Un tribunal refusait Cerise, alors qu'un autre acceptait Anne-Cerise. On refusa Sanita à un père ayant servi dans un train sanitaire, Une-de-Mai à un père turfiste, et Lafin à des parents décidant qu'ils n'auraient plus d'enfants, alors que l'on avait vu accepter le prénom d'Aviateur, en 1911, à la suite d'un meeting aérien, ceux de Porthos et d'Aramis, pour les enfants d'un passionné d'Alexandre Dumas, comme celui de Bénéfice pour le fils d'un comptable et quatre noms d'étoiles (Riegel, Véga, Ariel et Alcyone) pour les quatre enfants d'un astronome…

En 1987, le vieux texte de l'an II fut donc enfin modifié, tout d'abord pour admettre les prénoms des calendriers étrangers, mais aussi ceux « consacrés par l'usage et relevant d'une tradition étrangère ou française, nationale ou locale ». Cependant, les officiers d'état civil pouvaient continuer à refuser d'enregistrer des choix qu'ils estimaient trop originaux.

Le 8 janvier 1993, une nouvelle loi vint donc résoudre une fois pour toutes ces difficultés, et cela de façon particulièrement draconienne. Le processus est désormais inversé : c'est à l'officier d'état civil, *après* enregistrement du prénom, qu'il revient d'entamer une démarche auprès du procureur de la République, s'il estime le prénom en question « contraire à l'intérêt de l'enfant ». Ce fut très rarement le cas, hormis pour Babar, en septembre 93, puis Mégane, contesté du fait du lancement par Renault d'un modèle de voiture commercialisé sous ce nom, circonstance qui semble par ailleurs avoir suffi à elle seule à stopper net, en 1995, la courbe ascendante que connaissait ce prénom depuis 1990. Mais il semble que la porte soit désormais largement ouverte aux Ryan et aux Candy, comme aux Jade et aux Ambre, aux Esteban et aux Émilande, aux Cassandra et aux Sue-Ellen…

De Chilpéric à Dylan : la grande ronde des modes

S'il a été longtemps plutôt transmis que choisi, le prénom n'en a pas moins connu des modes, ou du moins, dans un premier temps, des tendances bien affirmées, et cela dès le Moyen Âge. Montaigne ne rapporte-t-il pas qu'à l'occasion d'un grand banquet offert au XIIe siècle par l'un des fils d'Henri II Plantagenêt, on découvrit que cent dix des chevaliers présents se prénommaient Guillaume…

On l'a vu, les prénoms chrétiens s'étaient rapidement imposés. En 1414, lors d'une revue d'hommes d'armes passée à Châtillon-sur-Seine, en Bourgogne, sur 1 693 chevaliers ou écuyers et 230 archers ou arbalétriers, on dénombre 30 % de Jean, 15 % de Guillaume, 12 % de Pierre, et de nombreux Étienne, Jacques et Hugues.

Pierre est particulièrement populaire, tout comme l'est son féminin Pétronille, talonné par Marie, Jeanne, Élisabeth, Anne, noms des femmes de la famille de Jésus, que rejoindront, à l'époque de la Renaissance et des guerres de religion, les masculins Joseph et Joachim, alors que les adeptes de la

Du bon usage du prénom : quelques principes élémentaires

Sa place :

N'oubliez jamais que « prénom » signifie « avant le nom ». Excepté dans les fichiers de l'administration, classés par ordre alphabétique des noms, vous n'êtes donc pas Durand Charles (forme tout à fait incorrecte) mais Charles Durand. Une nuance capitale qui permet aussi de différencier les Laurent Bernard des Bernard Laurent !

Son choix :

Si un nom est la partie la plus officielle de l'identité et si le prénom – dit aussi de façon révélatrice le « petit nom » – est utilisé dans la vie privée, il n'en reste pas moins que l'un comme l'autre peuvent se révéler être un atout ou un handicap.

Comme certains patronymes, apparemment ridicules ou simplement trop longs ou imprononçables (cf. chapitre suivant) peuvent handicaper, un prénom peut vous aider ou vous desservir.

Gardez-vous donc de choisir le prénom de votre enfant de façon négligée, en respectant ces quelques principes :

- évitez les jeux de mots, de type Aude Javel ou Paul Hochon et, dans la mesure du possible, les homonymies maîtrisables, de type Frédéric Chopin ou Sadi Carnot (sauf si vous êtes de la famille, cas dans lequel ce prénom sera alors volontairement choisi) ;

- cherchez l'harmonie, en évitant les trop longs Jean-Chrysostome Delajousselinière, les trop brefs Loup Blot, ou les dissonants Luc Roque ou Hugues Agron ;

- évitez les banalités : Jean Dupont et Marie Martin seront toujours plus difficiles à retenir qu'Alexandre Dupont ou Priscille Martin ;

- pensez aux connotations sociales, idéologiques ou religieuses véhiculées par le prénom : il y a un monde entre Marie-Sixtine et Wendy, et l'on peut penser que les rares enfants de communistes purs et durs prénommés Lénine ne se sont pas toujours félicités du choix de leurs parents ;

- évitez un prénom vieilli, « en fin de course » : une fille prénommée Nathalie en 1980 sera fatalement perçue comme plus vieille qu'elle n'est.

Le prénom idéal :

C'est finalement celui qui n'est ni trop fréquent, ni trop en avance sur les modes. Une Nathalie, née en 1954, aura toutes les chances d'être vue comme une femme de 35 ans plutôt que de 50 ! Pour essayer d'anticiper, appuyez-vous sur les observations magistrales que dégagent Philippe Besnard et Guy Desplanques, dans leur Cote des prénoms*, remise à jour chaque année (cf. p. 384).*

religion réformée préféreront les bibliques Michel, David, Isaac, Judith ou Barbara.

Longtemps, les prénoms à succès varieront pourtant très peu. Chez les hommes, Jean et Pierre caracolent imperturbablement en tête, suivis de Jacques, Étienne, François et des grands prénoms régionaux. Chez les femmes, on continue à trouver Marie et Jeanne, mais surtout les dérivés féminins de Pierre (Pierrette, Perrine...), suivis des noms des grandes saintes : Marguerite et Catherine, Anne et Élisabeth, de ceux des saintes régionales ou des féminins de prénoms régionaux (Renée en Anjou, Claudine en Franche-Comté...), rejoints par Madeleine dans le courant du XVIIIe siècle.

Ce n'est qu'à la fin de cette époque, que les choix se sont progressivement diversifiés, tant, comme on l'a vu, avec les prénoms composés qu'avec les appellations révolutionnaires ou antiques.

La grande rupture tient au fait que les prénoms sont désormais plus souvent choisis que transmis. C'est là un changement capital, qui sera à l'origine du dégagement de véritables modes, qui iront en s'accélérant et que des spécialistes, comme Philippe Besnard et Guy Desplanques, sont peu à peu parvenus à mettre en lumière.

Il semble tout d'abord que ces modes ont le plus souvent été lancées par les classes bourgeoises dominantes, les milieux plus modestes et plus populaires se montrant longtemps fidèles aux appellations traditionnelles et à la transmission de prénoms familiaux, notamment par le biais des parrainages. Seule exception : l'étonnant succès de Marie, qui sera donné à des légions de filles, et dominera tout le XIXe siècle, et jusqu'à la Première Guerre mondiale.

La bourgeoisie du XIXe siècle installa d'abord la mode des prénoms antiques, comme Ulysse, Hippolyte, César ou Auguste, avant que ne s'ouvre le « temps des Jules », illustrés par les

Grévy, Méline, Ferry, Verne…, puis les Eugène, et, chez les filles, Augustine, Eugénie, Joséphine et Julie. Suivra la mode des Léon, Alfred et Marcel, parallèlement à celle des Suzanne, Marthe et Yvonne, et, en contrepoint, la vogue des noms à terminaisons latines : Claudius et Marius, et surtout, chez les filles, Maria, Julia, et d'autres encore… Viendront ensuite Louis, Jean-Baptiste, Émile, Georges, Paul… Berthe, Germaine, et Lucie… La Grande Guerre apportera des Albert, des Raymond et des Georges (dus au roi des Belges, à Poincaré et à Clemenceau) et, chez les femmes, quelques Joffrette, en hommage au maréchal Joffre; et même des Alsace, en référence à celle que l'on comptait bien retrouver…

À partir de 1920, les modes vont se succéder de plus en plus rapidement, introduisant une variété qui fut fatale à Marie, la grande perdante de ces nouvelles habitudes.

Le phénomène est surtout net du côté des filles. Aux prénoms en *-ette* (Georgette, Paulette, Odette, Yvette, Ginette, Colette, Josette…) des années 20 succèdent ceux en *-ine* (Jacqueline, Jeannine, Micheline…) et, dans les années 40, ceux en *-iane* (Christiane, Éliane, Josiane…), sans oublier pour autant les grands succès de Simone, dans les années 20, et de Monique, dans les années 30-40, ni ceux suscités par les nouveaux cultes de sainte Thérèse de Lisieux et de sainte Bernadette Soubirous. Le *star sytem* fera ensuite de plus en plus sentir son influence, avec des Brigitte (comme Bardot) ou des Sylvie (comme Vartan), avant que Nathalie, entre 1965 et 1970, ne vienne – en prénommant plus d'une fille sur treize – battre l'ancien record établi par Marie au début du siècle !

Chez les garçons, l'éventail semble moins large et les modes moins changeantes. Après que Jean eut régné en maître incontesté de 1913 à 1937, Michel, prénom donné à un enfant sur quatorze entre 1940 et 1949, occupa à son tour la tête du hit-parade jusqu'en 1955. Après ces longs règnes, aucune stabilité

La magie des prénoms de stars : mythe ou réalité ?

Il est bien difficile d'affirmer que le star-sytème a, avec l'arrivée de la télévision, exercé une influence déterminante en matière de prénoms. Si Bardot a manifestement lancé Brigitte, qui connaîtra ses heures de gloires en 1957 et 58, soit dans les deux années suivant la sortie sur les écrans du film de Vadim Et Dieu créa la femme, si le succès de Sylvie Vartan a fait de son prénom le premier prénom féminin des années « yé-yé », on n'a pas enregistré plus de Johnny ni de Claude, (qui auraient pu être dus à « Cloclo ») qu'à l'ordinaire. En revanche, la médiatisation des accouchements de stars a provoqué des modes incontestables : ainsi, à la fin des années 60, la poussée imprimée à David par le prénom du fils de Johnny et Sylvie, né en 1966.

En revanche, les feuilletons télévisés ont été très nettement à l'origine de plusieurs modes : celle de Thierry a ainsi été incontestablement contemporaine du feuilleton Thierry la Fronde, diffusé au début des années 60, comme celle de Sébastien, qui lui succéda de peu, fut parfaitement contemporaine de Belle et Sébastien. Nicolas fut remis à la mode, au temps de la chaîne unique, par Bonne Nuit les Petits, comme Samantha, apparaîtra plus tard avec le feuilleton Ma sorcière bien-aimée.

Mais tout cela reste limité. Contrairement à ce que l'on pourrait imaginer, ni Julien Clerc ni Anthony Delon n'ont lancé Julien ou Anthony, pas davantage que le feuilleton Le Petit Lord Fauntleroy n'a lancé Cédric, déjà usité lors de sa programmation. Il semble plutôt qu'il y ait parfois ici des concomitances (recherchées ?) ou encore des effets d'amplification. Ainsi, le phénoménal succès de Nathalie fut peut-être dû en partie à la célèbre chanson de Bécaud, en 1964, et celui d'Émilie, dans les années 80, dut bénéficier du tube de Philippe Chatel, Émilie Jolie. Dernier contre-exemple en date, la victoire française au Mondial de football, en 1998, n'a engendré aucune percée du prénom de Zidane : une dizaine de couples tout au plus ayant prénommé Zinédine leur bébé né cette année-là.

ne sera plus observée, la diversité étant surtout alors introduite par les prénoms composés (Jean-Louis, Jean-Luc, Jean-Pierre, Jean-Philippe…), répondant aux féminins Marie-France, Marie-Claire et Marie-Claude, elles-mêmes héritières des plus anciennes Marie-Thérèse et Marie-Louise.

Une fois passés les effets du star-système, on assistera à la fois à la réintroduction des prénoms « rétro » (Clémentine, Eugénie ou Jules) et à l'arrivée de prénoms anglo-saxons, souvent à résonance cinématographique, comme Kevin, Jonathan, Anthony, ou plus récemment Dylan ou Jessy.

Mais selon les régions et les milieux, les modes et les habitudes varient. Ne voit-on pas, curieusement, le prénom masculin Loïc, apparu en Bretagne au début des années 50, traverser lentement mais sûrement l'hexagone, pour terminer sa carrière quarante ans plus tard, en Alsace et en Roussillon ? Dans certaines régions dominent des prénoms féminins en *-ane* ou en *lou,* comme Alexane ou Romane, Marylou ou Louane, alors qu'ailleurs les prénoms rappellent des racines familiales, comme Diego et Pablo, Enzo ou Sarah. Ailleurs, ce sont des prénoms « sages » et « BCBG », du meilleur teint catholique, tels Louis, Augustin ou Thibault, Inès, Sixtine ou Constance ; ils seront plus innovants ou dérangeants, comme l'ont récemment été Jules et Joséphine, et comme le seront sans doute bientôt les délicieusement surannés Léon, Marie-Louise ou… Marcel qui, on ne sait pourquoi, incarne actuellement le prénom « ringard », en attendant sans nul doute de nouvelles heures de gloire.

Quel sera l'avenir de nos prénoms ? Nul ne saurait réellement le dire… même en se demandant vers quelles sources d'inspiration pourront se diriger les parents. Se contenteront-ils d'exhumer des Léon et des Léonie ou de dépoussiérer Marcel ? Redécouvriront-ils des noms figurant bel et bien dans la liste des saints, en nommant leurs fils Bananuphe, Mappalique, Nizilon, Guthagon, Papplique, Melon ou Pelade, leurs filles Rusticule,

Pour un palmarès des prénoms

Les prénoms les plus portés aujourd'hui en France reflètent les divers courants de modes qui ont eu cours au XXe siècle.

Chez les hommes, Michel, qui fut durant quinze ans (1940-1954) le prénom le plus donné (à un garçon sur quatorze dans les années 40 !), et qui figura quinze autres années parmi les quatre premiers, écrase tous les autres, puisqu'il est aujourd'hui porté, selon les estimations de Joséphine Besnard et Guy Desplanques[1], par quelque 650 000 personnes. Il est suivi par Pierre (un des rares prénoms à avoir connu un succès relativement constant), Jean (en tête pendant trente ans, de 1910 à 1940), dont les porteurs commencent à disparaître, puis par Philippe.

Chez les femmes, les taux de fréquences sont moindres, du fait d'un éventail de choix sans doute traditionnellement plus large. Monique, qui est en tête pour avoir connu dix grandes années, entre 1935 et 1944, ne prénomme que 357 000 personnes. Elle est suivie par Nathalie, dont la formidable mode, entre 1965 et 1974, lui valut de prénommer une fille sur treize de 1966 à 1968, Catherine – aussi classiquement indémodable que Pierre – et Françoise.

Il est dès lors assez facile de rechercher les identités les plus fréquentes en prenant, d'un côté, les noms de famille les plus fréquents (Martin, Bernard, Thomas, Petit, Durand… cf. p. 378) en leur associant les prénoms les plus courants. Conclusion : le Français type se nomme Michel Martin ; on en dénombre plus de 2 500 (contre à peine dix Martin Michel). On recense pareillement 2 000 Pierre Martin, mais moins de 1 000 Jean Dupont, qui fut longtemps considéré comme l'identité la plus banale qui soit.

On peut encore noter que le prénom composé le plus fréquent est celui de Jean-Pierre (environ 280 000 porteurs) et que Marie et Jeanne, les deux anciens prénoms féminins « phares » occupent encore respectivement, les septième (310 000 Marie) et quatorzième places (236 000 Jeanne), cette dernière restant nettement distancée par sa variante Jeannine, qui l'a peu à peu évincée à partir des années 20.

1. La Cote des prénoms, *Balland, 2004.*

Petit palmarès comparé des prénoms les plus donnés à travers le monde[1]

Prénoms masculins

	France	**Belgique wallone**	**Suisse romande**
1	Lucas	Lucas	Luca
2	Théo	Hugo	Thomas
3	Thomas	Maxime	Théo
4	Hugo	Romain	Maxime
5	Maxime	Thomas	Alexandre

Prénoms féminins

	France	**Belgique wallone**	**Suisse romande**
1	Léa	Léa	Léa
2	Manon	Clara	Sarah
3	Chloé	Manon	Laura
4	Emma	Camille	Emma
5	Camille	Pauline	Camille

1. *Prénoms les plus donnés, actuellement, et non les plus portés, d'après les chiffres présentés par Philippe Besnard et Guy Desplanques dans leur* Cote des prénoms, *Balland, 2003 et 2004.*

Petit palmarès comparé des prénoms les plus donnés à travers le monde

Prénoms masculins

Allemagne	Angleterre	États-Unis
Maximilian	Jack	Jacob
Alexander	Joshua	Michael
Leon	Thomas	Joshua
Paul	James	Matthew
Lukas	Daniel	Andrew

Prénoms féminins

Allemagne	Angleterre	États-Unis
Marie	Chloé	Emily
Sophie	Emily	Emma
Maria	Jessica	Madison
Anna	Ellie	Sarah
Léa	Sophie	Hannah

Tanche, Vénévride, Zingue, Mirlouriraine, Obdule, Pompine ou Supporine ? Jusqu'où irons-nous ? Je ne résiste pas ici à citer l'hypothèse livrée à ses lecteurs par un journaliste un jour de 1er avril, avec l'idée de prénoms « sponsorisés ». Aux termes d'un contrat financier conclu avec une marque commerciale, des parents appelleront-ils un jour leurs enfants Vitteloise, Mousline, Elf, Amora, Free, Hédiard, Chivas, Orangina ou Wanadoo, ou encore Marie-Soupline, Jean-Bonux, André-Lu ou François-Google ?

Quatrième partie

Les surnoms devenus noms de famille

D'où vient mon nom ? Que veut-il dire ? Derrière ces questions s'en cachent en réalité bien d'autres, et d'abord l'interrogation sur les origines géographiques.

Le Français de ce début de troisième millénaire est un déraciné. Son arrière-grand-père, qui était né entre 1880 et 1910 dans une ferme d'un village du Poitou ou du Morvan, village dans lequel ses deux grands-pères et ses deux grands-mères avaient souvent eux-mêmes vu le jour, ne s'était jamais posé ces questions. Certes, il n'avait guère les moyens d'en chercher les réponses, mais surtout il n'en éprouvait nullement le besoin. Il n'y avait pas eu de rupture dans la chaîne familiale. Il le savait bien : tous ses ancêtres lui ressemblaient.

Pour son descendant, c'est tout le contraire. La révolution industrielle et l'exode rural, qui sont passés par là, l'ont fait naître dans une maternité de banlieue, de parents qui s'étaient rencontrés dans une boîte de nuit du XIVe arrondissement. Ses quatre grands-parents sont le plus souvent natifs de quatre régions ou de quatre départements différents, si ce n'est de quatre pays… Ce Français du troisième millénaire a envie de savoir d'où il vient, où se trouve le berceau de sa famille. De retrouver, pour le refaire à l'envers, le chemin parcouru par l'ancêtre qui quitta un jour son village pour aller tenter sa chance ailleurs. Il veut se recentrer et se ressourcer. Il espère ainsi mieux se situer et peut-être mieux se connaître.

C'est là que nos questions de départ en cachent une autre. « Qui suis-je ? » Et derrière elle : « Où vais-je ? » Lorsqu'on se demande ce que veut dire un nom de famille, n'attend-on pas, plus ou moins inconsciemment, une réponse pouvant éclairer l'avenir, ou du moins annoncer un destin ? Certains semblent même attendre une sorte de diagnostic : « Votre nom signifie « courageux », « noble », « chanceux »... Autrement dit vous l'êtes vous-même, et c'est un atout dont vous allez pouvoir vous servir. » Cette interrogation inexprimée est souvent amalgamée à d'autres éléments, tirés des mémoires familiales ou glanés ici ou là : « Dans la famille, les hommes ont toujours été grands et blonds, ils avaient le type celte », « Nos ancêtres – au nom typiquement français comme Dubois ou Duval – sont en fait venus d'Écosse – ou d'Autriche. » « L'instituteur avait dit à mon père que notre famille était d'origine germanique. »

Traditions familiales et apports extérieurs, lus dans un journal ou suggérés par un tiers, généralement non spécialiste en ces domaines, hérédité et généalogie : tout est allégrement mélangé. On s'accroche à son nom, auquel on tient comme à la prunelle de ses yeux. « Souvenez-vous que son nom est, pour

---

Chez les Quignon, le pain est affaire de famille

Marne Hebdo (07.05.2003)

Quignon est un patronyme picard, référence peut-être au « quignon » du pain, désignant à l'origine un *coinon*, autrement dit un morceau de pain en forme de coin.

---

chaque homme, le mot le plus important de tout le vocabulaire », a dit le grand sociologue américain Dale Carnegie. On s'accroche à ce nom, parce qu'il est finalement le seul lien tangible et concret qui relie au passé, la seule projection de soi-même à travers les siècles, aussi bien ceux passés que ceux à venir. On s'accroche à lui pour tenter de s'y retrouver soi-même.

Mais lui, ce nom, que peut-il nous apprendre et nous révéler ? Certainement pas tout, et certainement pas à la fois le passé, le présent et l'avenir. Il peut tout au mieux orienter et témoigner. Mais avant de voir en quoi il peut le faire, examinons d'abord ce qu'il est, quand, comment et pourquoi il est né. Voyons quels principes ont présidé à sa naissance.

Une remarque préalable s'impose. L'histoire de nos noms de famille a été très différente de celles des noms de lieux et des prénoms. En effet, si les toponymes ont toujours été destinés à désigner des lieux, si les noms de personnes, puis ceux de baptême et nos prénoms ont toujours eu pour vocation de nommer un individu, nos patronymes, eux, proviennent de surnoms qui, à l'origine, n'avaient nullement été destinés à désigner un groupe, et encore moins à défier le temps. Pour en retracer l'histoire, il nous faut d'abord remonter à leurs sources et nous retrouver, une fois de plus, près de mille ans en arrière.

Les prémices des noms de famille : des seigneurs avant-gardistes

Nous revoici donc au début du deuxième millénaire. Rappelons le décor. La France n'est pas encore vraiment la France. Le roi n'a que peu de pouvoirs, qu'il partage avec ses vassaux qui ont eux-mêmes les leurs – parfois nommés « vavassaux » –, jusqu'à la foule des petits seigneurs, vivant dans les châteaux forts. Il n'existe pas de langue nationale : chaque province, chaque terroir a son dialecte, son patois. La religion est omniprésente. L'emprise de l'Église, avec son réseau de paroisses, est extrêmement forte. Seuls ses membres sont lettrés ; ils écrivent en latin. Le reste de la société – seigneurs compris – est analphabète. C'est une société de l'oralité. Et c'est aussi une société majoritairement immobile, où l'on ne dépasse guère les limites de la seigneurie et de la paroisse.

Les noms propres se limitent à deux classes : des noms de lieux et des noms de baptême.

Les noms de lieux, habités ou non, ont été hérités des générations précédentes, sauf pour ceux qui seront attribués aux agglomérations ou aux fermes que l'on fondera ultérieurement, suite, comme on l'a vu, aux défrichages. Ces toponymes ont été forgés à partir de mots ligures, gaulois, latins, francs... Certains sont depuis longtemps déjà devenus hermétiques, mais le fait d'en ignorer le sens est sans importance, puisqu'il ne compromet pas leur utilisation. Quand on parle de Martigny, chacun sait où cet endroit se trouve.

Les noms de personnes ne sont pas encore des prénoms, puisqu'ils ne « précèdent » rien. Appelons-les donc des noms de baptême, puisque tous nos ancêtres de l'époque sont alors automatiquement baptisés. Ce sont également, on l'a vu, des noms personnels et individuels. Tel homme est Martin, Robert, Arnaud, Naudin... Son père était Jean. Son fils sera Guillaume. Cela suffit, même si le stock de ces noms n'évolue guère et a tendance à souffrir de la popularité de certains. On s'en contente parfaitement. Tout au plus, parfois, un surnom ou un diminutif a-t-il été ajouté ou s'y est-il substitué : Martinet, Robertot ou Martel... comme cela avait été le cas pour le grand-père de Charlemagne, et comme ce le sera pour son fils Pépin, que l'on dira « le Bref », à cause de sa petite taille. Le duc de Normandie Robert était dit « Courte-Heuse », et les comtes de Champagne surnommés « Pieds-de-loup », « Tête d'étoupe » ou « Queue-de-vache ».

Ces deux groupes d'appellations – noms de lieux et de baptême – suffisent à nos ancêtres pour s'y retrouver et identifier ce qu'ils ont à identifier.

Seul le seigneur, grand ou petit, va se voir nommer par rapport à sa terre, au fief qu'il gère et pour lequel il a des devoirs envers son suzerain. Il doit en effet lui rendre « hommage », autrement dit reconnaître qu'il est « son homme » – on dit aussi son « homme lige » –, reconnaître qu'il a envers lui des liens de dépendance. S'identifier par rapport à sa terre est donc alors parfaitement logique. Logique et volontaire, puisque à cette époque les possesseurs de fiefs s'efforcent de transformer leurs droits sur eux, qui, au départ, n'étaient que viagers, en droits héréditaires. C'est aussi, vis-à-vis des classes inférieures, une façon d'asseoir et de légitimer son autorité, puisque celle-ci, directement liée au sol, s'exerce sur les humbles dès lors qu'ils le cultivent ou qu'ils y vivent.

Comme en Chine, comme à Rome, les premiers noms de lignées vont donc apparaître dans les familles nobles. Et comme beaucoup d'entre elles pratiquent encore la vieille habitude franque de se transmettre un même nom de baptême d'une génération à l'autre, et que l'on rencontre des lignées d'Alaric, Robert, Dagobert..., nommer par ce seul nom le seigneur qui

---

M. et Mme Sécheresse ont souffert de la canicule

La Nouvelle République (23.10.2003)

Sécheresse est un patronyme du Centre de la France (confins Berry, Sud-Touraine, Poitou), qui vient bien sûr du nom du lieu autrefois habité, mais évidemment particulièrement sec.

---

passe un acte de vente ne permet pas toujours de le distinguer. On préférera donc, de façon plus précise, l'appeler Aubert, seigneur de Cambrai, ou Aymeri, vicomte de Rochechouart, et même, pour le différencier de ses prédécesseurs et successeurs, « Aymeri, deuxième du nom, vicomte de Rochechouart ». C'est ainsi que sont nées certaines dynasties encore représentées aujourd'hui, et qui offrent nos plus anciens noms de famille.

Ajoutons une précision : pour garder et transmettre ainsi un nom de terre, encore fallait-il en rester le seigneur et maître. Qui changeait de terre changeait de nom. Lorsque le fils cadet d'un sire de Lusignan, en Poitou, épousait l'héritière de la seigneurie de Parthenay et allait y résider, il fondait une nouvelle branche, dont les membres cessaient automatiquement de s'appeler Lusignan pour se dire « sires de Parthenay ».

De l'Italie à la Guyane : une grande lame de fond

Mais ces pratiques ne concernaient évidemment pas nos ancêtres, dans leur large majorité simples manants (du latin *maneo* : rester, demeurer), liés sans pouvoir la quitter à la portion de terre que leur seigneur leur avait concédée afin de la cultiver à leur commun profit.

Les choses en seraient sans doute restées là si la société et le pays tout entier n'avaient alors connu une grande crise de croissance, qui entraîna de profonds bouleversements.

À compter de l'an mille, en effet, la situation politique a été nettement plus stable. Peut-être du fait de meilleures conditions climatiques, on connut moins de troubles, donc moins de guerres et plus de sécurité. Tout concourut à une phase de réelle prospérité économique, qui eut évidemment pour conséquences directes un recul des épidémies et de la mortalité, et donc un envol du taux de fécondité et de la natalité, soit un formidable *boom* démographique. Et, bien sûr, tout suivit : développement du commerce et des échanges, révolution des techniques et des

Quel est le plus vieux nom de famille de France?

Il ne s'agit bien évidemment ni de Martin, ni de Dupont, ni de Durand…

Du fait que les surnoms, qui ont été à l'origine de nos patronymes, ne se sont pas dégagés avant les XIe-XIIe siècles, tous les noms de famille sont ici de ce fait à peu près à égalité.

Compte tenu par ailleurs que les familles nobles, avant cette époque, étaient déjà connues sous des noms de terres, rechercher le plus ancien nom revient à identifier la plus vieille maison de la noblesse française.

On pense immédiatement aux Capétiens, mais la réponse n'est qu'en partie bonne. C'est vrai pour l'ancienneté, mais pas pour ce qui est du nom. Et cela, pour la simple raison que cette dynastie… n'a jamais eu de nom. Lorsque les révolutionnaires nommaient Louis XVI « le citoyen Capet », cela ne rimait à rien. Capet avait été seulement le surnom, personnel et individuel, du premier de ses ancêtres à être monté sur le trône de France, Hugues, qui avait été surnommé ainsi pour des raisons qui restent floues: sa petite tête, ou, plus vraisemblablement, le fait de la « cape », ou « chape », qu'il portait en tant qu'abbé laïc de l'abbaye de Marmoutier. Ses descendants seront ducs de Valois, de Bourbon, d'Orléans, d'où autant de noms de branches; mais officiellement les rois de France ne portaient aucun patronyme. Il en avait d'ailleurs été de même pour les Carolingiens et les Mérovingiens, noms de dynasties fabriqués par les historiens.

Quel est donc, alors, le nom de famille le plus ancien de France? Celui de la famille d'Harcourt, connue depuis l'an 966, coiffant ainsi au poteau la famille de Rochechouard, dont on connaît les ancêtres depuis 876, époque à laquelle ils sont vicomtes de Limoges, mais qui ne prennent le nom de Rochechouard qu'en 980.

Qu'en est-il ailleurs? Les rois des autres pays ont-ils des noms? Pas plus que les nôtres, et pour les mêmes raisons. Ceux d'Angleterre ne sont devenus Windsor que sous Georges V, en 1917, premier roi d'Angleterre à parler l'anglais sans accent allemand et auquel l'actualité souffla de se démettre du nom par trop germanique de Saxe-Cobourg-Gotha.

En fait, la seule maison royale européenne à avoir porté un vrai nom de famille est celle de Suède, issue du maréchal français Bernadotte, qui monta sur le trône en 1809, et qui était le fils d'un tailleur de Pau et le petit-fils d'un simple tisserand. Ce Bernadotte qui, lorsqu'il n'était que sergent, s'était fait tatouer sur la poitrine, le slogan « Mort aux rois! »…

modes de culture, grands essartages, développement des bourgs et des villes, et chez les hommes, longévité accrue et familles nombreuses. Des familles qui doivent rapidement essaimer et qui s'en vont alors peupler les nouvelles terres, gagnées sur la forêt.

Une des grandes conséquences de cette poussée démographique sera de gonfler les homonymies. Au sein de chaque village, de chaque paroisse, de chaque seigneurie, les Guillaume, les Pierre, les Jacques, deviennent bientôt si nombreux que l'on ne peut plus s'y retrouver, à commencer par le seigneur, qui a besoin, lui aussi, de dresser des listes de ses serfs afin de mieux contrôler les paiements de leurs redevances. Par ailleurs, l'individu s'affirme de plus en plus. Il vit de moins en moins au sein d'un groupe et il devient donc nécessaire de pouvoir mieux l'identifier. Le glas du nom unique a sonné : il est devenu par trop inadapté aux exigences de la vie nouvelle.

C'est donc spontanément, sans qu'aucune loi ne l'ait jamais imposé, qu'on voit se répandre, entre les Xe et XIIe siècles, l'habitude d'ajouter des surnoms. L'homme reste bien Jean, Pierre, ou Guillaume, mais son identité est précisée par un surnom personnel. De la façon la plus simple, il se voit dit, selon les cas, « petit », « hardi », « barbier », « normand » ou « de Rouen ».

Insistons : il s'agit là d'un phénomène à la fois spontané et anarchique. Ces surnoms apparaissent et se généralisent lorsqu'ils se révèlent utiles, et là où ils le sont. Ils se sont ainsi d'abord dégagés en milieu urbain, pour n'apparaître que longtemps plus tard dans les hameaux et les écarts, où les homonymies sont évidemment beaucoup moins fréquentes.

C'est en Italie du Nord que cette pratique semble avoir vu le jour, dès le début du Xe siècle, pour se propager ensuite, telle une lame de fond, au rythme des communications de l'époque, déferlant vers les pays voisins et gagnant finalement toute l'Europe. Vers le XIe siècle, elle touche la Provence, ancienne province romaine restée très sensible aux habitudes venues de la péninsule. De là, elle va se diriger, au siècle suivant, vers l'Espagne, puis vers le Portugal.

En France, elle progresse rapidement, traversant le pays en direction du Nord et de l'Est. Vers 1150-1200, c'est-à-dire à l'époque de Louis VII et d'Aliénor d'Aquitaine, on peut dire que 90 % des habitants de la France méridionale portent ainsi un surnom en plus de leur nom de baptême, contre 75 % dans le Berry, 70 % en Bourgogne et 57 % en Picardie. À la fin du XIIIe siècle, le mouvement sera pratiquement achevé.

Hors de France aussi, il a continué son irrésistible progression. Il a gagné l'Angleterre, où les noms seront fixes au début du XIVe siècle, les Flandres et la Belgique, où il ne s'achèvera pas avant le XVIe, puis les pays de langue germanique, pour atteindre ensuite le monde slave et la Scandinavie, qui sera une des zones les plus en retard, au point que l'on ne pourra plus parler, à son niveau, de phénomène spontané.

Ainsi, leur pays n'ayant été touché qu'aux XVIIe et XVIIIe siècles, tous les Hollandais n'auront pas encore reçu un nom de famille lorsque Napoléon Ier l'annexera. Un décret impérial de 1813 restera sans effet et il faudra attendre un arrêté royal de 1825 pour régler la question.

Un livre : Contrôlez votre douleur, *par F. Bourreau*

Bourreau est un patronyme assez fréquent, qui ne vient pas d'un ancêtre bourreau (on disait plutôt autrefois « exécuteur ») mais de l'ancien mot *bourre*, désignant des poils serrés, et qui pouvait être le surnom d'un homme poilu, mais aussi d'un simple bourrelier, « bourrant » les colliers de laine grossière et serrée.

89 millions d'homonymes !

Les noms des peuples sino-japonais comportent le plus souvent une référence à la filiation, ou du moins au clan. En Chine, le nom, apparu d'abord dans les familles nobles pour se généraliser ensuite au peuple tout entier, fut au départ individuel, quitte à être précisé par un second, précédé lui-même de tzu (fils de). Il y a plus de deux mille ans, cependant, que les noms changèrent à la faveur des idéogrammes, donnant alors une liste limitée de noms de famille que l'enfant apprenait par cœur à l'école.

On y dénombre aujourd'hui quelque six cents noms différents, le plus souvent monosyllabiques, tels Chang, Chao, Li, Wang… d'où des homonymies beaucoup plus fortes que chez nous et qui créent à elles seules de véritables parentés, plus ressenties parfois que celles du sang, et entraînant une réelle solidarité. À une certaine époque, il fut même interdit en Chine, de se marier entre homonymes, comme il l'était, en France, de se marier entre parents proches.

Les Vietnamiens sont réputés avoir le plus ancien système de dénomination. Ils disposent aujourd'hui de plusieurs noms : noms individuels, noms intermédiaires et noms de famille, ces derniers là aussi en nombre limité (deux cents seulement dans le delta du Tonkin), dont N'Guyen, Phan, Tran…, qui sont souvent des noms d'anciennes dynasties royales, portés et transmis tant par les nombreux descendants légitimes et illégitimes, que par ceux des anciennes populations soumises ou attachées à ces anciens monarques.

Au Japon, seuls les privilégiés portaient autrefois un nom de famille, souvent accordé par le roi et lié à des fonctions éminentes. Lors de la révolution Meiji, en 1868, on obligea, à l'instar des pays européens, les gens sans nom à en prendre un, qui fut souvent forgé sur un nom de lieu, ou créé de toutes pièces.

La Chine bat évidemment tous les records de fréquences. Le nom le plus courant, Zhang, y est en effet porté par plus de 89 millions de personnes (contre deux millions et demi de Smith aux États-Unis, 200 000 Martin en France, autant de Rossi en Italie, et un peu plus de Müller en Allemagne et dans les pays voisins, 744 000 Garcia en Espagne, cf. pp. 208 et 209).

Au Danemark, le nom, qui avait été imposé en 1771 dans le seul duché du Schleswig, ne le sera qu'en 1828 pour le reste du pays. Beaucoup de familles sans nom se contenteront alors de prendre un nom de baptême en le faisant suivre du suffixe *-sen*, signifiant « fils de ». On retombera donc dans un nouvel imbroglio et une loi, en 1904, proposera aux homonymes de choisir un nouveau nom dans une liste préétablie.

En Norvège et en Suède, des lois de 1896 et 1901 viendront résoudre les absences courantes de patronymes. En Islande, il faudra attendre une loi de 1922, obligeant toute personne qui n'en avait pas à aller déclarer son choix au pasteur local. Mais cette décision semble être longtemps restée lettre morte.

Les pays d'Europe de l'Est connaîtront eux aussi un décalage. En Pologne, le nom concernera d'abord les riches familles catholiques. Les autres devront souvent attendre l'affranchissement des serfs par le tzar Alexandre II, dans la seconde moitié du XIXe siècle, pour recevoir un nom, souvent terminé par les suffixes *-ski* ou *-icz*. Même chose en Russie, où le nom, là aussi, sera longtemps réservé aux citadins et aux bourgeois, qui choisiront souvent d'ajouter le suffixe *-ov* ou *-ovitch* au nom de leur père. Les serfs, c'est-à-dire la quasi-totalité de la population, attendront pour cela l'émancipation de 1861.

Sur les autres continents, la situation sera différente. Non tant en Amérique, où les habitudes européennes se sont installées avec Français, Anglais, Espagnols et Portugais. L'Angleterre a ainsi exporté ses noms au Canada et aux États-Unis. En 1960, sur quelque 180 millions d'Américains, on estimait que plus de 50 % portaient un nom anglais ou gallois, contre 10 % un nom écossais ou irlandais, comme c'était le cas de Kennedy. Certains pays prendront des mesures tardives, comme la Turquie, en 1934, dans le cadre, à la fois d'une politique de modernisation et d'affirmation nationale. On remplacera alors l'ancien trait de filiation *ben* par le suffixe spécifiquement turc *-oglu*. La plupart des autres pays se verront forcer la main par les administrations mises en place durant la période coloniale. En Guyane, en Algérie, en Tunisie, les exigences des registres de l'état civil comme de l'administration en général, pousseront les fonctionnaires français à octroyer sans état d'âme à une foule d'autochtones l'insolite ersatz S.N.P., « Sans Nom Patronymique ».

De Martin à Percepuce : des surnoms en tout genre

Mais revenons à la France du Moyen Âge, au moment où l'on voit, dans chaque groupe d'habitats, se généraliser ces surnoms personnels, pour regarder de plus près à quoi ils ressemblent. La chose est importante, puisque ces surnoms sont directement à l'origine des noms de famille d'aujourd'hui.

On peut dire d'emblée que ces surnoms, s'ils ont été donnés en fonction d'éléments variables, sont cependant classables en cinq grands groupes, ou cinq systèmes principaux de dénominations[1].

• Le premier mode fit attribuer des surnoms classiques – autrement dit des sobriquets personnels ou des dénominations individuelles – à une personne en particulier. Ce pouvait être :

- un nom de baptême, et plus souvent encore son diminutif (parfois par aphérèse, comme Naudin pour Arnaud (*cf.* p. 157), ou par « apocope » comme Guille pour Guillaume) : l'homme est connu dans son village comme étant Pierre, ou « le Pierre », selon la fréquente habitude de faire précéder les noms propres de l'article défini, ou encore Pierrot, Perrin, Perrinnet… On peut se trouver ici face à l'un des anciens grands ensembles de noms de baptême (hébraïques, romains, germaniques…), tous fondus en un même corpus dans lequel on a vu nos ancêtres puiser constamment, en toute ignorance des origines étymologiques,

1. J'opterai volontairement, pour cette présentation, pour un classement résolument novateur, qui voudra avoir le mérite de mieux mettre en lumière les principes qui ont présidé à leur dégagement.

culturelles ou ethniques du nom retenu, l'essentiel étant qu'il corresponde à un saint protecteur ;

- le nom du métier exercé (Charpentier, Boulanger, etc.), ainsi que pour un métier qui peut avoir aujourd'hui disparu, comme c'est le cas de Prévôt, désignant un « préposé » royal, préfiguration de notre sous-préfet. Et sinon un métier, un savoir-faire (Tisserand, Potier, Vannier…) ;

- la place occupée dans la société, dans le village ou dans la famille, a pu donner des surnoms assez proches des précédents, comme Vassal, Lemaître ou Vil(l)ain (le tenancier de l'ancienne fameuse *villa* héritée des temps gallo-romains), Lecomte (sans doute forme elliptique de « l'homme-le-comte », désignant l'homme dépendant d'un comte[1]), Voisin, Doyen, ou encore comme Laîné, Frère, Neveu…

- le physique, avec des surnoms comme Grand, Petit, Leblond, Bossu, Courtecuisse, Bienfait ;

- le moral, avec qualités et défauts, de même que des surnoms liés au caractère, comme Vaillant, Mauvais, Hardi…, ou aux penchants et habitudes (Boivin) ;

1. Se souvenir ici de Fontenay-le-Comte (*cf.* p. 60).

Sallebœuf: le boucher présenté au parquet

Sud-Ouest (22.06.2003)

Sallebœuf : nom d'une commune de la Gironde, formé sur *Saal* ou *Salle*, en raison de la présence d'une construction pourvue d'une grande salle, et où « bœuf » peut avoir été la déformation de *Bodu* ou *Bodo*, qui étaient d'anciens noms d'hommes germaniques.

- l'origine géographique, avec des noms évocateurs de régions françaises comme Normand, Gascon, ou de pays plus lointains, comme Langlais, Lallemand, Lombard…

- un sobriquet lié à une circonstance, à une mésaventure ou à une anecdote, comme ceux que nous pouvons nous donner aujourd'hui encore, et dont le sens et l'origine se perdent souvent très vite. Savez-vous pourquoi votre oncle François a été surnommé « Coucou » ? Parce qu'il jouait à cache-cache avec son petit frère… Pourquoi votre copain Étienne est-il connu sous le surnom d'Atlas ? Parce qu'il avait de grandes jambes et faisait des pas de géant. Il en avait été de même pour nos ancêtres Traitalhuile, Mangematin, Percepuce ou Pellamourgue (qui signifie en occitan « pèle moine »), sans qu'aujourd'hui, quelque huit cents ans plus tard, on puisse très bien imaginer pourquoi…

• Le deuxième mode, qui donna également des sobriquets personnels, a été alimenté par l'analogie. C'était là une façon de dénommer légèrement décalée, mais qui était parfaitement dans les mentalités d'alors, et qui explique que tous ces surnoms étaient plus souvent empreints d'ironie que de sérieux.

Ce mode de dénomination a été si courant qu'il permet de proposer une autre explication à presque tous les surnoms déjà rencontrés : l'analogie pouvait, en fait, se dissimuler partout. Derrière un nom de baptême, elle a pu faire surnommer Thomas un homme un peu trop sceptique, à l'image de saint Thomas doutant de la résurrection du Christ. Derrière un nom de métier, elle fit surnommer Boucher un individu sanguinaire. Derrière un nom se rapportant à une fonction, ou à un titre, elle aura fait surnommer Comte ou Lecomte, Lévêque ou Lemoine, un homme se donnant des airs de comte, d'évêque ou présentant les mœurs que l'on prêtait aux moines (compte tenu de la fréquence des noms comme Comte, Lecomte et Lemoine, cette explication semble d'ailleurs la plus vraisemblable). Derrière un nom d'origine, enfin : Normand a pu être le surnom d'un

De Mac Donald à Papadopoulos : un système universel

Donner un nom se rapportant à la filiation, et en premier lieu au prénom du père, est un principe quasiment universel. De là un éventail de suffixes équivalents, variant selon les pays.

Ainsi le fils de Pierre aura été surnommé, en France, par le prénom paternel augmenté de divers suffixes (-et*, qui semble avoir eu cette valeur dans bien des régions, avec Pierret ou Perret),* -ichon *ailleurs (Perrichon),* -son*, en Champagne et en Lorraine (Pierson et Person),* -az*, en Savoie (Perraz)...*

À l'étranger aussi on rencontre toute une gamme de suffixes : Peres ou Perez en Espagne et au Portugal, Peters (avec le s du génitif anglo-saxon) en Flandres, Perterson (son : fils de) en Angleterre, et son équivalent direct Pertersen au Danemark, Pierrotti en Italie et en Corse, Petrovic en Serbie et en Croatie, Pietrowicz en Pologne, Pietrov en Russie et Pietrenko en Ukraine, Petros en Grèce...

Car chaque pays a son ou ses suffixes propres. Ainsi, -poulos *grec, rencontré surtout dans le Péloponnèse (Papadopoulos : fils du prêtre), le* -ian *arménien et le* -oglu *turc. Dans d'autres cas, il peut s'agir de préfixes, comme l'ancien* Ab- *breton, les* Mac *gaéliques et écossais (d'où Mac Donald), le* O' *gaélique et irlandais, et bien sûr le* ben *arabe, qui accompagne, lui, un nom changeant en principe à chaque génération.*

indécis, Gascon celui d'un individu violent, comme l'Escot (l'Écossais), celui d'un avare.

L'analogie expliquera plus directement les noms liés aux animaux, tous suffisamment familiers à nos ancêtres pour leur fournir des références à tous niveaux, Mouton peut ainsi avoir été le surnom d'un homme frisé, Lagneau d'un homme doux, Lebœuf de l'homme fort, Merle d'un homme gai et aimant siffler…

Elle expliquera aussi les noms d'objets, reliés, à une activité artisanale ou commerciale : Boisseau pouvait être le surnom d'un fabricant ou d'un marchand de boisseaux. Cette explication tend à être aujourd'hui abandonnée, car on a remarqué que l'on avait ici affaire essentiellement à quatre types d'objets : des objets volumineux ou indicateurs de contenance (comme Boisseau), des objets durs ou lourds, (comme Marteau) des objets pointus ou coupants (Broche, Serpette, Pic…) et enfin des objets à aspect éventuellement phallique (Bâton, Tison…). Désormais, on est donc davantage tenté de les considérer comme des surnoms analogiques, attestant tantôt l'embonpoint, la brutalité (se souvenir notamment du rôle de Charles Martel à la

---

Le groupement de CRS n°IV change de patron : le commissaire Christ succède au commissaire Lacroix

Le Républicain-Lorrain 28.02.1986

Essentiellement alsacien et lorrain, le patronyme Christ a été le surnom donné à des hommes décharnés. « Lacroix », porté par environ 10 000 foyers, occupe le 90e rang du palmarès patronymique et vient, comme on l'a vu, d'un lieu où se trouvait une croix, souvent indicatrice de limite de propriété (*cf.* p. 65).

---

bataille de Poitiers...), la malice, la perfidie et la méchanceté, et pour les derniers, le tempérament sexuel, comme le nom Tison, construit sur un mot désignant la quille de bois.

On rapprochera de l'analogie le mode de désignation par référence à des rôles, joués par des personnes dans des mystères ou des pièces de théâtre, qui ont pu faire surnommer Thomas ou Judas celui qui avait incarné ces personnages. On put encore surnommer Renard (ou Renart) un personnage aussi rusé que le fameux « goupil », mis en scène dans le roman de ce nom.

• Le troisième mode donna des surnoms filiatifs, c'est-à-dire en référence au père.

Le plus souvent, cette construction s'est contentée d'utiliser le nom de baptême : Jean Philippe n'était rien d'autre que la forme elliptique de « Jean, fils de Philippe », qui donne dans le Nord le moins équivoque Jean Philipps, conformément aux génitifs anglo-saxons. On n'en est pas loin avec des formes comme Jacqueson, parfait équivalent de l'anglais Jackson, le « fils de Jacques » ; d'où des Jeanson, Colson (sur Nicolas), Pierchon et Perrichon (sur Pierre, avec un suffixe plus archaïque). On a d'ailleurs émis l'hypothèse selon laquelle le suffixe *-et,* rencontré dans Jacquet, Michelet, etc., n'était autre que la forme bien de chez nous de tous les suffixes filiatifs.

On peut évidemment rencontrer le surnom filiatif partout, Pierre Potier, Pierre Hardi, Pierre Boivin ou Pierre Normand ayant fort bien pu désigner un Pierre, « fils du potier », fils d'un homme hardi, fils de celui surnommé Boivin ou de celui connu sous le nom de Normand. Une nuance un peu gratuite, en ce sens que l'on ne fait que reculer pour mieux sauter, le surnom en question retrouvant sa valeur d'origine à la génération précédente.

• Le quatrième mode a donné des matronymes, surnoms rencontrés dans les cas où c'était une femme qui présidait aux destinées de la maison, soit qu'elle ait été une veuve méritante, soit qu'elle ait tenu sous sa coupe son mari et son entourage.

Ce matronyme peut avoir été le nom de l'homme féminisé (Bernarde désignant alors la femme de Bernard), le nom même de la femme (Marie, ou son diminutif Mariotte), ou tel autre qualificatif comme Labrune, Niepce (venu de « nièce », et qui a ici conservé le « p » du mot latin *nepos*), comme encore un surnom au féminin (ainsi Tisonne, la femme de Tison...).

• Le cinquième et dernier mode généra non plus des noms individuels, mais des noms de groupe, moins « personnalisés », en s'appuyant sur des noms de lieux, avec deux sous-ensembles, faisant généralement appel à des explications différentes :

- ceux tirés d'un nom de hameau ou de domaine, comme Lameloise, Masmonteil, Vadicourt ;
- ceux tirés d'un nom de ville ou de commune, comme Marseille, Derouen ou Rouannais, Delyon ou Lyonnais ou Lyonnet, ou encore Coisy ou Ducrotoy.

La différence entre ces deux types de noms tient à un petit décalage. Les premiers, formés sur des noms de hameaux et de lieux-dits, ont été principalement donnés aux habitants de ces lieux. On est ici en région d'habitat dispersé, et les habitants des très nombreux hameaux et lieux-dits n'ont que peu de contacts

Mlle Bellegueule élue reine des boulistes

La Voix du Nord 23.05.1972

Originaire de la Somme, la famille Bellegueule doit sans doute son nom à un ancêtre ayant un beau gosier, au sens ancien d'un bel appétit. Cela dit, en héraldique (art du blason), le mot « gueules » désigne la couleur rouge, car les premiers fabricants de blasons colorés utilisaient, pour la représenter, des peaux tirées des gosiers de martres.

M. Cornichon, président du syndicat francilien de la betterave

La République de Seine-et-Marne (29.10.2001)

Cornichon, patronyme rencontré dans l'Indre et dans la Brie, était autrefois le nom d'une petite corne à jouer, et doit donc avoir été le surnom du joueur de cet instrument. Celui-ci semble d'ailleurs avoir été également à l'origine du nom du légume, qui ne le reçut qu'au XVIe siècle, sans qu'il ait alors le moins du monde un sens péjoratif.

avec l'extérieur. Ils ne vont au chef-lieu que pour les fêtes carillonnées et les jours de marchés (chaque village avait autrefois les siens, parfois seulement un ou deux par an). Dès lors, si les habitants du chef-lieu avaient rapidement reçu des surnoms comme ceux que l'on vient d'évoquer, ceux des fermes excentrées y avaient échappé. Lorsqu'on devait les nommer, on se contentait le plus souvent de le faire en référence à leur domicile. En Ponthieu, Pierre, venu de la ferme de Vadicourt, était dit « Pierre de Vadicourt ». En Corrèze, Géraud, habitant le Masmonteil, était pareillement « Géraud du Masmonteil ».

Les seconds, à l'inverse, tirés de noms de villes et de communes, étaient en principe donnés à des personnes ayant migré. On n'allait pas surnommer Derouen ou Rouannais tous les habitants de cette ville, ni même Coisy tous ceux de ce bourg de l'Amiénois... En cas de migration, le surnom dépendait en fait de l'éloignement : celui qui quittait le bourg de Coisy pour s'établir à Amiens pouvait effectivement se voir surnommer par ses nouveaux compatriotes Coisy ou Decoisy, en référence au nom du village d'où il leur avait dit être originaire, et qu'ils connaissaient bien. S'il migrait jusqu'à Paris ou jusqu'en Bourgogne, où personne ne connaissait Coisy, sachant qu'il venait de la région d'Amiens, on l'appelait soit Damien(s), soit Picard, soit tout simplement Nouveau. S'il allait jusqu'en Savoie, pays à cette époque hors du royaume, il pouvait se voir surnommer Defrance ou Français… (voir à propos de la particule, qui n'est nullement signe de noblesse, page 231).

Selon les régions, les mentalités, les types d'habitats, chacun de ces modes de dénominations et de types de surnoms l'a plus ou moins emporté. En gros, on peut dire que du Nord-Est au Sud-Ouest, les noms issus de noms de baptêmes, dominants en Lorraine, deviennent rarissimes en Corrèze ou en Périgord, régions d'habitat particulièrement dispersé, où les noms tirés de ceux des hameaux règnent pour ainsi dire sans partage. En Bretagne sont plutôt majoritaires ceux relatifs au physique, en Normandie les noms de métiers, alors qu'en Picardie et en Artois, pays d'habitat groupé, la plupart renvoient souvent à la ville ou à la paroisse d'origine.

Histoire de lièvre et de serpillière : tout se complique !

Si l'on commence à mieux comprendre comment sont nés les surnoms qui deviendront nos noms, il convient, avant d'aller plus loin, de rappeler combien les langues ont varié selon les lieux et les siècles.

« Touillez-vous ou fatiguez-vous la salade ? et passez-vous la serpillière ou la wassingue ? » demande volontiers à ses amis la linguiste Henriette Walter avant de leur démontrer les prolongements bien réels de l'ancienne mosaïque dialectale. À travers l'Hexagone, en effet, on ne compte pas moins d'une cinquantaine d'expressions évoquant le fait de « mélanger », « tourner », « brasser », plus simplement de « faire » ou encore, plus curieusement, de « fatiguer » la banale salade dans son saladier ; de même qu'on peut dénombrer autant de mot désignant

Cartographie des principales variations de **GUILLAUME**

ce que le *Petit Larousse* nomme une serpillière, qui est ailleurs une « loque », un « torchon », une « panosse », une « toile à laver » ou une « wassingue »…

Pour les mêmes raisons, un nom de baptême, comme l'appellation d'un métier, pouvait apparaître sous une infinité d'aspects, non seulement entre ses appellations bretonnes, alsaciennes, flamandes, corses ou basques, entre celles des régions de langue d'oc et de langue d'oil, mais encore entre celles nées des centaines de parlers locaux. Un des records en la matière, ici, est sans nul doute détenu par les variétés régionales du nom Guillaume suivi de celles du prénom Gautier.

Cartographie des principales variations de Gautier

Un simple nom de baptême comme Pierre a ainsi donné Peter et Peters en Flandres, Pieri et Pietri en Corse, Peyre dans le Midi, sans parler d'une bonne centaine de diminutifs propres à certaines régions (Pierson dans l'Est, Perrot en Franche-Comté, Pernoud en Savoie, Perrinnet en Berry, Pierrat dans les Vosges, Pierrez dans le Nord…). Ici, Étienne rejoint sa forme latine et savante, Stéphane, pour donner des Stevenin. Là, Dominique donne, par Dimanche, des Demange, des Mengin et des Mangeot…

Il en va de même pour bien des métiers, comme le forgeron, le meunier, le tisserand, le cultivateur et le manœuvre,

Cartographie des principaux patronymes dérivés du forgeron

offrant de larges éventails au travers desquels il n'est pas toujours facile de les reconnaître, tels que Le Goff et Marescaux pour le forgeron, Pagès ou Bordier pour le paysan. Ici – on l'a déjà vu pour château (*cf.* p. 64) –, le *h* tombe, transformant en Normandie et en Picardie les Charpentier en Carpentier et les Char(r)on en Car(r)on.

De plus, il ne faut pas perdre de vue que notre langue n'a cessé d'évoluer. Toutes les régions ne disaient pas un « cheval » et plusieurs d'entre elles, même au singulier, parlaient de « chevaux ». Nombre de nos mots aujourd'hui terminés en *-eau* l'étaient alors en *-el,* comme « bel »,

« martel », « oisel », pour beau, marteau et oiseau. « Galant », avait autrefois le sens de gai et aimant plaisanter, « bon » celui de brave, « joli » celui de joyeux ou d'amoureux, « trouillard » celui de trompeur. On parlait d'un « Maure » pour désigner un Arabe (d'où Moreau, surnom de l'homme à la peau mate), d'un « goupil » et non d'un renard. On connaissait davantage de « fourniers », enfournant les pains dans le four banal que de boulangers, et le « barbier » était également chirurgien.

En outre, il est toujours difficile, sinon impossible, de savoir si le surnom avait été donné au propre ou au figuré. M. Lebeau l'était-il vraiment ? M. Petit n'était-il pas un géant, ainsi nommé

par dérision ? Comment savoir, enfin, si un surnom comme Lièvre ou Lelièvre vient d'un ancêtre ayant de grandes oreilles, d'un coureur rapide, ou, au contraire, d'un individu ainsi surnommé pour se moquer de sa lenteur…

De maître Pathelin à Mathurin le Poilu : les balbutiements de nos patronymes

À la fin du XIIe siècle, l'immense majorité de nos ancêtres étaient donc désignés non plus par leur seul nom de baptême, mais par un de ces surnoms, c'est-à-dire par une identité en deux parties, qui n'en restait pas moins personnelle et individuelle.

Le hit-parade des patronymes

	France[1]	Belgique wallone[2]	Luxembourg[3]	Allemagne[4]
1	Martin	Dubois	Schmit	Müller
2	Bernard	Lambert	Weber	Schmidt
3	Thomas	Martin	Muller	Schneider
4	Petit	Dumont	Wagner	Fischer
5	Durand	Dupont	Hoffmann	Meyer
6	Richard	Leclercq	Thill	Weber
7	Moreau	Simon	Schlmitz	Schultz
8	Dubois	Laurent	Schroeder	Wagner
9	Robert	Renard	Klein	Becker
10	Laurent	Lejeune	Reuter	Hoffmann
11	Simon	Denis	Kremer	Schäfer
12	Michel	Lemaire	Kieffer	Koch
13	Leroy	Bertrand	Becker	Bauer
14	Garcia	François	Faber	Schröder
15	Lefebvre	Évrard	Welter	Klein
16	Roux	Fontaine	Weis	Richter
17	David	Noël	Schneider	Wolf
18	Bertrand	Collard	Schiltz	Neumann
19	Fournier	Bernard	Simon	Schwartz
20	Girard	Marchal	Majerus	Schmitz

1. Voir, pour plus de détails, p. 378.
2. Chiffres donnés par Jean Germain et Jules Herbillon, *Dictionnaire des noms de famille en Belgique romane* (*cf.* p. 359), regroupant les provinces de Liège, Luxembourg, Namur, Brabant wallon et Hainaut.
3. D'après *Geographie der Luxemburger Familiennamen,* 1989, section de linguistique de l'Institut grand-ducal.
4. D'après Konrad Kunze, *Dtv-Atlas Namenkunde,* Deutscxher Taschenbuch Verlag, 1998.

	Belgique flamande[1]	États-Unis[2]	Italie[3]	Espagne[4]
1	Peters	Smith	Rossi	Garcia
2	Janssens	Johnson	Russo	Fernandez
3	Maes	Williams	Ferrari	Lopez
4	Jacobs	Jones	Esposito	Martinez
5	Mertens	Brown	Bianchi	Gonzalez
6	Willems	Davis	Romano	Rodriguez
7	Claes	Miller	Colombo	Sanchez
8	Goosens	Wilson	Ricci	Perez
9	Wouters	Moore	Marino	Martin
10	De Smet	Taylor	Greco	Gomez
11	Pauwels	Anderson	Bruno	Ruiz
12	Vermeulen	Thomas	Conti	Diaz
13	Dubois	Jackson	Gallo	Hernandez
14	Aerts	White	Costa	rez
15	Hermans	Harris	De Luca	Jimenez
16	Lambert	Martin	Giordano	Moreno
17	Michiels	Thompson	Rizzo	Munoz
18	De Vos	Garcia	Mancini	Alonso
19	Smets	Martinez	Lombardi	Romero
20	Dupont	Robinson	Barbieri	Navarro

1. D'après Frans Debrabandere, *Woordenboek Van de Familienamen in Belgie & Noord-Frankrijk*, Gementekrediet, 1993.
2. D'après le site http://www.genealogy.com/library/weekly/aa_common_surnames.htm
3. D'après la *Nouvelle Revue d'onomastique*, n° 29-30, 1997.
4. D'après *Spanish last names in Spain*, http://www.pdom.com/spanish_names.htm

Ces appellations nouvelles, en effet, n'étaient alors nullement destinées à devenir héréditaires.

En un temps où c'est le droit canonique et l'Église qui régissent l'essentiel de la vie privée, le surnom n'est encore perçu que comme un élément accessoire, la prééminence restant au nom de baptême. Il en sera ainsi longtemps encore, puisque, comme on l'a vu, en 1468, lorsque maître Pathelin, le héros de la célèbre farce, voudra nommer à sa femme le drapier qui vient de le berner, il parlera d'« un certain Guillaume, qui a pour nom de famille Joceaulme », employant ici une tournure qui est l'inverse de ce que nous dirions aujourd'hui. De même, le cadastre créé pour la ville de Gap en 1444 donnait la liste des habitants par ordre alphabétique, non pas des patronymes, mais des noms de baptême. En 1499, un notaire du Gévaudan écrit de la même façon « ung serven de Maruejol (nom de son village) apelat Glaude (Claude) et de sobrenom lo Pasticier ». Longtemps, on rencontrera les mentions latines *dictus* ou *alias*, ou parfois françaises dit ou autrement, indiquant que ce surnom restait une appellation essentiellement personnelle.

Saint-Aygulf : M. Canard pris de malaise en sortant de l'eau

Var-Matin-République 11.06.1973

Patronyme fréquent, *Canard* fut généralement donné comme surnom en référence à une démarche cahotante. On a connu un M. *Canard* qui obtint, en 1938, de changer son nom, pour s'appeler à l'avenir... Canard-Vollant ! (désir, sans doute, ici, d'associer au premier nom celui d'une famille adoptive ou maternelle ainsi nommée).

Par ailleurs, il est clair que les intéressés eux-mêmes n'attachaient guère d'intérêt à leur surnom. Certains en portaient même plusieurs. Parfois deux, comme, en Bourgogne, en 1393 « Jean Jacob alias Marchandot » (Jean, fils de Jacob, dit « Petit Marchand ») ou « Laurent Girart alias Labbé » (Laurent, fils de Girard, et surnommé Labbé), « Mathey de la Commaille alias Marechaul » (Mathieu, habitant ou originaire d'un lieu appelé La Commaille et dit « maréchal », ce qui était sans doute sa profession). D'autres en avaient trois, tel, à Paris, ce « Jehan de Taverni, appelé aussi Jehan l'Imagier ou Jehan le Mestre », qui était sans doute à la fois originaire de Taverny, imagier de son métier et au surplus « maître » de plusieurs domestiques. Voici de même, à Dijon, en 1455, « ung nommé Nicolas le Besgue, qui aulcune fois (d'autres fois) s'appelle Nicolas le Roy et aulcune fois Tartas et change de nom, ainsi que quasi tous les aultres font ».

Généralisés tout en restant accessoires, ces surnoms n'étaient donc nullement fixes, ce qui devait parfois compliquer beaucoup la tâche des divers agents administratifs.

Heureusement pour eux, les choses vont évoluer : non seulement ces surnoms vont se fixer, mais ils vont devenir héréditaires, selon un phénomène qui ne pourra que contribuer à leur fixation.

Les surnoms vont d'autant plus facilement se transmettre de père en fils qu'à cette époque tout tend à devenir héréditaire. Il en va ainsi des titres – comme comte ou baron – qui avaient autrefois correspondu à une fonction militaire précise et personnelle, et des fiefs, que l'on se passe désormais de père en fils, en même temps que les pouvoirs judiciaires qui leur sont attachés. Il en ira bientôt de même des fonctions administratives, que l'on nomme les « offices », comme des fameuses « banalités » : fours et moulins verront les fonctions qui leur sont liées, comme celle de « fournier », se transmettre de la même façon.

Le même phénomène va se produire au niveau des métiers, avec la mainmise progressive des familles influentes sur la maîtrise et les corporations. Autant de situations encouragées par le fait que la famille est véritablement devenue la cellule de base de la vie sociale et économique. Le pouvoir paternel n'a pas cessé d'augmenter et le surnom, une fois fixé, va donc tendre à désigner les membres de la famille (femme et enfants) de celui à qui il est donné. Il va devenir, à son tour, partie intégrante du patrimoine familial.

Le grand antroponymiste Albert Dauzat le souligne : « Le nom de famille, attaché à la "maison", cadrait avec le régime féodal qui attachait l'homme à la terre : une maison, une famille, un nom. » Pour cela, les surnoms convenaient parfaitement : après quelque temps d'hésitation, ils allaient finalement se fixer et prendre très vite un caractère héréditaire.

Dans le Paris de la fin de la guerre de Cent Ans, les rôles de tailles, donnant, entre 1421 et 1438, la liste des contribuables, fournissent des identités déjà plus modernes, même si les noms de baptême sont à l'image de ceux observés au chapitre précédent. Voici Ymbelet Cardet, Sicart Olon (au long ?), Huguet Mauplumet (mal plumé), Dimanche Chauderon, Casin du Pré, Thevenin Boudin, Fleuret Carré ; mais aussi Thomin Chartier, tavernier, Robinet Cordelier, écuyer, Aufondet Courtois, poissonnier d'eau douce, Vivien Le Valois, vendeur de poissons de mer, Aleaume Hune, changeur, Hannequin Laribois, pelletier, Guibert Le Breton, sellier, Famin Le Fèvre, linger, Rolet ou Raoulet Le Mercier, chevaucheur… L'hérédité, on le voit, a bel et bien commencé : si Famin Le Fèvre, Thomas Chartier, Rolet ou Raoulet Le Mercier ont bien des métiers à eux, leurs surnoms se réfèrent quant à eux à une profession exercée par un père ou un grand-père.

Peu à peu donc, ces surnoms devenus fixes se transmettent aux descendants. Du moins en principe, car à ces époques-là, faute de papiers d'identité, bien des circonstances pouvaient conduire un homme à changer de nom, ou à se voir attribuer un autre surnom.

La principale cause de ces changements était la migration. Qu'un individu quitte sa région ou son hameau, où il se voyait désigner par un surnom parfaitement clair pour ses voisins, son nom n'allait pas le suivre, d'abord parce qu'il n'évoquait rien à ses nouveaux compatriotes, ensuite parce que ceux-ci avaient besoin, pour le désigner, d'un surnom qui leur parle. Le plus souvent, le nouvel arrivé n'allait donc pas se présenter à eux sous son nom de baptême et son surnom, mais se dire Pierre, venant de telle paroisse, de telle ville ou de telle région. On retrouve le cas de notre homme quittant son village de Coisy, en Amiénois, et qui allait comme on l'a vu se voir attribuer le surnom de Decoisy, Damiens, Picard ou Français, s'il ne devait pas se contenter de celui de Nouvel ou Nouveau.

Prenons pour exemple, en Charolais, ce « Jacques du Pays du Breuil », autrement dit « venu de la paroisse du Breuil », voisine de celle où il est cité, en 1475, au nombre des contribuables. Quel nom transmit-il ? Celui de Jacques, de Jacquet, ou de Dubreuil ?

Un livre : La politique agraire, *par Marc Dufumier*

Si l'on a bien ici, comme dans d'autres patronymes (tels que *Talfumier*), une histoire de fumier, il faut bien se rappeler que, dans le monde de nos ancêtres ruraux, ce dernier était un signe de richesse, qui se mesurait parfois à la hauteur du tas de fumier. En 1850, ne voit-on pas un paysan de l'Orne poursuivre son voisin en justice pour lui avoir volé « une civière de crottin »... ?

Quels noms transmirent, à Paris, « Jehan de Taverni appelé aussi Jehan l'Imagier ou Jehan le Mestre » ; et à Dijon, « Nicolas le Besgue, qui aulcune fois s'appelle Nicolas le Roy et aulcune fois Tartas » ? Choisirent-ils eux-mêmes, ou bien leurs voisins ou les agents administratifs choisirent-ils pour eux ?

Peu à peu, néanmoins, les choses se sont mises en place, et nos ancêtres, dès lors que ces surnoms devinrent héréditaires, commencèrent à leur témoigner de plus en plus d'attachement. Témoin ce Parisien nommé Mathurin Warrout, qui sera le premier, en 1422, à prendre la peine de demander le rétablissement de son nom d'origine. Il expose, pour justifier sa demande, qu'il est ainsi surnommé du fait que son grand-père ou autre prédécesseur – il « ne scet pas bien lequel –, qui estoit un homme très velu… fut appelé et surnommé Warout » (d'après l'ancien français *warre*, désignant la bourre), alors que « véritablement son droit seurnom fut "de fumechon" ».

Mathurin obtiendra gain de cause et sera autorisé à reprendre le nom donné autrefois au premier membre de sa famille fixé à Paris, où il avait dû arriver du village de Fumechon, dans l'actuel département de l'Oise. Mais regardons de plus près son dossier. Notre homme n'est manifestement pas le premier venu. Il a eu les moyens, intellectuels et matériels, de se lancer dans cette procédure, et il y est sans doute conduit par des considérations importantes. Il dit y avoir été exhorté par ses cousins restés Fumechon, qui avaient déjà fait honte à son père, Legier Warrout, d'avoir abandonné le nom familial. On peut donc se demander si l'on n'a pas, derrière cette revendication, la recherche d'un rattachement à une famille, peut-être flatteuse, et aussi le désir de se débarrasser d'un surnom chargé d'ironie ou de pittoresque, au profit d'un autre, plus neutre.

Avec Mathurin Warrout et Jacques du Pays du Breuil, nous sommes déjà au XVe siècle, et la situation commence a se clarifier. Disons, pour schématiser, qu'à l'époque de la guerre de

Cent Ans, 90 % des familles françaises sont pourvues d'un surnom héréditaire, à de très rares exceptions près :

- un petit reliquat en retard, suite à des migrations ou à des circonstances diverses. Même à Paris, la liste des contribuables précédemment citée continue ainsi à livrer de simples noms de baptême, avec des Robin, Jacquet, Domin, Philippin, Raoulet, Oudart, Guillaume, Andrey, Marcelet…

- les habitants de fermes isolées et de très petits hameaux écartés, trop peu nombreux pour souffrir d'homonymies, et qui, faute de noms, continueront à être désignés, dans les très rares documents administratifs qui peuvent les concerner, par le nom de leur ferme. On rejoint ici les noms issus de toponymes, avec cette précision que, jusqu'au XVIe siècle parfois, on a pu trouver dans ces lieux des familles homonymes, bien que sans ancêtre commun. Ainsi à Broye, en Saône-et-Loire, on constate, en 1543, que les six foyers vivant au hameau de Velay sont tous nommés Develay et sont donc les ancêtres des multiples familles de ce nom qui proliféreront dans la commune et aux environs, sans qu'elles soient pour autant issues d'une même souche ;

- les habitants des massifs montagneux, dont on reparlera, mais où la fixation et la transmission des noms seront beaucoup plus lentes, pour ne se dégager parfois que dans le courant du XVIIIe siècle, comme en Corse ou dans les Vosges, région où l'on verra longtemps un Florentdidier être le père d'un Didierjean ou un Petitjean être le fils d'un Petitmougin…

Mais au Moyen Âge, l'histoire de nos patronymes n'a fait que commencer.

Toutes les familles ont le même âge, mais pas forcément tous les noms !

Contrairement à ce que l'on entend parfois dire (« ma famille est une vieille famille »), toutes les familles ont le même âge. Une famille, en effet, ne peut être suivie, au plan généalogique, qu'autant qu'elle porte un nom. Or, quelle que soit celle que vous étudiez, et aussi loin dans le temps que vous puissiez pousser vos recherches, il arrivera fatalement un moment où, même disposant d'archives extrêmement anciennes, vous serez stoppé du fait que cette famille, n'ayant pas encore reçu de surnom héréditaire, il devient impossible de la suivre.

Ayant toutes reçu leur nom à la même époque ou à peu près, toutes les familles ont donc la même ancienneté. Hormis les plus vieilles lignées de la noblesse, rares sont celles qui peuvent se prétendre plus anciennes. Un peu moins celles où les patronymes, au contraire, se révéleront plus récents, pour les raisons que l'on va voir.

Nés au Moyen Âge, les surnoms ont donc suivi leur destin. S'ils sont tout d'abord devenus des noms, ils ont ensuite, pour la plupart, connu bien des avatars qui ont contribué à en rendre le sens plus difficile à saisir.

Plusieurs phénomènes ont provoqué cette situation.

D'une part, la langue elle-même n'a pas cessé d'évoluer et de s'enrichir. Des mots nouveaux apparaissaient tandis que d'autres disparaissaient ou voyaient leur sens changer. Prenons deux exemples : le patronyme Robinet, diminutif de Robin, sous lequel on avait désigné le mouton, ne doit rien à notre actuel « robinet », qui n'apparaît qu'aux XVe-XVIe siècles, et est ainsi

Des contradictions gênantes !

On trouve, dans l'annuaire téléphonique de 2003 :

- *Dr Bosvieux,* pédiatre, à Carpentras (84) ;
- *Me Filoux,* notaire, dans le Pas-de-Calais ;
- *Dr Sépulchre,* à Savines-le-Lac (05) ;
- *M. Leveuf,* marbrier, à Saint-Valéry-en-Caux (76) ;
- *Mes Drogue* et *Le Discorde,* huissiers, à Évry (91).

nommé du fait qu'il était à ses débuts souvent agrémenté d'une petite sculpture représentant… une tête de mouton. Le nom de famille Paquet viendra de quelque ancêtre dénommé Pâques, autrefois nom de baptême au même titre que Noël ou Toussaint, et non de notre « paquet », dont le nom n'apparaît qu'au XVIe siècle. Dans ces deux cas, les ancêtres des Robinet et des Paquet étaient vraisemblablement déjà surnommés ainsi depuis deux à trois siècles, lorsque sont apparus les noms communs à travers lesquels le néophyte serait tenté de rechercher aujourd'hui leur origine.

Au fil des siècles, le sueur et le savetier laissèrent de même leur place au cordonnier, qui travaillait à l'origine le « cuir de Cordoue » ; la « chapuiserie » devint la charpenterie, et l'on oublia que le « talmard » avait été le nom du boulanger, que le « buffet » était à l'origine un soufflet et non pas un meuble, ou que dans bien des régions le coq avait été appelé un « jault », un tailleur un « sarte » ou un terrain défriché une « artigue ».

Progressivement donc, nombre de patronymes n'ont plus été compris, alors que d'autres l'étaient de travers. Témoin Ozanne, qui était en principe le surnom de quelqu'un né le jour de l'ancienne fête de ce nom – le dimanche des Rameaux, ainsi nommé à cause de son *Hosanna* chanté à pleine voix – et qui va, au XVIIe siècle, se voir écrit Auzânes. Témoins encore Vaussanvin (val sans vignes), qui va devenir Boissanvin, Chancharme (d'après un champ planté de charmes), qui devient Sancharme, Alassœur (fils de la sœur) qui se retrouve Laceur, Gouttenoir (source aux eaux noires), qui devient Gottenoix, ou Bœufnoir qui se complique en Bufnoir, tout comme les anciens noms de baptême d'origine germaniques, depuis longtemps inconnus et offrant par conséquent d'incessantes occasions de trébucher, sont les premiers à se voir estropier, comme Clairembaud en se retrouvant Clairembout.

La prononciation suffit souvent à modifier le nom et à masquer son étymologie originelle. Sacrier, surnommant un sacristain, va se changer en un Saclier incompréhensible, comme Alasibille (fils « à » la Sybille) va devenir Lesbille. Gérard se contracte parfois en Grard, Perrin en Prin et Perrinet en Prinet…

N'oublions pas que nous sommes toujours dans une civilisation de l'oral, où nos ancêtres sont à 99 % analphabètes et donc bien incapables de se soucier de la forme et plus encore de l'orthographe de ce surnom. Les patois et les habitudes linguistiques jouaient également, faisant passer de Bertin et Berton à Bretin et Breton (ce qui se nomme une métathèse), alors que par un autre processus, appelé « dissimiliation », on passait dans le sud-ouest de Cinquarbres à Cinqualbres ou de Ormes à Olmes, et en sens inverse, en Dauphiné, de Chalvet (le chauve) à Charvet. Là, « blanmoutier » (monastère blanc) est devenu Blamoutier, pendant qu'ailleurs Vernier devenait Bernier, Vergès Bergès, et que Vacher devenait ici Bacqué et là Vachier. Certaines lettres, tels le *b,* le *d* et le *g*, dansent ainsi avec d'autres, comme *p*, *t* et *v*, Wilhem donnant ici Guilhem et là Guillaume donnant Vuillaume…

L'orthographe, évidemment, ne suit pas. À vrai dire, elle n'existe pratiquement pas. On pourra s'étonner de voir les lettrés – prêtres et notaires – conserver longtemps le souvenir des racines latines ou grecques, écrivant non seulement comme nous le faisons encore « corps » avec un « s » final, en rappel du latin corpus, mais ajoutant aussi à poumon le *l* que nous ne conservons plus que dans « pulmonaire », comme un *b* à « debvoir », issu du verbe latin *debeo*… Quitte à ce que l'on agisse, à l'inverse, en introduisant des lettres surnuméraires, souvent un *h* après un *t,* comme dans Anthoine, à la mode grecque et à l'imitation d'Anthelme et d'Anthime.

Mais l'on sera peut-être plus surpris encore de voir Rousseau, en plein cœur d'un XVIIIe siècle qui se veut lettré, orthographier certains mots de façon peu conforme à nos habitudes, en écrivant par exemple « enfanz » pour « enfants »…

Par ailleurs, les actes dans lesquels apparaissent le plus souvent les noms de nos ancêtres ont longtemps été rédigés en latin, alors que les surnoms devenus nos noms s'étaient toujours dégagés dans ce que l'on appelait la langue « vulgaire ». Lorsque ces actes seront écrits en français, à partir du XVIe siècle (mais avec de fréquents retards), il s'agira d'un français encore dépourvu de règles et où règnera une grande anarchie au niveau des lettres elles-mêmes. Certaines sont sinon confondues, du moins considérées comme équivalentes. Ainsi le *i* et le *j*, faisant écrire indifféremment « Coujard » ou « Couiard » pour « couillard », – ce dont la famille ainsi dénommée semble s'être parfaitement accommodée Même conclusion entre le *u* et *v*, à l'origine du *u* des Lefébure, qui sont en réalité des Lefèvre[1]. Sans oublier le *y*, équivalent du *i*, qui, lui, était surtout substitué en fin de mot, donnant plus volontiers Ro*y* que Ro*i* et Henr*y* que Henr*i*.

Longtemps, l'accent fit lui aussi des siennes. Surtout l'accent circonflexe, qui n'est jamais que l'abréviation permettant d'éluder le s et qui subsiste parfois curieusement, comme dans Te*s*tard pour Têtard, surnom d'un homme têtu, ou dans Cha*s*teau pour Château. Des *s* qui, bien que présents, ne devraient donc en fait pas être prononcés.

Enfin une des grandes conséquences de la Révolution sera la laïcisation des registres d'état civil, confiés à des maires de campagne incultes ou à des instituteurs qui ne l'étaient guère moins, tel ce Champenois, écrivant en 1828 : « Quele va Socupé » et « J'ai criré » pour « Qu'elle va s'occuper » et « J'écrirai[2] ».

Dès lors, tout a pu arriver. Ici, on a mis l'article devant les noms de métiers, comme en Normandie avec Lechevalier, Leparmentier…, ailleurs devant les prénoms (Lefrançois,

1 et 2. *Cf.* Jean-Louis Beaucarnot, *Qui étaient nos ancêtres ?*, Jean-Claude Lattès, 2002.

Lantoine). Tel scribe s'est attaché aux anciennes formes, préférant Fontenoy à Fontenay (souvenir du temps où l'on disait « françois » plutôt que « français »), ou écrivant « Montchalmoux » au lieu de « Montcharmont ». Tel autre, maniaque du *h*, en a truffé tous les noms, faisant d'Antoine Boutier un Anthoine Bouthier… Ici, Symphorien est devenu Phorien ou Forien, comme Montgodin (à l'origine, nom de la montagne d'un nommé Godin) va se raccourcir en Godin. La famille issue de ceux « de la vallée » verra son nom osciller entre Delavallée, Lavallée, Vallée, comme encore entre Valée, Valley, Valey, Valé et Valet… Tout est dit : Renard et Renart, Renaud, Renault, Renaux et Reneaux, Baucarnaud et Beaucarnot, Deslorieux et Délorieux, Truffaud, Trufault et Trufuaux, tout cela revient au même…

À quoi s'ajoutent les traductions ou les diverses adaptations que l'on fera subir à des noms d'origine étrangère ou aux consonances déroutantes, qu'il s'agisse d'un Steinmetz (nom alsacien du tailleur de pierre), débarquant en Bretagne, ou d'un Vaneckhoudt arrivant en Provence, et qui pourront se retrouver rapidement nommés Stanemet ou Vanegou. Les cas les plus nombreux se rencontrent dans l'actuel département de la Moselle, traversé par la frontière linguistique séparant le parler roman, au Sud, du parler francique, au Nord. Aux XVIIe et XVIIIe siècles, selon que leurs porteurs passaient d'un côté ou de l'autre de cette ligne, les noms n'en finirent plus de jouer au ping-pong entre les deux langues. Altmayer devient Vieuxmaire. Weiss devient Blanc pour redevenir Weiss avant de repasser à Blanchon… Schneider devient Couturier ou parfois Tailleur, Jager devient Chasseur pour se retrouver Schütz (chasseur au fusil) deux générations plus tard…

L'ordonnance de Villers-Cotterêts, prise par François Ier en 1539, n'a pas, comme on le pense souvent, créé l'état civil : elle se limitait à exhorter les curés à conserver des preuves écrites des baptêmes qu'ils célébraient, et cela essentiellement pour pouvoir vérifier les âges, importants en matière de majorité, puisqu'à ces époques, personne ne connaissait sa date de naissance. Cette ordonnance exigea seulement que ces actes soient rédigés en français. Au plan des noms et de leur forme ou orthographe, elle n'a bien sûr guère eu de poids et personne – curé, maire, notaire, et encore moins le peuple – n'accorda la moindre importance à ces questions.

Témoin cet acte lorrain du 15 février 1745, annoté en marge « Jacobus Rimlinger », qui relate le baptême de « Jacobus Rümlinger », fils légitime de « Remelinger » et de Catherine Wecker, laquelle, dans son acte de sépulture, sera d'ailleurs dite épouse de « Bernard Remlinger ». Quatre formes ou orthographes différentes pour la même famille, dont trois dans le corps d'un seul et même acte !

Si toutes les familles ont en gros le même âge, leurs noms ne l'ont donc pas forcément. Ainsi, lorsque M. Dupré vint déclarer la naissance de son fils à la mairie d'Algrange, en Moselle, où le secrétaire de mairie l'inscrivit sous l'orthographe Duppré, un nouveau nom était né, mais non pas une nouvelle famille.

Patrick Bordelle, 26 ans, inculpé de proxénétisme

Le Midi Libre 29.10.1981

On sait que les porteurs du patronyme *Bordel*, majoritairement dauphinois, n'ont nullement à rougir de l'étymologie de leur nom (*cf.* p. 47), qui ne doit rien, en effet, aux maisons closes, appelées aussi autrefois des « châteaux gaillards ».

Au fil des siècles, des noms nouveaux continueront à apparaître. Outre ceux dus aux innombrables accidents orthographiques ou à des migrations, ces créations vont relever de plusieurs types, avec les noms donnés aux enfants naturels et abandonnés, ceux apparus dans les massifs montagneux, ceux des familles nobles et bourgeoises d'Ancien Régime, sans parler des formes engendrées par la Révolution, des noms pris par les familles juives, ceux attribués aux esclaves, et ceux issus des procédures particulières de changement et de francisation de noms.

Du duc de Vendôme à « Fut-trouvé-nu » : les noms des enfants naturels et abandonnés

À partir de Philippe VI de Valois la plupart de nos rois ont presque tous engendré des bâtards, et pour certains d'entre eux plus encore que d'enfants légitimes : dix pour Henri IV (dont le duc de Vendôme), seize pour Louis XIV et douze pour Louis XV ! Pourtant, si cela était autrefois parfaitement admis pour les grands seigneurs, les enfants nés hors mariage étaient on ne peut plus mal vus dans le peuple.

L'Église avait lourdement pesé sur les mentalités pour faire mettre à l'index de la société ces enfants « naturels » dans lesquels elle voyait le fruit du péché ou – pire – de l'adultère. Leur venue était ressentie par les familles comme une souillure et une honte, qu'il fallait éviter à tout prix, quitte, pour un notable, à donner sa fille déjà grosse à quelqu'inférieur, à la recherche d'une dot ou d'une protection. De ce fait, les enfants naturels étaient alors rares, plus rares en tout cas qu'ils ne le seront dans les grandes villes et les cités ouvrières du XIXe siècle.

Comment les nommait-on ? Au XIXe siècle, d'un prénom qui leur était propre et du nom de leur mère. L'acte de naissance nomme ainsi Marie Justine Pertrizard l'enfant né à Paris, le 9 décembre 1887, « fille de Justine Pertrizard, couturière, âgée de vingt-deux ans ».

Tous étant baptisés, sans exception, ces enfants recevaient automatiquement un prénom. Et souvent, là encore, selon la tradition générale, celui de leur parrain ou de leur marraine.

Pour ce qui était du nom, les habitudes, en revanche, ont beaucoup varié selon les époques, les diocèses, et sans doute même selon les curés et les situations.

Si, au Moyen Âge, ils s'étaient souvent vus nommer Bastard ou Le Bastard, on leur donnait volontiers, à la fin de l'Ancien Régime, le nom de la mère, ou encore son prénom, notamment en Normandie. Plus souvent encore, on ne lui donnait aucun nom, ainsi pour ce bébé prénommé et nommé à la fois du seul nom de Damien, né à Job, dans le Puy-de-Dôme, en 1776. C'est là un cas à la fois fréquent et classique, qui n'empêchait nullement l'enfant d'être retrouvé, plus tard, sous un autre nom. Ainsi, notre Damien se verra appeler « Damien dit Béal », ce dernier nom étant celui de sa marraine, pour devenir ensuite Béal, tout court. Un autre cas montre, à Odeillo, près de Font-Romeu, le fils de Victoire Navarro, veuve Colle, baptisé sous le simple prénom de Joseph, en octobre 1776, se marier trente et un ans plus tard dans le même village, sous l'identité de Joseph Laffont, cela sans que l'on puisse savoir d'où ce nom lui était venu. Avait-il été élevé ou embauché par une famille de ce nom ? S'agissait-il d'un nom de soldat ? Ces enfants, rejetés par la société, finissaient en effet souvent par signer le papier d'engagement tendu par un sergent recruteur, après avoir bu quelques verres et reçu quelques pièces. La tradition voulait alors qu'à leur entrée au régiment, leur capitaine leur donnât un surnom, qu'il choisissait généralement en fonction de leur région d'origine, de leur physique ou de leur caractère, tel Pierre Duval dit « Bourguignon » ou Jean Beauchêne dit « La Vigueur », ou encore le célèbre Fanfan devenu « La Tulipe ». Autant de surnoms qui, en principe, n'apparaissent pas sur les registres d'état civil.

Le plus souvent, cependant, ces enfants naturels vivront, comme « Damien dit Béal » sous un nom ainsi construit, et qui s'est transmis à leurs descendants. Une façon comme une autre, dans certaines régions, d'insister davantage sur leurs origines.

L'enfant naturel, s'il n'était « sauvé par le gong » à l'occasion du mariage de sa mère, se voyait donc marqué à vie. Sa mère aussi, bien sûr, au point que nombre d'entre elles étaient prêtes à tout pour ne pas essuyer cette honte, y compris à se débarrasser de leur bébé. Une ordonnance royale, sous Henri II, avait essayé de combattre ces tendances criminelles en obligeant les « filles grosses » à aller déclarer officiellement leur grossesse, généralement chez un notaire[1].

Mais la plupart, dès leur accouchement, se hâtaient d'abandonner leur enfant, de préférence dans un lieu où il aurait la vie sauve. Le plus souvent, elles le déposaient dans le tour aménagé à cet effet dans les murs des hôpitaux et des couvents, ou devant les églises, sur les places, voire, en hiver, sur un tas de fumier, où il serait au moins au chaud en attendant qu'on le trouve.

Une fois l'enfant trouvé – par un passant, le curé, ou la maréchaussée – un procès-verbal était établi, et l'on procédait à son baptême, ou plus tard – à partir de 1793 – à la rédaction d'un acte de naissance. Mais alors, quel nom lui donnait-on ?

Au Moyen Âge et à la Renaissance, on lui en attribuait volontiers un rappelant son histoire, comme Trouvé, Sauvé, Champi… Aux XVIIe et XVIIIe siècles, comme l'enfant naturel, l'enfant trouvé ne reçut le plus souvent qu'un prénom, choisi plus ou moins au hasard : celui du saint du jour, du saint patron de la paroisse ou du couvent, du parrain ou de la marraine… Il semble que l'on ait parfois eu recours à des dénominations curieuses, avec notamment des prénoms féminins, ou encore, plus étrangement, des dénominations impossibles, qui semblent

1. *Cf.* Jean-Louis Beaucarnot, *Qui étaient nos ancêtres ?*, Jean-Claude Lattès, 2002.

avoir été données à des enfants jugés peu susceptibles de survivre. En effet, si la mortalité infantile était alors énorme, elle frappait davantage encore les enfants abandonnés.

La Révolution apporta, bien sûr, son lot d'appellations nouvelles. S'inspirant du nouveau calendrier, on enregistra des noms comme Jean Centigramme, Rose du Bengale ou César Friedland... Mais avec la création de l'état civil, on s'efforcera généralement de donner à ces enfants un véritable nom patronymique, là encore d'inspiration variée.

Parfois, il s'agira du nom que la mère aura demandé pour lui, par quelque papier malhabilement griffonné qu'elle aura épinglé à ses langes. D'autres fois, on se référera à un détail : un vêtement couleur de feuille morte sera à l'origine du nom de Marie Feuillemorte. Ou bien aux circonstances ou aux lieux de l'abandon, avec des Laplace, Lamarche, ou cette Marie Desbarreaux déposée à travers les barreaux de l'hospice d'Autun, en 1797.

Médaille d'honneur du travail à Mme Teyton, née Lanourrice

La Montagne, 02.1958

Deux patronymes limousins, qui étaient donc faits pour se rencontrer : l'un, *Teyton*, originaire de la Creuse, doit provenir d'un banal diminutif de prénom (d'Annet, classique en Marche et Limousin) ; l'autre, *Lanourrice*, originaire de la Haute-Vienne, ne vient pas d'une nourrice, mais d'un nom de lieu dans la commune d'Auge, et est dû sans doute (comme les nombreux lieux-dits nommés Nourry) à un ancien domaine gallo-romain appelé *Nourriacum*.

Les initiales brodées sur les langes ont été également les sources de nombreux noms, tels que ces B, M et O et plusieurs X encore portés aujourd'hui comme patronymes, ou encore LD ou ce curieux TXL, ainsi nommé parce que ses langes étaient marqués des initiales « TX » séparées par un tiret brodé en forme de croix de Saint-André ; ou encore comme celui de ce Georges Ulysse Jxxx, que l'on prononçait tant bien que mal Jix, lui aussi, tiré sans doute de quelque broderie de ce genre.

Pour le reste, on a vu longtemps les inspirations les plus variées et les plus aberrantes. La loi était tout de même intervenue et une circulaire de 1812 avait édicté diverses recommandations, afin d'éviter les confusions, demandant aux municipalités non seulement de ne pas donner le même nom à plusieurs de ces enfants, mais encore d'éviter de leur donner des noms de famille déjà existants. Un risque contre lequel il n'était pas facile de se garantir, sauf justement à recourir à des constructions sophistiquées. Le texte invitait à chercher des appellations dans l'histoire ancienne ou dans des circonstances particulières à l'enfant, comme « sa conformation, ses traits, son teint, le pays, le lieu, l'heure où il avait été trouvé », tout en rejetant toute appellation indécente, ridicule ou rappelant sa situation. Du coup, on n'en finirait pas de recenser des noms pour le moins originaux, allant de Pythagore à Télémaque, en passant encore par ces enfants nommés Anonyme (à Châlons-sur-Marne), FTN (initiales de « fut-trouvé-nu », à Épinal), ou Lucie Bagarre (pour cette petite fille trouvée en 1893 à Paris pendant les émeutes du Quartier latin...).

Cela valait pour toutes les situations : ainsi, lorsqu'on découvrait, au moment où celui-ci voulait se marier, qu'un enfant abandonné n'avait jamais eu d'acte de naissance. On se hâtait alors de lui en faire rédiger un, en un lieu et à une date arbitraires, avec un nom qui l'était tout autant.

Mais l'habitude se prit heureusement peu à peu de donner à ces enfants plusieurs prénoms, le dernier leur tenant lieu de nom, ce qu'une loi de 1904 entérina, en précisant que l'employé de l'état civil devait alors attribuer à l'enfant trois prénoms, dont le premier lui tiendrait officiellement lieu de patronyme.

Des lignées trop prolifiques : les noms de famille des régions de montagnes

Une fois les surnoms devenus fixes et héréditaires, il pouvait également arriver qu'une famille devînt par trop prolifique et qu'au sein de sa paroisse, on se retrouvât un beau jour avec tellement de foyers portant son nom que les homonymies réapparaissaient. Ce fut notamment le cas à la fin du XVIIe siècle, pour les Brandicourt, à Vaux-en-Amiénois, qui se virent, du coup, affublés de nouveaux surnoms, l'un devenant « Cadet » un autre « Thomas » (le prénom de son grand-père) et un troisième « Cou » (variante de Claude, prénom de son père), soit trois nouveaux noms, qui vont se rencontrer jusque dans l'état civil du XIXe siècle, où l'on trouvera mention de « François Brandicourt dit Thomas » ou tout simplement de « Jean Coux ». Ce furent pareillement les Corvisier, à Dammartin-en-Goële, qui se virent surnommés « Court-Campagne », « Grandes Poches » ou « Bouc », et étaient encore, en plein XXe siècle, appelés au village de ce seul surnom de branche.

Ce phénomène prend toute son importance dans les villages isolés des massifs montagneux, où l'on verra fréquemment se développer des noms doubles, qui n'ont rien de bourgeois, et qui, à leur tour, vont rapidement se fixer et se transmettre officiellement. Les Morot, devenus trop nombreux à Roussillon-en-Morvan, ont donné des Morot-Sire, Morot-Gaudry, Morot-Raquin et Morot-Bizot. Voici, dans les Cévennes, les Reboul-Salze et les Reboul-Laffont. Tous ces surnoms étaient donnés le plus souvent en référence au prénom d'un ancêtre, au nom d'une épouse ou d'une aïeule, ou encore à celui du lieu habité.

Les noms de ce type sont particulièrement nombreux en Franche-Comté et dans les Alpes, en Savoie et en Dauphiné. Ainsi, dans le haut Doubs, les Faivre, connus sous une douzaine de surnoms (Chalon, Charlier, Courtot, Duboz, Dupaigre, Macon, Petrey, Picon, Pierret, Rampant, Roussel, Vuillin...). Ou encore, dans les Alpes, plus de vingt surnoms adjoints au patronyme Bonnet, quitte à ce que toutes ces appellations présentent elles-mêmes des variantes. La plus classique tient naturellement à la présence ou à l'absence de trait d'union, donnant des Burgat Madelin et des Burgat-Madelin. D'autres tiennent à l'introduction des mots « dit » ou « alias » ; à Montcel, en Savoie, une branche des Laurent a donné à la fois des Laurent-Ritoud et des Laurent dit Ritoud.

La tendance est encore plus nette en Béarn et dans les Pyrénées, où la maison est, dans les mentalités, plus forte encore que la famille. De ce fait, le nom reste intimement attaché au lieu d'habitation, au point de varier d'une génération à l'autre. À Saint Pé-de-Bigorre, les Cassus se sont ainsi très tôt divisés en plusieurs branches, dont celle des Cassus-Laurensot. Mais qu'un fils de ceux-ci épouse une fille de la maison Cassou et aille y habiter, il devient Cassus-Cassou, comme son petit-fils deviendra pour la même raison, Cassus-Soulanis et fondera une nouvelle

---

Le gendarme Conscience arrête le voleur Trecon

Le Dauphiné Libéré, 18.08.1958

Conscience : patronyme franc-comtois, désignant, à l'origine un homme sincère.
Trecon : nom qui put avoir été donné à un homme originaire de la commune ce nom, située dans la Marne.

---

famille sous ce nom, pendant qu'un autre donnera naissance à celle des Cassus-Coussère. Il en va de même au Pays basque, où l'on compte une quarantaine de dérivés du seul patronyme Cazenave, assortis ou non du trait d'union ou du « dit », avec des Cazenave Gassiot, des Cazenave-Gassiot et des Cazenave dit Gassiot, générant à leur tour, des Cazenave-Gassiot dit Brun. Il est enfin impossible d'évoquer ces habitudes pyrénéennes sans poser la question de leur rapprochement avec les constructions rencontrées de l'autre côté des montagnes, puisque les noms espagnols unissent souvent le nom du mari à celui de la femme – soit bel et bien, à l'origine, deux familles et donc deux maisons.

Avoir un « de » ou ne pas en avoir : les noms des familles nobles

Chez les nobles et les notables aussi, les noms de famille ont été parfois changés. Au Moyen Âge, changer de château faisait souvent changer de nom, comme on l'a vu à propos des La Rochefoucauld, issus des comtes de Parthenay, eux-mêmes issus des Lusignan, ou comme on peut le voir aussi avec la famille de Rochechouart, issue des vicomtes de Limoges. Un des fils de Saint Louis, Robert de Clermont, épousant l'héritière de la vieille maison féodale de Bourbon, verra de la même façon son fils devenir duc de Bourbon, comme ce dernier, à son tour, verra un de ses cadets devenir comte de La Marche.

Ce qui est vrai pour les grandes dynasties l'est aussi pour les moins grandes, où l'on éprouve toujours le besoin de s'affirmer par rapport à la terre possédée, d'où un allongement fréquent des noms des familles nobles, comme c'est le cas pour la maison de Rochechouart, qui deviendra de Rochechouart-Mortemart, à la suite du mariage, en 1205, d'Aymeric, septième vicomte de Rochechouart, avec Alix, héritière de la maison de Mortemart.

Mais si la plus ancienne noblesse, on l'a vu, a précédé les autres familles prenant pour nom celui de sa terre, les anoblis des siècles suivants portaient déjà un de nos surnoms héréditaires lorsqu'ils accédèrent à ce deuxième ordre, qui faisait tant d'envieux. Ils n'étaient que Brochard, Dunoyer ou Lantivy ; ils deviendront Brochard de La Roche, Dunoyer de Segonzac, Lantivy de Trédion.

En Angoumois, les Desmier étaient, au XVIe siècle, seigneurs de Chenon et de Coulgens, avant de devenir Desmier de Chenon. Ensuite, les membres de cette famille se distingueront les uns des autres par les noms de leurs terres ou de leurs seigneuries. Parallèlement à la branche de Chenon, on aura celles de Grosbout, de Ligouyer et d'Olbreuse.

Les familles bourgeoises aisées, qui suivent pas à pas leur modèle, vont rapidement les imiter lorsque, dès le XVIe siècle, elles rachèteront souvent leurs terres aux anciennes lignées féodales dans le besoin. Un fils de notaire corrézien, Me Bondet, installé au bourg du Lonzac, arrive ainsi à se constituer un beau patrimoine foncier. À sa mort, vers 1640, ses deux fils se le partageront, et chacun prend alors le nom d'une terre faisant partie de son lot. L'un devient Bondet de la Borie, l'autre Bondet de la Bernardie. Dans la seconde moitié du XVIIIe siècle, le descendant du second, encore plus fortuné que son aïeul, pourra donner à chacun de ses neuf fils un domaine lui permettant de vivre de ses rentes. Chacun des neuf agit alors de même et se hâte d'en prendre le nom, devenant ainsi « de la Gasne », « de Pomiers », « de la Jugie », « de la Vergne », « de Romanet », « des Moulins », « des Combes », « du Breuil » et « du Clos ». Dans les actes paroissiaux et d'état civil, c'est alors la fantaisie la plus complète. Un seul et même personnage est nommé tantôt « Bondet Labernardie », « des Moulins de la Bernardie », « Bondet Desmoulins », « Bondet de la Bernardie des Moulins », voire « Desmoulins » tout court. Aujourd'hui, les descendants du notaire Pierre Bondet vivent donc sous les cinq noms et orthographes différents de « Bondet », « Bondet-Laborie », « Bondet

Rien n'est simple, et tout se complique : la question de la particule.

Dans un premier temps, on a vu les familles nouvellement anoblies, pourvues à la fois d'un nom classique et d'un nom de terre, tels que les Motier de La Fayette, oublier le premier au bénéfice du second, histoire, sans doute, de mieux ressembler aux familles de plus ancienne noblesse. Oublié, ce nom disparaissait même parfois complètement.

Les bourgeois portant des noms de sieuries agirent de même, d'où un glissement général vers le nom de terre, que Montaigne condamnait déjà : « C'est un vilain usage et de très mauvaise conséquence en notre France, que d'appeler chacun par le nom de sa terre et seigneurie, et la chose du monde qui fait plus mêler et méconnaître les races [c'est-à-dire les familles]. » En 1610, le juriste Loyseau surenchérit : « Nos gentilshommes d'a présent sont tellement attachez à la terre... qu'ils ayment mieux en porter le nom que celuy de leurs pères. »

C'en est fait ! Le nom de terre pose un homme et une famille, et à ce jeu la particule l'emporte, au point, tel un liseron, de fleurir les moindres noms bourgeois. C'est ce qu'évoque Molière dans ces vers de Georges Dandin :

« Je sais un paysan qui s'appelait Gros Pierre,
Et n'avait pour tout bien qu'un seul morceau de terre.
Il fit faire alentour un long fossé bourbeux,
Et de M. de L'Isle, il prit le nom pompeux »

Loyseau assure qu'il trouve « peu d'excuse en la vanité de nos modernes traîneurs d'épée qui, n'ayant point de seigneurie dont ils puissent prendre le nom, ajoutent seulement un "de" ou un "du" devant celui de leurs pères ». Il est entendu. En 1629, une loi enjoint « à tous gentilshommes de signer du nom de leur famille et non de celuy de leur seigneurie ».

Mais rien n'y fait et cette loi n'empêchera ni les notaires et ni les curés – ces derniers pour mieux se concilier les largesses de leurs paroissiens – d'user et d'abuser de cette « particule de courtoisie », en donnant à qui y est sensible du M. « de » Lambert ou du M. « de » Meunier, ou en se contentant, pour Dupont d'en détacher la préposition.

La particule, pourtant, n'a rien à voir avec la noblesse, puisque beaucoup de familles anoblies sous l'Ancien Régime, comme les Chauchat, Boudet, Carrelet, Portalis, Le Bouteiller, et plus encore sous l'Empire, avec les Ameil, Durye, Sellières... n'en ont jamais porté, comme c'est d'ailleurs le cas d'environ 10 % des familles aujourd'hui authentiquement nobles.

de la Bernardie », « Bondet de La Bernardie » et « Bondet de La Bernardie-Lavergne ». On appelle volontiers ces appellations des noms de « sieuries[1] » et elles ne peuvent en aucun cas être retenues comme des indices de noblesse. On vient de clamer haut et fort ce qu'il fallait penser de la particule (*cf.* p. 231).

Qu'ils soient nobles ou simplement bourgeois, beaucoup de ces noms ont donc souvent changé au cours des trois derniers siècles de l'Ancien Régime. Le plus souvent, ils le font en s'allongeant, selon le type classique qui fait de Bondet « Bondet de La Bernardie » ou d'Artur « Artur du Plessis », jusqu'à devenir parfois démesurés, intégrant et énumérant jusqu'à trois ou quatre noms de terres, comme en Nivernais, la famille Viel de Lunas d'Espeuilles de Caulaincourt de Vicence.

Les noms se compliquent. Les particules se multiplient. Dans la majeure partie des esprits, elles deviennent signes de noblesse, au point qu'elles vont bientôt produire des effets inverses à ceux recherchés. D'élément valorisant, la particule va, en effet, devenir, pour un temps cause de suspicion qui pouvait coûter très cher.

Oubli ou abandon ? La Révolution aura souvent bon dos

Arrive notre traditionnel chapitre sur la Révolution. Si elle a fait débaptiser des villes et des communes, si elle a proposé de nouveaux prénoms, qu'a-t-elle provoqué au plan des noms de famille ?

Au plan législatif, rien. Aucun texte ni aucune coutume écrite, sous l'Ancien Régime, ne régissait le nom de famille et son mode de transmission. Les députés et gouvernements révolutionnaires ne jugent pas utile de combler cette lacune. Ils décident, prudemment, de le laisser relever du domaine de la

1. Leurs titulaires se disent en effet « sieurs » de tel lieu. Sieur, comme sire, est un dérivé du mot seigneur.

coutume, ce dont on reparlera. Ils vont cependant s'efforcer d'apporter un peu d'ordre, par un texte de police générale, édicté le 24 brumaire an II (14 novembre 1793) précisant que désormais « aucun citoyen ne pourra porter de nom ni de prénom autres que ceux exprimés dans son acte de naissance ». On introduira aussi, quelques années plus tard, par une loi de l'an XI (1803), la procédure permettant de solliciter un changement de nom, que l'on verra également bientôt.

Au plan pratique, on observa peu de changements, si ce n'est que les patronymes subissent parfois les effets de la chasse aux sorcières ambiante, dès lors qu'ils évoquent le roi, la religion et les valeurs d'Ancien Régime. Très exceptionnellement, des noms composés de mots comme « saint » ou « roi » pourront donc se voir quelque peu allégés.

Mais on fait aussi la chasse à tout ce qui rappelle la noblesse : aux titres, et bien sûr aux particules, puisque tout avait concordé, comme on vient de le voir, à étroitement associer tous ces éléments. Le célèbre accusateur public du tribunal révolutionnaire de Paris, Antoine Quentin Fouquier de Tinville se hâte de donner l'exemple en agissant désormais sous le nom de Fouquier-Tinville, tout comme Maximilien de Robespierre passera à l'histoire sans sa particule.

Beaucoup de *de* ou de *du* sont ainsi prudemment oubliés, et cela va même affecter des noms de famille roturiers, écrits jusqu'alors indifféremment en un ou deux mots, sans la moindre intention de courtoisie. Tel meunier ou laboureur, nommé Delafosse, qui voyait volontiers son nom écrit auparavant « de La Fosse » préférera dorénavant le voir écrit en un mot, quitte à se retrouver « Delafosse » ou « Lafosse ». Avec le même systématisme naïf, on agissait avec les patronymes comme on avait fait pour les toponymes. De même qu'on avait débarrassé la ville de Rocroi d'un « roi » qui n'y avait à l'origine jamais été, en la rebaptisant Roclibre, on oubliait ou on gommait ce que certains croyaient devoir interpréter comme une subsistance des valeurs condamnées.

Qu'on ne s'en laisse pas pour autant abuser. Il est évident que ces allégements ne sauraient être considérés le moins du monde comme des indices d'appartenance à la noblesse.

Tout cela ne durera qu'un temps. Les titres seront rétablis par Napoléon Ier, qui crée lui-même sa propre noblesse ; et les « particules nobiliaires » seront presque toutes reprises, sauf négligence exceptionnelle de la part de certaines familles, tels les Leroy-Beaulieu, qui portent aujourd'hui encore un simple tiret à la place de leur ancienne particule.

Les simples prépositions roturières, qui leur ressemblent comme des sœurs, continueront, elles, à aller et venir, attachées ou non, comme elles l'avaient généralement fait jusque-là, jusqu'à ce que les événements que l'on va voir ne viennent fixer définitivement l'orthographe des patronymes, développant le mythe de la particule perdue à la Révolution.

Il n'en reste pas moins que la Révolution nous a légué un héritage inestimable en instaurant l'état civil en 1792. Tenu au début par des personnes peu instruites et peu compétentes, il ne va cesser de s'améliorer et, étroitement contrôlé, de participer à limiter les variations des noms de famille.

Quand Napoléon se met en colère : la curieuse histoire des noms de famille juifs

L'Empire apportera aussi sa contribution à l'histoire du nom, moins pour avoir créé une nouvelle noblesse aux noms parfois nouveaux, que pour avoir imposé, en 1808, à toutes les personnes n'ayant pas encore de nom de famille fixe d'en prendre un sans délai. Une décision qui visait en réalité essentiellement les Juifs.

Depuis l'époque lointaine de la diaspora qui les avait dispersés aux quatre coins du monde, les Juifs avaient été livrés à la vindicte populaire dans toute la chrétienté. En 1215, le concile de Latran leur avait imposé une marque infamante, avec le port de la « rouelle », un morceau d'étoffe en forme de roue, qui les mettait en quelque sorte au même rang que les lépreux ou que les filles publiques.

En France, le roi Louis VIII avait ajouté le port d'un chapeau jaune pour les hommes et d'une cocarde de même couleur pour les femmes. Longtemps, ils n'avaient été que tolérés et s'étaient retrouvés cantonnés à certaines régions et certains quartiers de villes, avec ce que l'on nommait les « quatre nations juives ». Il s'agissait du Comtat Venaissin, où les papes d'Avignon les avaient autrefois accueillis comme financiers, puisque l'Église interdisait aux chrétiens le prêt et le commerce de l'argent, et où un quartier leur avait été réservé ; de l'Alsace et de la Lorraine, où ils avaient été admis avant le rattachement de ces provinces au royaume, et des villes de Bordeaux, de Bayonne et de leur région, où étaient venus se réfugier de nombreux Juifs chassés d'Espagne.

À la veille de la Révolution, ils ne sont guère que 40000 à vivre en France, dont 1500 à 2000 dans le Sud-Ouest et 20000

Cartes de visites

- *M. Bahu,* proviseur adjoint dans un lycée de l'Essonne (2002) ;
- *M. Deffunt,* directeur des soins infirmiers (2002) ;
- *Mlle Bouquin,* conservateur de bibliothèque (*J.O.* n° 201 du 31.08.2001) ;
- *M. Goujon,* garde-pêche, *Le Progrès de l'Ain* (21.02.2003) ;
- *Mme Pincepoche,* receveur-percepteur du Trésor public, mensuel *Événement,* mairie du Chesnay.

---

en Alsace. À Paris, on en recensait tout juste trois cents en 1750. La Révolution, avec la Déclaration des droits de l'homme et la laïcisation générale, va leur ouvrir les portes du pays. En 1808, ils seront 2600 à Paris, chiffre qui en fait une communauté importante, au nombre de laquelle se trouvent bien évidemment des forces vives : des garçons en âge de porter les armes et dont l'Empereur à besoin pour ses campagnes. Égaux en droits aux autres habitants de l'Empire, les Juifs doivent accomplir les mêmes devoirs militaires, et, d'ailleurs, ne cherchent généralement pas à s'y soustraire.

Le problème est qu'il est difficile d'organiser et de maîtriser leur recrutement, du fait qu'ils n'ont pas de nom patronymique. Même enregistrés à l'état civil, les Juifs changent en effet de nom d'une génération à l'autre. Au plan patronymique, c'est l'anarchie totale, et nul ne parvient à s'y retrouver. Ainsi à Witterswiller, en Alsace, Jauchem Blum et sa femme Gochel Sender Lévy ont quatre fils, dont deux s'appellent Blum et deux autres Lévy. Ailleurs, c'est un chantre de synagogue nommé Blotz qui a six fils ; trois se nomment Blotz, comme lui, deux Cahen et un Meyer.

Des mesures s'imposent. En Autriche, l'empereur Joseph II avait, en 1787, imposé à ses sujets juifs de se choisir un nom définitif sur une liste préétablie. Napoléon ne tergiverse pas : par décret impérial du 20 juillet 1808, il donne trois mois aux Juifs vivant sur le territoire de son empire pour prendre un nom fixe et définitif. Des registres de déclaration sont immédiatement ouverts à cet effet.

Quels noms vont-ils choisir ? Le plus souvent, ils se sont contentés de ceux qui avaient déjà cours, mais tout est possible, et tout arrive. À Bouxwiller, dans le Haut-Rhin, Lehmann Raphaël devient Raphaël Lehmann, alors qu'à Wissembourg, Dreyfus Nathan devient Jonathan Dreyfus. Sans parler de l'orthographe, pour laquelle la question reste entière. Les uns optent pour Meyer, les autres pour Mayer, et d'autres encore pour Meier ou Mayeur... Aux côtés des Weil, voici des Weill, des Weihl et des Waihl. Un ancien Moses Zacharie, qui a choisi de devenir Moses Berg, va signer Berig... Autant de noms qui, bien sûr, avaient tous une étymologie, mais qui n'était déjà plus toujours bien connue.

Souvent, on se contenta d'un simple nom hébraïque, et l'on trouve, un peu partout, des Benjamin, des Jacob et surtout des Isaac et des David. Les références religieuses sont également courantes, avec Cahen (ou Cohen), désignant le prêtre, et Lévi (ou Lévi, Lévis, Lewi), désignant les descendants de l'ancienne tribu de Lévi, une des douze d'Israël, et dont Weil n'est en fait que l'anagramme (par la forme Léwi).

Pour le reste, les choix ont varié selon les régions. Dans le Sud-Ouest, beaucoup garderont les noms espagnols ou portugais sous lesquels ils étaient arrivés : Alvares(z), At(h)ias, Carvalho, Cardozo, Mendès (d'où la famille Mendès-France), Oliveira, Perez, Peyrere (d'où les banquiers Pereire)...

À Carpentras et en Avignon, ils opteront volontiers pour des noms hébraïques, comme Abraham, mais aussi souvent des noms locaux : Crémieux, Monteux, Milhaud, liés à des villes des environs, ou encore Astruc (signifiant né sous un bon astre, une bonne étoile) ou plus simplement encore Bénédic, proche du nom du populaire saint Bénézet local, ou Vidal, nom largement répandu dans la région.

Mais la forte proportion de Juifs alsaciens et lorrains, en choisissant – ou en recevant parfois d'office, en cas de négligence – des noms qui lui sont familiers, fera que plus de la moitié des noms juifs seront à consonance germanique, tout en étant d'origine très variée. Certains noms se réfèrent à un animal, sans doute par intention symbolique, comme Baer (l'ours), Hirsh (le cerf), Schwein (le cochon) ou encore Leo (ou Lyon), qui se réfère en fait à Juda, qui avait été comparé à cet animal... D'autres évoquent une couleur (Schwartz ou Weiss, pour « noir » et « blanc ») et en cela ne diffèrent donc guère de certains patronymes alsaciens classiques, tout comme les nombreux noms tirés de métiers, comme Becker (le boulanger), Kremer (l'épicier), Schreiber (le scribe) ou Goldschmidt (l'orfèvre). Plus nombreux et plus typiques seront ceux se référant à des lieux ou à des régions d'origine, généralement en Allemagne, noms d'origine, comme Deutsch (allemand), de ville comme Worms, Berheim, Gugenheim, Oppenheim..., ou de lieux, souvent composés du mot « stein », signifiant pierre, ou du mot « blum », signifiant fleur (Blum, Blumenfeld, Blumenthal, les deux derniers, désignant le champ fleuri et la vallée fleurie).

De même, Bloch vient du polonais *wlooch*, qui désignait l'homme venu des pays romans. Ce sont aussi parfois des noms d'enseignes de commerçants, le cas le plus célèbre étant celui se référant à une enseigne « à l'écu rouge » : « Haus zum dem Roten Schild », qui donna le nom des... Rothschild.

Cependant, bien des étymologies restent floues : Dreyfus a-t-il été le surnom de l'homme venu de Trèves (*Treyfus*) ou signifia-t-il *drei Fuss,* autrement dit « trois pieds » ? Sachs vient-il d'Isaac ou désigna-t-il le Saxon ? Bader désigna-t-il le barbier ou celui venu du pays de Bade ? Meyer vient-il de

Tous aux urnes !

Deux slogans relevés lors de la campagne du premier tour des élections législatives, en juin 2002, respectivement en Savoie (2e circonscription), et dans le Nord (2e circonscription) :

« Remettons de l'ordre en France, votons Trouillard ! »
« Remettons de l'ordre en France, votons Goujat ! »

l'hébreu *meir*, signifiant savant, ou désigna-t-il le « mayeur », autrement dit le maire (venu du latin major) ou encore le Meier, c'est-à-dire le métayer ? Car de tout temps, on eut, en Alsace et en Lorraine, des Meier qui devaient à un aïeul métayer ce nom qui se transformait en Meyer. De même pour les Schwartz et les Weiss, parfois issus de vieilles souches autochtones, et, en Provence, les Astruc qui n'étaient pas tous descendants de Juifs. Pas plus que les Jacob, les Isaac ou les David.

Si l'on ajoute que certains de ces noms ont pu eux aussi nous arriver après traduction, comme Hirsch donnant Cerf, on doit conclure, que mis à part quelques cas particuliers (Lévi, Cahen, Dreyfus..., extrêmement répandus), il est impossible de conclure à une origine juive à la simple vue du nom, avant d'avoir mené une réelle recherche généalogique.

S'ajoutent, pour les générations juives les plus récentes, le cas des nombreuses familles séfarades, arrivées en métropole par l'Oranie ou l'Algérois, et dont les patronymes trahissent des étymologies arabes, se référant souvent à un nom de métier, comme Hadad (le forgeron), Alphandéry (le percepteur), Amar (l'architecte), Bacri (le vacher)..., mais aussi parfois à des noms de lieu, comme Azoulay, nom emprunté à une localité d'Oranie.

Pas toujours très clairs : les noms des esclaves

Une fois les enfants abandonnés et les Juifs nantis de patronymes, on pouvait penser que tous les Français se trouvaient enfin ici à égalité. Ce n'était pourtant pas le cas, puisque au sein du vaste empire colonial français, bien des hommes et des femmes n'avaient pas encore de nom, à commencer par les esclaves.

Jusqu'en 1848, la question ne se posa pas : les esclaves n'avaient pas d'existence juridique et les documents officiels, lorsqu'ils les mentionnaient, se contentaient le plus souvent d'un simple prénom. Et lorsqu'ils accèdent à la liberté et à la dignité, les esclaves n'ont évidemment pas leur nom pour premier souci. Le sens et la portée de la question leur échappaient, le fonctionnaire se vit donc souvent livré à sa seule imagination pour doter ces nouveaux citoyens d'un patronyme.

Presque toujours, on continua à se contenter d'un prénom. Les listes alphabétiques antillaises en regorgent, les plus fréquents étant, en Guadeloupe Louis, Romain, Guillaume, Alexis, Étienne, Joseph, Laurent, Pierre, Noël... ; en Martinique Jean-Baptiste, Joseph, Jean-Louis, Jean, Édouard, Jean-Marie, Martial, Étienne... ; en Guyane Joseph, Michel, Alexandre, Mathurin, Louis, Auguste, François, Pierre... Fréquemment aussi ces prénoms sont féminins (prénom d'une mère ?), comme Adélaïde, si répandu en Martinique, ou encore comme Joséphine, Anaïs, Clairette...

D'autres fois, le fonctionnaire s'en remettait à la réponse faite par l'ancien esclave à l'une de ses questions, notamment sur la composition de la famille. Celui qui répondait « Il y a moi, Antoinette, et les enfants », pouvait devenir Antoinette. Un autre répondant : « Je suis tout seul » allait repartir chez lui sous le nom « Tousseul ». D'autres, métis nés d'une mère indigène, s'en tirèrent avec le nom du père français supposé, ou avec celui de l'ancien maître les ayant affranchis. C'est sans doute pour cela que les Greaux, les Bourgeois et les Laplace sont si nombreux en Guadeloupe, comme les Germany et les Larcher en Martinique.

Enfin, paresse, facilité, mauvais esprit ou inconscience, ont souvent conduit les agents de l'administration à enregistrer des noms pittoresques et douteux, comme Néacé, qui aurait été inspiré par l'expression « J'en ai assez », ou Selamer, qui serait venu de la chanson « C'est la mère Michel... ». Mais on vit aussi, en Guadeloupe des noms comme Zeus, Archimède, Jupiter, Phèdre, Batman, Gulliver, Figaro, Quasimodo, Tintin ou Satan (un nom qui ne doit pas faciliter la vie), en Martinique, de nombreux Cœurvolant, et à la Réunion beaucoup de Fantaisie.

On a déjà signalé les créations de l'administration coloniale postérieure, avec les curieux « SNP » que l'on rencontrera couramment en Guyane et qui se multiplieront en Algérie, lors du recensement de 1954 destiné à contrôler la rébellion naissante.

Hussards noirs et livrets de famille : l'ère du surgelé

Une fois l'état civil en place, rien n'aurait dû changer, jamais. Pourtant, il n'en a pas vraiment été ainsi.

D'une part parce que, comme toute nouvelle institution, celle de l'état civil demanda à être patiemment cimentée et précisée. Les maires et secrétaires de mairies des petites communes rurales, dont on a déjà dénoncé la fréquente inculture, n'étaient pas toujours à même de tenir correctement les registres, auxquels ils n'attachaient d'ailleurs souvent que peu d'importance. Il fallut de nombreuses lettres de remontrances adressées par les magistrats chargés des contrôles annuels pour leur faire prendre petit à petit conscience des conséquences de leur légèreté. Il n'empêche que, longtemps encore, on vit des notables se faire ajouter quelque particule et quelque nom de terre, et cela d'autant plus qu'ils étaient souvent maires de leur village et que, de ce fait, c'étaient justement eux qui étaient en charge de l'état civil.

L'étape le plus importante sera franchie à la suite de l'incendie allumé à Paris le 24 mai 1871 par les insurgés de la Commune. Paradoxalement, c'est de leur action destinée à saper les fondements de l'institution sociale que le nom de famille, qui en est pourtant l'un des principaux piliers, va se voir renforcer et comme coulé dans le bronze.

L'incendie qu'ils allumèrent ce jour-là, en détruisant l'Hôtel de Ville, détruisit la collection originale des archives civiles et paroissiales de la capitale. Il se propagea au Palais de justice qui lui était contigu et qui abritait les doubles des ces collections. Des millions d'actes, pour la plupart impossibles à reconstituer, partirent en fumée. De ce jour, n'importe qui pouvait se dire né à Paris et prétendre à une identité que nul ne pouvait contester ni vérifier…

Face à ce risque, le préfet de police de l'époque lança l'idée d'une sorte d'état civil portatif, qui aboutit rapidement à l'apparition de nos premiers livrets de famille. Son initiative fut imitée dans de nombreux départements, et une circulaire de 1877 décréta finalement sa généralisation. Remis aux époux par le maire ou l'officier d'état civil lors de la célébration de mariage civil, ce document sera destiné à être présenté à l'occasion de tout événement familial, notamment les déclarations de naissance des enfants du couple.

Ces livrets vont avoir pour première conséquence de geler les patronymes sous l'orthographe de l'acte de mariage, laquelle, même arbitraire ou erronée, va désormais s'imposer automatiquement, même si les variations continueront cependant parfois un certain temps.

Imaginons Maurice Baritou, cultivateur à Cheylade, en Auvergne, où il exploite une ferme isolée, située à quatre ou cinq kilomètres du chef-lieu de la commune, et qui, devant faire les déclarations de naissance de ses enfants, entre 1895 et 1905, oubliait régulièrement son livret de famille, qu'il avait peut-être perdu. Ni le maire, ni le secrétaire de mairie, qui le connaissaient tous deux parfaitement, n'auraient eu le cœur de lui demander de retourner chercher ce fichu document ! Ils n'en avaient pas besoin pour connaître l'identité du déclarant et rédiger leurs actes.

De son côté, Maurice, illettré, était bien incapable d'épeler son nom. Voilà comment, au début du XXe siècle, on pouvait encore voir les enfants d'un même couple enregistrés sous des orthographes différentes (ici, une fois Baritou, une autre Baritoux et une troisième Baritout…). De sorte qu'aujourd'hui, les descendants de ces trois frères, qui n'ont pas forcément conservé de liens entre eux, s'ils se rencontrent par hasard, auront tendance à exclure toute possibilité de parenté sur cette seule apparence orthographique.

Cette situation ne cessera définitivement qu'avec l'alphabétisation générale. La sacro-sainte orthographe inculquée à l'école de Jules Ferry par ceux que l'on a surnommés les « hussards noirs de la République », même si elle a parfois du mal à rentrer dans les crânes, est pourtant vénérée, au point de se voir parfois accorder plus d'importance qu'elle n'y prétendait. Ce n'est donc guère qu'à partir de la Première Guerre mondiale que nos noms de famille ont réellement une orthographe, que leurs porteurs connaissent et défendent, et que les divers perfectionnements dont on va encore doter l'état civil ne feront que confirmer.

Cette fois ci, c'en est fait : nos noms sont fixés, gelés, congelés. Il n'est plus question de jouer avec eux, si peu que ce soit, pas plus avec un tiret ou une apostrophe qu'avec un simple accent, même si ces derniers sont souverainement ignorés par nos ordinateurs.

Drôles de médecins

On a relevé dans les Pages jaunes :

- *Dr Malokrane,* Brest, 1956 ;
- *Dr Miracle,* 1984 ;
- *Dr Gardénal,* 1984 ;
- *Dr Bobo,* électroradiologiste, Brest ;
- *Dr Piquemal,* mésothérapeute, 1987 ;
- *Dr Bébé,* pédiatre, 1984 ;
- *Dr Boucher,* chirurgien ;
- *Dr Bargeot*, psychiatre, 1990 ;
- *Dr Brûlé,* à l'institut Gustave-Roussy, 1980 ;
- *Dr Maman,* gynécologie-obstétricien, Muret, 1975 ;
- *Dr Le Gland,* spécialiste en dermato-vénérologie.

Disons quelques mots de ces tirets, et des quelques constructions qui vont encore se produire sachant qu'aux XIXe et XXe siècles, en effet, on assistera encore à quelques créations de noms, limitées à des cas précis : ceux des enfants trouvés, ceux résultant d'une adjonction de nom par mariage, adoption ou relèvement, et ceux issus de procédures de changements ou de francisations de noms.

De Lefèvre-Utile à Giscard d'Estaing : les dernières victoires de la bourgeoisie

À compter de la Restauration, les seules variations ont dû être en principe obtenues officiellement. Elles ont surtout concerné les dynasties bourgeoises du monde des affaires, où des mariages dits « de raison » unissaient davantage deux fortunes que deux cœurs. Dans ces cas, on aimait unir également de manière symbolique les deux patronymes, ce que l'on faisait le plus souvent par un trait d'union, que l'on appela de ce fait parfois la « particule républicaine ». C'est le cas de familles encore connues aujourd'hui, comme la dynastie des Lefèvre-Utile, issue du mariage, en 1850, de Jean-Romain Lefèvre, fabricant de biscuits, avec Isabelle Utile, fille de confiseurs champenois, lesquels fonderont à Nantes une biscuiterie sous leurs deux noms, bientôt abrégés en LU.

Dans un même esprit, on verra apparaître des noms nouveaux, créés par l'adjonction du prénom de quelque ancêtre réputé illustre, une formule surtout employée en cas de patronyme courant, afin de bien distinguer la famille de la masse des familles homonymes. C'est l'idée que Roger Martin du Gard souffle à l'un de ses personnages, Oscar Thibault qui devient Oscar-Thibault. C'est le même principe qui explique des noms comme Casimir-Périer, Augustin-Normand, Félix-Faure...

Le tiret peut aussi être employé pour forger le nom d'un enfant adopté. Non pas en cas d'adoption plénière, où la décision d'adoption entraîne *ipso facto* la chute totale et définitive de l'état civil d'origine. Dans ce cas, l'acte de naissance initial est réputé n'avoir jamais existé. Il est remplacé par le nouvel état civil, tel qu'il découle du jugement d'adoption : l'adopté, né et déclaré sous le nom de Michel Dufour deviendra ainsi Roland Lagneau. Le tiret se rencontrera, en revanche, dans les cas d'adoption simple, lorsque M. Martin sera adopté par son oncle, M. Perrin, qui fera de lui son héritier. Il deviendra alors Martin-Perrin, ou Martin de Villebois, si l'adoptant est M. de Villebois. C'est ainsi que des Joly profiteront d'une adoption pour devenir Joly-Lyautey de Colombe. Ce fut là une façon classique de récupérer une particule, bien connue de ceux qu'elle obsède. La formule continue à avoir des adeptes, comme avec M. Gaudart, devenu par adoption Gaudart de Soulages en 1978…

Car 1789 et ses idéaux, les sans culottes, la guillotine et tout le tremblement révolutionnaire n'ont en fait jamais éradiqué cette recherche qui tourne volontiers à l'obsession pour la noblesse ou ce qui y ressemble : la particule. Nostalgie royaliste ? Vanité ? La monarchie absolue et l'Empire n'avaient pas plus tôt disparu que l'on voyait des Français déployer une énergie considérable pour récupérer un nom apparemment chargé d'histoire.

Toutes les voies ont été bonnes pour y parvenir, mais trois, surtout, furent suivies.

La première fut celle que le législateur avait, sans le vouloir, ouverte en 1803, en votant la loi du 11 germinal an XI, qui déclarait que « toute personne qui aura quelque raison de changer de nom en adressera la demande motivée au gouvernement ».

La deuxième a été la procédure prévue par le Code civil, permettant d'agir en « rectification d'acte d'état civil ».

La troisième a été offerte par une loi de 1923, permettant de relever un nom dont le dernier porteur était, selon l'expression consacrée « tombé au champ d'honneur ».

Le cas des Monpezat : nobles ou pas nobles ?

À un journaliste qui l'interviewait peu de temps avant son mariage avec le Français Henri de Laborde de Monpezat, la princesse Margareth de Danemark, devenue depuis la reine Margareth II, déclara : « D'habitude, lorsqu'on annonce un mariage dans les maisons royales, les généalogistes savent tout sur les deux familles. Cette fois-ci, c'est différent ; vous allez partir à la découverte et raconter quelque chose de nouveau. » Elle ne croyait pas si bien dire : la découverte fut complète, totale, surprenante. Un arrière-grand-père rempailleur de chaise, un autre ferblantier, des maçons, des meuniers, un cousin gendarme et d'autres boulangers, garagistes ou manœuvres…

Des nobles ? Pas beaucoup, y compris dans la lignée paternelle du futur prince consort, pourtant bel et bien inscrit, à l'état civil, sous le patronyme « de Laborde de Monpezat », un nom qui s'était dégagé en deux temps, puisque au « de la Borde » primitif, surnom de l'habitant d'une « borde », autrement dit d'une ferme isolée, s'ajouta au XVIIe siècle le nom de la métairie de « Monpezat », apportée en mariage par une femme vers 1650.

Lorsqu'était arrivée la Révolution, la famille se composait d'une poignée de personnes. D'un côté, les enfants de « noble Antoine de Laborde de Monpezat, seigneur de Narp », marié à une fille de la noblesse locale. De l'autre côté, leur oncle, Barthélemy de Laborde de Monpezat, qui, par son mariage avec la fille d'un paysan aisé, s'était fixé dans une commune voisine, où il était à la fois instituteur et maire.

Tous n'accordaient alors que peu d'importance à la forme de leur nom. Un fils d'Antoine, maire de son village, eut ainsi trois enfants, enregistrés, l'aînée, sous le nom de « de Laborde de Monpezat », les puînés sous celui de Monpezat, tout court. C'est l'un de ceux-ci qui, en 1860, directeur de la Caisse d'épargne et président du tribunal de commerce de Pau, voulut, avant de devenir maire de sa ville, faire rectifier son état civil. Il produisit les copies de six actes officiels, passés entre 1676 et 1786, et les juges, s'appuyant sur le principe que le nom de famille est immuable et imprescriptible, s'empressèrent d'accorder la rectification.

Barthélemy avait, quant à lui, enregistré ses enfants sous les noms successifs de « de Laborde de Monpezat » et « Delaborde-Monpezat ». Mais tous s'étaient bientôt retrouvés Monpezat tout court et simples paysans de surcroît, et leurs descendants avaient vite oublié leurs origines. Il faudra, en 1967, les travaux d'un généalogiste pour que certains d'entre eux redécouvrent leurs véritables origines et demandent à leur tour à reprendre le nom de leurs aïeux.

On assista dans un premier temps, sous la Restauration et le second Empire, et encore jusqu'en 1881, durant cette époque d'inspiration très monarchique que les historiens ont appelé la « République des ducs », à un flot de demandes de rectification d'état civil. Ces demandes furent d'autant plus nombreuses qu'elles étaient fréquemment couronnées de succès : les magistrats qui les examinaient, appartenant eux-mêmes à des familles bourgeoises dépourvues de ces précieux appendices patronymiques, se montraient volontiers complaisants à leur égard. On alléguait d'usages anciens, sinon constants. On s'appuyait sur des signatures en deux ou trois mots, datant d'un temps où les habitudes voulaient justement que l'on écrive « Delagarde » en trois parties. Beaucoup s'en sortirent ainsi, jusqu'au jour où l'on ferma le robinet des complaisances et où les chances d'aboutissement devinrent de plus en plus minces.

Mais si les ancêtres du futur prince Heinrick surent agir au bon moment (voir encadré), il faudra, pour d'autres, attendre les effets de la loi du 2 juillet 1923, qui simplifia la procédure en place jusqu'alors, et qu'avaient notamment dû suivre les Giscard pour récupérer leur « d'Estaing ».

Cependant, la loi de 1923 ne fit guère de miracles, et, en dehors de la formule passant par l'adoption, il ne resta bientôt plus que la procédure du changement de nom pour pouvoir continuer la course à la particule.

Disons tout de suite que la démarche est le plus souvent vaine, même si elle continue à être fréquemment entreprise. Si aucune des tentatives faites en 2003 n'a abouti, on n'en compta pourtant pas moins de 91 ! L'antichambre de la direction des Affaires civiles ne désemplit donc pas, et l'on y voit parfois des solliciteurs de renom, tels que l'académicien Maurice Druon, ancien ministre du général de Gaulle, qui demanda, avec son père, en 1945 à s'appeler Druon de Reyniac ! Erreur de jeunesse ? Plus on est ambitieux, plus on veut mettre de chances

Le « nom d'emprunt » des Giscard

Au temps où Valéry Giscard d'Estaing était ministre des Finances du général de Gaulle, un conseiller glissa un jour à l'oreille de celui-ci que VGE aimerait bien que le nouvel emprunt qui venait d'être lancé reçoive son nom. « Effectivement, c'est un nom d'emprunt », s'était-il entendu répondre, par un général parfaitement au fait de l'histoire des familles françaises et qui ne résistait pas, une fois de plus, à un jeu de mots délectable pour qui connaissait celle des Giscard, lesquels n'avaient pas toujours été « d'Estaing ».

Au XVIIe siècle, les Giscard faisaient figure de notables en Lozère, dans la région de Marvejols. L'un d'eux, Barthélemy, ajoutait parfois à son nom celui d'une terre, en signant « Giscard de Montplaisir ». Plusieurs d'entre eux, par ailleurs, épousèrent des jeunes filles à particule. Ce fut le cas de Théodore Giscard, arrière-grand-père de Valéry, qui avait épousé en 1818 Gilberte de Cousin de La Tour-Fondue, laquelle était elle-même fille d'une demoiselle Lucie-Madeleine d'Estaing, plus ou moins apparentée à l'illustre amiral de ce nom, héros de la guerre d'Indépendance des États-Unis et guillotiné en 1794.

En 1920, ils avaient tenté de relever le nom de leur aïeule pour s'appeler « Giscard de La Tour-Fondue », mais une descendante s'y était opposée… Ils avaient donc récidivé en 1922 en la personne notamment du grand-père de l'ex-président, réclamant cette fois-ci le nom de l'amiral, et la décision leur avait enfin été favorable. À une seule voix de majorité, doit-on préciser, voix que les méchantes langues disent avoir été celle de leur oncle, René Giscard, qui siégeait ce jour-là au Conseil d'État et qui les imita l'année suivante…

de son côté ; et puis, qui ne tente rien n'a rien... Sauf qu'ici, on se voit toujours renvoyer à la case départ. Témoins, ce jeune M. Battut, âgé de vingt-huit ans, qui voulut devenir « Battut de Montfort de Serres de Vaysses », ou cet Arnaud, tout court, rêvant de devenir « Arnaud de Morel de la Colombe de la Volpilière ».

Les efforts ne sont plus récompensés... Une seule voie a produit, ces dernières années, des résultats : la procédure de changement de nom motivée par un patronyme lourd à porter ou à consonance étrangère, que l'on va étudier au paragraphe suivant, et qui a récemment permis à MM. Abdallah, Cassoulet et Bonnichon de substituer à leur nom celui de leur mère, pour devenir respectivement M. Lemouzin de Saint-Germain, M. Desclaux de Lascar de Crouseilhes et M. Jahan de Lastang. La même procédure permit à un M. Jambon de récupérer le nom illustre de Tallien de Cabarrus, et à un M. Baïri de choisir le nom de sa grand-mère, née – excusez du peu – d'Artagnan !

Cocu, Cochon, Bordel : bordée d'injures ? Non, patronymes

Cocu, Cochon, Bordel, Labitte, Putin, Crétin : tels sont quelques-uns des patronymes dont le Conseil d'État a permis de se défaire.

Depuis que la loi de l'an XI a autorisé, comme on l'a vu, à demander de changer de nom, quelque 35 000 à 40 000 personnes ont tenté de l'utiliser, pour faire sinon peau neuve, du moins nom neuf. Chaque année, quelque 1 200 à 1 300 dossiers parviennent à la direction des Affaires civiles et du Sceau, au ministère de la Justice, qui a charge de les instruire ; et environ 900 d'entre elles aboutissent.

Si certains noms pourtant curieux, comme Departout, Halle-Halle, Tête-d'Hiver, Serbource ou Apoil n'ont pas l'air d'avoir posé de problèmes puisqu'ils n'ont jamais conduit leurs porteurs à solliciter un changement officiel, beaucoup d'autres semblent traumatisants. Ce sont en effet près d'un millier de noms qui ont atterri un jour ou l'autre sur les bureaux des services spécialisés de la place Vendôme, et certains plus souvent que d'autres.

Le record incontesté est celui du nom Cocu, avec quelque 500 demandes, soit environ 8 % des demandes. Suivent Cochon et Bordel, avec quelque 250 demandes, Labitte (150), Putin, Crétin... puis d'autres patronymes insolites, parmi lesquels de forts pelotons de Vachier, Boudin, Couillard, Sallaud, Couillon, Cornichon, comme les plus rares Chaucouillon, Seichepine ou Pudéba. La liste est d'autant plus longue que la politique du Conseil d'État a évolué dans un sens plutôt libéral, le conduisant ainsi à accepter la demande motivée d'un M. Loiseau.

Les demandes de changement de noms jugés ridicules ou grossiers représentent, bon an mal an, environ un tiers des dossiers. En tête, viennent ceux évoquant les malheurs conjugaux. Ils sont peu nombreux, mais représentent à eux seuls 13 % des cas, avec essentiellement Cocu et ses variantes (Cocut, Cocus, Le Cocu...), Mon(t)coqut, Cornard ou Bétacorne.

Suivent les noms qui paraissent se rapporter au sexe (12 % des cas), à commencer par Bitte, Mabit, et Labitte, Verge et Laverge, Pine et Lapine, Queue, Penis ou Zizi, auxquels on associera de moins évidents Queulevée, Petitqueux, Bitaudeau, Bitaubec, Pinocheau, Seichepine, Cerqueux, Malmonté. À un autre niveau, on trouvera Couille, Couillard, Couillon, Couilbaud ou Couillebaud, des Cascouille et jusqu'à un pauvre Belpaire qui a dû souvent s'entendre demander « de quoi ? ». On trouve enfin des Con, suivis d'une tripotée de Sicon, Cecon, Troccon, souvent d'origine étrangère, de Bescon, Biscon, Francon, Blancon, Convert, Concarré et Jolicon !

D'autres noms sont suggestifs malgré eux. Si on trouve de plus en plus de requêtes de Gay, de Pedé, de Pédal ou d'Homo, on rencontre aussi des Branle, Pornot, Bezecourt, Besoli et des

La carte de France des descendants de cocus

Si les Cocus ne descendent pas toujours d'un mari trompé, bien d'autres noms, apparemment plus neutres, s'y référaient bel et bien. À travers les multitudes de dialectes et patois parlés autrefois dans l'Hexagone, le mari trompé n'était pas toujours un « cocu ».

Souvent, son appellation faisait référence à ses « cornes » et on l'appelait Cornec, Cornic, Lacorne, Cornot, Cornichon, Cornuel, et le plus généralement Cornu.

Ailleurs, selon les régions, il est Branchu ou Branque (toujours en rapport avec les cornes), Coup ou Coupel, Cocuau, Trochet ou Trochu…

Autant de noms qui passent aujourd'hui complètement inaperçus.

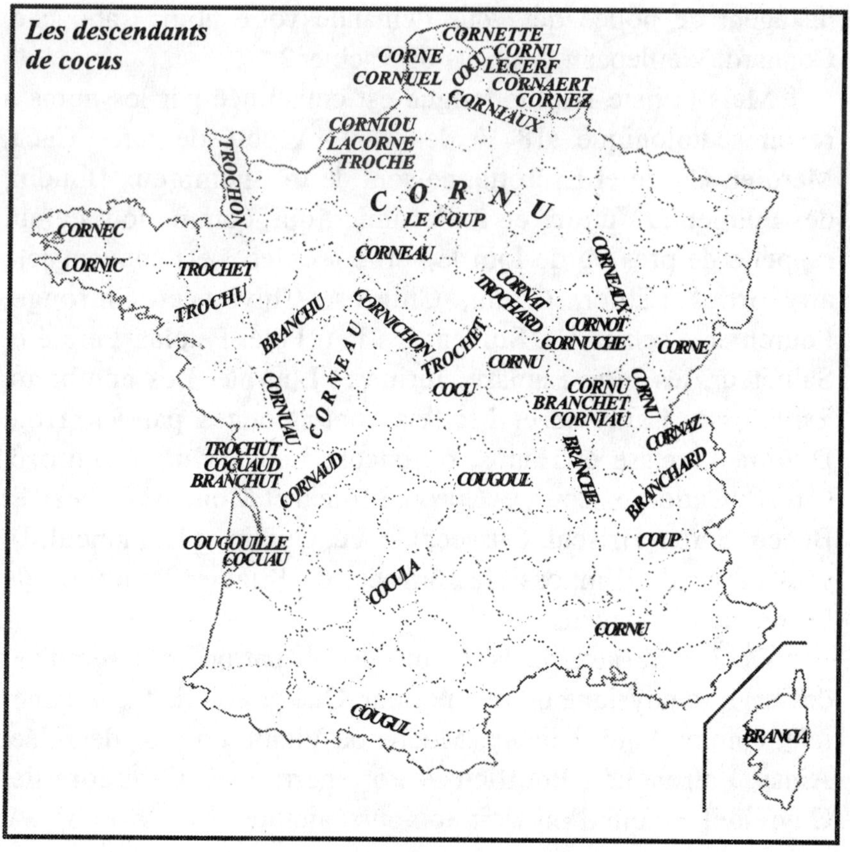

noms d'origines arabes comme Yalibez, Elbez, Elkouch, ou bien Tapin, Vierge, Pussault, Levrette et Chaucouillon ! Et n'est-il pas difficile pour une dame de s'appeler Mme Grue, Putin, Laputte, Catin, Lagarce ou Saloppe, Moru, Maquerel ou Pucelle ?

D'autres noms sonnent comme des injures, et ceux-là ont évolué selon les époques. Si au XIXe siècle on trouve beaucoup de demandes concernant des patronymes comme Coquin ou Filou, considérés comme les injures suprêmes, on cherche plus volontiers aujourd'hui à se débarrasser de Bordel, Crétin, Salaud ou Salligot, de Conard ou Connardeau, Corniaud, Duballet, ou de cet insolite Espeisse, qui doit lui aussi amener l'éternelle question « de quoi ? ». Et, sincèrement, vous imaginez-vous répondant à un agent de police qui vous demande votre nom : Tabouche, Connard, Vieillepeau, Moncus ou Vachier ?

Mais la liste la plus longue est constituée par les noms à relent scatologique (18 % des cas). À côté de rares Caca, Merdier, Crotte et Lacrotte, ce sont de très nombreux Boudin, des Fumier, Dufumier et Taillefumier, qui, comme tout ce qui rappelle de près ou de loin le verbe « chier » est souvent jeté aux orties (Chier, Chion, Chigros, Chivert et Chirouge, Pourchier, Vachier…). Suivent les Pet, Pété, Pételat, Pératé et Salpéteur, les Pipi, Lapisse, Jurine et Lhurine. Les nombreux Taillefesse, Lafaysse et Maffeis sont talonnés par les Trou, Dutrou, Lanusse et Hanus, ou encore Lecul, Cuq, Cucuroze, Cuvert, Cudorge, Courcu, Curon, Moncu et Moncus, Cubeau et Boccu, Sercu, Briscul, Cussec, Chocu, Cuplin et Demoncul(d), sans parler de l'impossible Barrocu, de l'italien Puddu ou de l'arménien Kupeyan.

De la tête aux pieds, beaucoup de patronymes semblent desservir le physique de leur porteur. Que ce soit de façon générale, comme Laid, Hideux, Moche ou Vilain, ou plus détaillée. Ainsi Latronche, Pouilleux, Porteperruque, Chaudoreille, Ouvrelœil (à qui l'on doit toujours ajouter « et le bon ! »),

Changer de nom : comment et à quel prix ?

La procédure, datant de l'an XI, a été précisée par une loi du 8 janvier 1993.

Qui veut être autorisé à changer de nom doit donc :

• faire publier une demande de changement de nom au Journal officiel ainsi que dans un journal d'annonces légales de l'arrondissement de sa résidence ;

• adresser, soit au procureur de la République du tribunal de grande instance de son lieu de domicile, soit directement au ministère de la Justice, direction des Affaires civiles et du Sceau, 13, place Vendôme, 75042, Paris, un dossier comprenant :

- une demande officielle, rédigée et signée, sur papier libre indiquant ses motifs (ridicule, lourdeur..., avec éventuellement des documents le démontrant) et exposant le nouveau nom sollicité ainsi que les raisons de ce choix ;

- une copie de son acte de naissance (délivrée par la mairie du lieu de naissance) ;

- la photocopie de sa carte nationale d'identité ;

- le bulletin n° 3 de son casier judiciaire.

- les publications faites de sa demande au Journal officiel, ainsi que dans un journal d'annonces légales de l'arrondissement de sa résidence.

Le dossier sera instruit, sans intermédiaire d'avocat, par le service civil du Sceau. S'il est accepté, un décret, pris par le Premier Ministre, autorisera le changement. Ce décret sera à son tour publié au Journal officiel, afin que toute personne désirant s'opposer à ce changement ou à la prise du nouveau nom puisse le faire (elle dispose pour cela d'un délai de deux mois, courant à compter du jour de la publication au Journal officiel). À l'expiration de ce délai, la mention du nouveau nom est portée sur les actes d'état civil (de naissance et de mariage) et le changement est effectif.

Compter entre huit mois et un an entre la parution de la première annonce et le délai final d'opposition. Le coût est d'environ 153 euros par personne – essentiellement les frais d'annonces.

Portrait robot et cheminement du candidat au changement de nom

Qui donc change de nom à cause de son caractère ridicule ?

Essentiellement des hommes, et des hommes plutôt jeunes, dont la vie n'est pas jouée, sans doute pour se donner plus de chances de la réussir. Ils appartiennent souvent à des familles de la Normandie ou de la région Nord-Picardie, où les taux de fréquence de ces noms sont les plus élevés, sans qu'on ait d'explication à ce phénomène.

Ce sont majoritairement des pères de famille, et des gens transplantés.

En effet, tant qu'ils vivent dans la région d'origine, au milieu de nombreux homonymes, comme les Cocu dans le Pas-de-Calais ou le Cher, ou les Bellegueule dans la Somme, là où leur famille est connue et estimée depuis plusieurs générations, leur nom est banalisé et un minimum de personnalité leur permet généralement de l'assumer sans trop de peine.

Le calvaire commence en fait à l'école, ou autrefois à la chambrée, et se poursuit parfois à la mairie, car si l'amour est aveugle, il n'est pas toujours sourd, et, toutes les jeunes filles n'ont pas envie de devenir des Putin, des Poirecuitte ou des Lafaysse, pas plus que d'accoucher de petits Boudin ou de petits Cochon !

Mais le plus dur est vécu pour ceux que la vie professionnelle transplante. Hors du berceau familial, le nom peut devenir assassin. Tout bascule. Les mauvais plaisants s'en mêlent. La nuit, le téléphone se met à sonner. Dans un premier temps, on se réfugie sur la « liste rouge », mais bientôt, cela ne suffit plus. Avec les enfants, la boucle sera bouclée : à l'école ils pourront être la cible des concours de crachats, d'où les rentrées en pleurs, le soir, qui exaspèrent la mère et rappellent au père de vieux souvenirs qui lui font grincer les dents. Il se décide, l'annonce avec mille précautions à son propre père, dont il craint la malédiction, mais qui, le plus souvent, l'accueille par un cri du cœur : « Formidable ! Tu fais ce que je n'ai jamais osé faire ! » Le lendemain, la demande part chez le procureur.

Vieilledent, les nombreux Bellegueul(l)e picards, Malfait, Groslard, Bonichon, Teton, Grossein, Courgenouil, Longjarret et Courtecuisse, à Piedplat, Piederrière, Piedbois ou Piedvache.

D'autres, dont le physique est épargné, souffrent davantage au moral. Ainsi les Nigaud, Sinoquet, Tokar, Ballot, Barjot, Simplet, Sot ou Sossotte, Toqué, Crétin, Secrétin ou Boncrétin, Corniaud, les impossibles Petitballot ou Franquenouille, ou, pour les dames, Bécasse, Gaudiche ou Piquée.

Pas facile non plus d'être M. Malcuit, Pourry, Dumolard, Grosmolard, Patrac, Vieillepeau, Crassous, Peudecœur, Braillard, Faignant, Demeuré, Puant, Menteur, ou pire, d'être Truant, Tueur ou Assassaint ! Imaginez la gêne de MM. Gueux, Galleux, Légout ou de Mme Pudébat ! Sans parler des Lanouille, Hénouille, Bloqué, Coincé, Meurdefaim ou encore de ces Négrate ou Le Négrate, qui, dès qu'ils se présentent s'entendent demander « Voulez-vous mon mouchoir ? » Impossible, pour un homme, de se nommer Fillette ou Minette, comme, pour une femme, d'être Mme Trouée, Lacruche, Tarte, Dondon, Bobone ou Boniche.

On se déleste aussi de noms qui semblent dénoncer des tendances à la boisson, ainsi Podevin, Sacavin, Soulard, Pissevin et Meurdesoif ; de ceux qui évoquent la mort, et qui refroidissent leurs porteurs, comme Mort, Lamort, Beaumort, Crevé, Le Crevé et Croquemort, Cercueil, Morgue, Décès et surtout Cimetière et Ducimetière, et aussi de tous les noms d'oiseaux ou d'animaux, fort nombreux (16 % des cas). Le record de la catégorie est détenu par Cochon, auquel on doit ajouter tous les Cauchon, Cochonneau, Cochonnet, Le Cochonnec et Ricochon, Porc, Le Porc comme les Truye, Pourceau et Gorret. Suivent les Vache, Lavache, Veaux et Leveau, Grandvaux, Quatrevaux, Vaumort, comme encore les Poilvache, Piedevache et Piedvache, Porteboeuf, Torcheboeuf ou Cœur-de-Vache. Côté jardin, voici des Cornichon, Fayot ou Faillot, Melon, Navet, Potiron, Lapoire, et jusqu'à un inattendu Poircuitte...

D'autres perles ? Voici encore Nébuleux, Croquevieille, Réveillechien, Grattepain, Pandouille, Gros-Bidet, Bouffechoux, Trompesauce, Rabajoie, Troisœufs, Aimelafille et Infortuné.

On rencontre enfin des Inconnu, des Personne et des Anonyme, comme on trouve des « M » à la Réunion et nos S.N.P. algériens. On se souvient alors de l'histoire que l'on raconte de ce malheureux M. Trognon, qui, voulant changer de nom, se désespérait. En ôtant le t, on avait Rognon ; ôtant le r, c'était Ognon ; sans le o, Gnon ; sans le g : Non ; sans le n, le pronom neutre On ; enfin, sans le o, on arrivait à l'anonyme « N » !

Ces noms pour le moins pittoresques font régulièrement l'objet d'articles de journaux et d'émissions, provoquant autant de crises de rire. Mais honni soit qui mal y pense : la plupart de ces patronymes n'ont jamais voulu dire ce qu'ils nous suggèrent aujourd'hui.

Ainsi Cocu, qui détient le record, ne vient que d'un ancêtre ayant une « coque », autrement dit une bosse. Bordel ne vient que d'une petite « borde » (*cf.* p. 47), Crétin de « Chrétien », forme ancienne de notre prénom Christian.

Pareillement, Baudet et Boudin ne sont autres que de ces classiques aphérèses, comme Catin n'était que le diminutif de Catherine, Nigaud celui de Nicomède, Guenon celui de Huguenon (diminutif du prénom Hugues). Le curieux lorrain Hanus est tout simplement le diminutif du latin Johannus, forme savante de notre prénom Jean, comme le champenois Merda est une contraction locale de Médard. Bonnichon vient de Benichon, diminutif du prénom Benoît, et le bizarre Sinoquet est le diminutif d'un prénommé Sénoc, d'après le nom d'un personnage biblique !

Beaucoup de ces noms étaient aussi des noms de baptême germaniques, que l'on a vite oubliés : Connart vient ainsi d'un vieux *Con-hardt,* signifiant initialement « brave et fort », comme Salaud, qui n'est apparu dans notre langue et sous son sens actuel qu'en 1581, vient d'un *Salawald*, signifiant « la maison qui gouverne ».

Pareillement, Torchebœuf était le nom du conducteur d'un attelage de bœufs ; Vilain ne se rapportait à rien d'autre qu'à l'habitant d'une « villa » gallo-romaine (*cf.* p. 42), et Salpêteur à un fabricant de salpêtre... L'ancêtre des Grandvaux habitait une grande vallée, celui des Malmonté près d'une mauvaise montée, et les aïeux des Bèzecourt une ferme plantée de bouleaux... Le nom breton Bescon désignait un vicomte, le gascon Lanusse une lande sèche, le savoyard Molard un terrain élevé, l'auvergnat Vaysset venant de l'ancien nom du noisetier tandis le flamand Vandeputte est l'équivalent de notre Dupuis d'ailleurs...

Dans 3 à 4 % des cas, la demande de changement de nom tient au fait d'une homonymie dérangeante. Si la réussite de certains de ses membres peut rejaillir sur toute une famille, il arrive à l'inverse qu'un nom voie éclaboussé un de ses porteurs au point de devenir insupportable.

Au début du XXe siècle, on compta plusieurs demandes de Kayser (à cause de Guillaume II), ainsi que plusieurs Boche, Bosch et Bauch. Plus tard, ce fut le cas des Alsaciens nommés Führer et d'une dizaine d'Hitler. Dans les années 20, les

Faits divers...

« On ignore les raisons qui ont poussé M. Pendu à commettre son acte de désespoir. »

Ouest-France, 13.07.1956

« La grande nouvelle, cette année, au collège de Brazey, consiste en l'arrivée de M. Alain Lesobre, qui remplace Mme Pinard. »

Le Bien Public 24.09.1992

Landru y passèrent, comme le feront les Mesrine, les Frérot ou les Knobelspiess, au temps où leurs tristes homonymes firent parler d'eux. On trouve enfin régulièrement des demandes émanant de dénommés Poubelle, qui ne semblent pas apprécier outre mesure l'invention de leur homonyme préfet de Paris (*cf.* p. 341).

Dans tous les cas, celui qui aura été autorisé à changer de nom le sera du même coup à en prendre un autre, ce qu'il fera généralement en prenant un nom déjà existant. Ce sera souvent celui de sa mère – environ 60 % des cas – ou de son conjoint, ou parfois un nom proche du sien (Taulard devenant Allard, Lagarce devenant Lagarde, Nichon devenant Michon ou Catin devenant Cotin, Claudeau devenant Cladeau). Parfois, on en forgera un de toutes pièces. Ainsi M. Civet, en troquant son patronyme au profit de Cievet et M. Laperruque en devenant Lapeyraque, créeront deux nouveaux patronymes, qui continuent à être portés. Par le biais du changement de nom, quelques centaines de noms nouveaux verront ainsi le jour.

De Moutoulanarassamy à Wryszcz, en passant par Lévy : rejeter un nom pour ne plus l'être soi-même

S'il n'est pas facile de s'appeler Cocu ou Bitaubec, est-il vraiment plus simple de se nommer Moutoulanarassamy ou Ben Hadj Tahar ben Salah, de s'appeler Nadjar ben Embarek ben Chagra (25 lettres !) ou encore Hzynczyszyn, Szczypkowsk ou Wryszcz ? Impossibles à prononcer, à retenir, à confier à des ordinateurs, tous ces noms, apportés généralement par des migrants, poussent eux aussi leurs porteurs à agir.

Ajoutons à cela qu'à peine débarqués en France, certains de ces patronymes déclenchent l'hilarité générale, à commencer par ceux, venus d'Europe centrale, et principalement de Roumanie, terminés par le suffixe *-cu,* prononcé là-bas *-cou*, mais qui prennent, chez nous, un air un tantinet grivois, comme les Petrescu,

Saintes cédilles, qui êtes aux « c »: quel nom choisir?

Si changer de nom n'est pas une décision facile à prendre, en prendre un nouveau ne l'est pas plus...

Le choix est laissé libre, à condition que le nouveau nom remédie à la situation et ne constitue pas une fin en soi pour le requérant. Pas question, pour un M. Mouton, d'en profiter pour récupérer un nom connu, comme Chirac, Lavoisier, Mauriac ou Halliday. Ni de profiter du changement pour devenir M. Mouton de Perlimpimpin sauf, comme on l'a vu, à récupérer le nom d'une mère ou d'une épouse, lui-même à particule... Lorsqu'un étranger, qui s'était départi d'un nom à consonance exotique, envisagea de prendre celui d'Herriot, « parce que ça sonnait bien », la famille de l'ancien président du Conseil avait immédiatement montré les dents.

L'affaire n'est jamais simple. Perdre son nom, c'est un peu perdre une partie de soi-même, et le réflexe le plus fréquent semble donc être d'assurer une certaine continuité. Le plus souvent, on se contentera donc de modifier quelques lettres. On fait de Putin, Patin, Potin, Mutin ou Hutin; de Crétin, Crépin; de Cudelou, Dudelou; ou de Labitte, Lafitte. On s'attache à conserver la consonance: Cocu devient Cossu, Cotu...; Cochon, Cochin, Conchon, Cosson...; Torchebœuf, Roquebœuf; Landru, Ledru ou Coquillette, Covillette... Saloppe s'en sort par une inversion, en devenant Saulappe. On n'imagine pas, enfin, la magie d'une simple cédille, si chère à certains Françon et Coçu. Compte tenu de l'impact de l'orthographe et de l'importance accordée à l'aspect extérieur des noms de famille, voilà autant de boucliers qui se révèlent parfaitement efficaces, témoins les homonymes du truand Max Frérot, qui changèrent leur nom pour celui de Frérault.

L'important, finalement, semble être avant tout de conserver quelque chose de son nom d'origine. M. Infortuné devient Fortin, M. Poisvert, Verpois, M. Maître-d'Hôtel, Dhotel, M. Petitqueux, Petit, M. Meurdesoif, Meuroy, M. Belleverge, Belleval, M. Demonculd, Demont ou M. Cornichon, Cornic. « Au fond de mon cœur et de mes tripes, je ne pouvais me résoudre à en changer. J'ai modifié une seule lettre », avoue un ex-Vachier. Ce sont sans doute les mêmes raisons qui poussèrent M. Grenouille à devenir... M. Delétang!

Comment franciser un patronyme étranger?

Franciser un nom de famille consiste soit à le traduire en langue française, lorsque cela est possible, soit à le modifier de façon à lui faire perdre son caractère étranger. Cela peut aussi consister à reprendre un nom français abandonné lors d'un séjour à l'étranger ou à prendre celui d'un ascendant français.

Le plus simple est de demander cette francisation au moment de la demande de naturalisation. Elle sera ouverte dans l'année qui suit l'acquisition de la nationalité française.

La demande de naturalisation est à faire auprès de la préfecture, qui remet un dossier à remplir, avec la liste des pièces à joindre (assez nombreuses, avec notamment des actes d'état civil, à faire éventuellement traduire par un traducteur assermenté). Le préfet fera suivre cette demande au ministre chargé des naturalisations, qui décidera. Publication en est faite au Journal officiel, avec un délai d'opposition de six mois à un an, et remise d'un dossier de naturalité et correction des actes d'état civil.

Coût : essentiellement l'acquittement de droits de sceau, mais modulables en fonction des situations personnelles.

Temps : compter une bonne moyenne de deux ans.

En 1999, on dénombra près de 9 000 demandes de francisation, dont 250 du seul nom, 450 du nom et du prénom réunis, toutes les autres (soit plus de 8 000), étant des francisations de prénoms.

La francisation du prénom consiste généralement à lui substituer un prénom français (le plus souvent, son équivalent quand il existe) ou parfois, en cas de pluralité de prénoms, à supprimer le ou les prénoms étrangers. Cette procédure peut être demandée seule, indépendamment de la francisation d'un nom de famille.

Durecu, Marcu, Tocu, Cucula, Kupis, Cucuza, Kupeyan ou Barrocu[1] ! D'autres encore deviennent quasiment importables dès qu'ils passent la frontière, comme Puddu, Abakaka, Kacala ou Hiddio, Bencoco, Benlolo ou Bentata, Elbez, Akouch ou Madouche, Morslaoui, Allileche ou Suss, Sikon, Uhryn ou Ralli-Manana…

Sans avoir des noms aussi particuliers, bien plus nombreuses ont été les familles étrangères qui ont voulu modifier le leur, dans le seul but de mieux s'intégrer à leur nouvelle communauté nationale.

Ils ont pu le faire : soit par la voie du changement de nom (leurs dossiers représentent environ 45 % des demandes, soit 500 à 600 par an), soit par la procédure, plus directe et plus simple, de la naturalisation. La loi du 25 octobre 1972 permet en effet au candidat à la nationalité française de faire d'une pierre deux coups, en acquérant avec cette nationalité un patronyme plus en harmonie avec elle. Cette dernière procédure est la plus fréquemment utilisée, puisque sur les quelque 130 000 à 150 000 personnes naturalisées chaque année, environ 7 000 choisissent de bénéficier de cette possibilité. Les individus passant par le changement de nom appartiennent généralement à la deuxième ou à la troisième génération. Ils sont français parce que nés en France, de parents n'ayant, eux, généralement pas cherché à profiter de ces mesures.

Dans ces cas, quel nom prend-t-on ? L'homme qui abandonne un nom d'origine étrangère, marqueur de son identité, va-t-il imiter celui qui se débarrasse d'un nom jugé grossier ou déshonoré, et que l'on a vu soucieux de continuité ? À l'exception des noms choisis par les Juifs, dont on reparlera, la réponse est oui.

Si on s'est autrefois souvent contenté de traduire Weiss en Blanc ou Weber en Tisseran, on semble désormais préférer jouer

1. Ce dernier nom, comme Puddu, est d'origine sarde, alors que Kupeyan doit être d'origine turque.

sur les lettres et sur les sons. Ainsi Sztrygler se transforme en un Stigler d'apparence alsacienne, et comme l'huître sous l'effet du citron, Sahronia se rétracte en Sauriat. Majerowicz se simplifie en Mazet, et Wawrzynowicz en Warin. Ben Yamin n'a guère de mal à se glisser dans la peau d'un Benjamin, qui semble taillée pour lui. Perez et Rodriguez deviennent Peret et Rodrigue, alors qu'Andrianiakatra se coupe et recoupe jusqu'à Andrian, avant de se donner un parfum de France profonde en devenant finalement Andrieux.

Le phénomène n'est pas nouveau. Voilà bien longtemps, des Blackwood anglais étaient devenus Blaquehut, des Allemands nommés Vogler s'appelaient soudain Fouclairet, des Bachmann Parcquemant, comme Richetti était devenu Riquet et Rivarolo Rivarol.

Au fil des temps, les contingents ont évolué. Chaque génération a connu ses vagues d'immigrations, pourvoyeuses de minorités dans un premier temps rejetées.

Sous l'Ancien Régime, n'importe quel migrant intérieur, maçon marchois ou étameur arrivé d'Auvergne, avait autant de mal à s'intégrer que, plus tard, les familles venues de l'étranger. Après Sedan, on chercha souvent à se délester d'un nom à

Un livre : Les Certitudes du hasard, *par Marcel Boll*

Boll est un patronyme alsacien, et donc sans rapport avec notre « bol », et moins encore avec notre expression « avoir du bol », qui semble avoir été une façon édulcorée d'« avoir du cul » et être elle-même à l'origine du plus récent « avoir du pot », faisant ainsi passer d'un récipient à un autre.

consonance germanique. Ce n'est qu'ensuite qu'arriveront de grandes vagues migratoires, avec successivement les Italiens entre 1880 et 1914, les Polonais durant l'entre-deux-guerres, puis les Espagnols, les Portugais et enfin les Maghrébins.

Aujourd'hui, le groupe de noms d'origine latine ne cesse de régresser. Italiens, Espagnols et Portugais réunis se partagent moins de 10 % des noms changés. La nette majorité est en effet constituée de noms de famille à consonance arabe ou maghrébine – on nota d'ailleurs une nette augmentation de leur contingent à la suite des événements du 11 septembre 2002 en Amérique –, suivis d'une forte proportion de noms slaves et des pays d'Europe de l'Est (polonais, russes, hongrois, roumains...).

Un dernier contingent, enfin, est celui des noms israélites, qui a connu tout une évolution.

Ce n'est qu'à partir de la fin du XIXe siècle, sans doute du fait de la montée de l'antisémitisme consécutive à l'affaire Dreyfus, que ces demandes ont commencé. Interdites sous l'occupation nazie par la loi du 10 février 1942, qui retirait aux Français d'origine juive le bénéfice de la vieille loi de l'an XI, elles exploseront littéralement dans les années qui suivront la Libération. Les Juifs, frappés d'épouvante et traumatisés, s'y précipitent afin de mieux assurer l'avenir de leurs enfants. De 1947 à 1957, on dénombrera ainsi plus de 2000 demandes d'abandon de patronymes israélites, dont plus de 1200, pour la seule année 1950 !

Marcel Bloch, qui devient d'abord Bloch-Dassault, puis officiellement Dassault, en 1949, à l'âge de 57 ans, alors que Marcel Bleustein, fils d'un marchand de meubles parisien, qui a pris le nom de Blanchet dans les Forces françaises libres, devient en 1954 Bleustein-Blanchet en unissant les deux noms. De 1958 à 1978, on en compte encore une centaine par an, et le seul nom de Lévy représente alors 1 % des noms changés. Et, si certains passent de Lévy à Lhéry, de Mayer à Mayet ou de Moÿse à Moyne, la plupart, contrairement à ce qui a été observé ailleurs, optent pour une appellation radicalement différente, passant par exemple de Fersztenberg à Fougerol, de Cahen à Clairville ou de Lévy à Clavel ou Durand !

Ce n'est qu'à partir de la fin des années 90 que l'on verra leur nombre baisser rapidement, sans doute parce que les années tragiques s'éloignent peu à peu et surtout parce que l'on tient de plus en plus à affirmer son identité.

Du Conseil d'État au divan du « psy » : la place du nom

Changer de nom n'est pas sans conséquence. Cela induit souvent, ce que Nicole Lapierre appelle « une généalogie fantôme, un nom venu de nulle part », qui risque de doter les enfants « d'une famille sans antériorité, délestée, certes, des souffrances mais aussi des références anciennes, les laissant quelquefois interdits dans la trouée des filiations », d'où ce qu'elle appelle « la résurgence des interrogations identitaires ».

À cinquante ans, Alain Didier, dont le père avait, en 1949, obtenu de prendre ce nom, en renonçant à celui de Weil, ressentira toute la vacuité de ce nouveau patronyme et une profonde impression de cassure. Il en sera de même pour le fils de harki, Mohamed Guéroumi, Jean-Pierre Guérin, qui paiera lourdement cette distorsion entre d'un côté son physique et son âme, et d'un autre son nom qui les nie. Ces décalages ont été pour eux les causes, à tous les niveaux, de mal-être profonds et de véritables martyres.

Que peuvent-ils faire ? Que peuvent faire tous ceux dont les parents ou les grands-parents n'ont pas hésité à faire le sacrifice de leur nom dans le seul but de les protéger ou de les aider à mieux ressembler à leurs nouveaux compatriotes ? Que peut faire, vingt ans après, celui qui, pour avoir douté ou cru, a renoncé à ce patronyme roumain ou polonais qui étayait presque à lui seul sa personnalité ? Changer à nouveau de nom ? Certainement pas. C'est là, justement, le drame… Si l'arsenal législatif, comme la politique du Conseil d'État et du service du Sceau ont pour objectif de faciliter l'intégration à la communauté nationale, de gommer les aspérités, d'estomper le trop visible, il n'est pas prévu de retour en arrière. Tant pis si la greffe ne parvient pas à prendre, si elle se voit rejetée par la génération suivante et que celle-ci, souffrant du mal inverse, voudrait renouer avec ses racines, avec sa véritable identité, avec elle-même. C'est non, définitivement. Alors même qu'on a vu certains êtres particulièrement fragiles acculés au suicide au fond de cette impasse.

Nous touchons là un problème capital. Le nom de famille, hérité de ses ancêtres et que l'on va – et veut – transmettre à ses descendants, revêt pour la plupart de nous une importance primordiale. « Le nom propre d'un homme n'est pas comme un manteau qui pend autour de lui et qu'on peut tirailler et arracher, a écrit Goethe, c'est un vêtement parfaitement adapté, quelque chose comme une peau, qui l'a recouvert entièrement et qu'on ne peut gratter ou écorcher sans le blesser lui-même. » À quoi Freud ajoutait que « l'adulte civilisé n'est pas loin de trouver que son nom ne fait qu'un avec sa personne ».

Ringard bat Naze !

La République du Centre, rubrique tennis

Ringard : patronyme d'une famille du Pas-de-Calais, venu d'un ancien *Ring-Hard* germanique, alors que « ringard » ne désignait à l'origine qu'un levier ou un tisonnier.

Naze : patronyme rencontré dans le pays de Bray, fut un surnom donné en référence au nez (sans doute un gros nez), alors que l'argotique « être nase », semble être venu de l'italien.

Bush, Forbes et les autres : le middle name américain

À partir de la guerre de Sécession, dans une Amérique aux origines de plus en plus cosmopolites, chacun eut à cœur de rappeler ses racines et ses convictions. De là, naquit un nouvel élément du nom, donné par les parents au moment de la naissance, que l'on insère entre prénom et nom de famille, et que l'on appelle middle name, *ou « nom du milieu », tout en le réduisant le plus souvent à une simple initiale (John F. Kennedy).*

Le plus souvent, il s'agit tout simplement du nom de jeune fille de la mère. Celle du président Franklin Delano Roosevelt s'appelait ainsi Sara Delano ; celle de John Fitzgerald Kennedy Rose Fitzgerald, celle de Bush senior se nommait Walker alors que celle de John Kerry était née Forbes. D'autres fois, c'est le nom d'un personnage ayant marqué l'histoire du pays, comme Washington ou Franklin, ou encore l'histoire religieuse, comme Luther pour Martin Luther King.

Ce middle name *n'est pas héréditaire. Il change, comme le prénom, à chaque génération. Nullement obligatoire, il semble surtout en usage dans les milieux aisés et apparaît parfois, de ce fait, comme un symbole de réussite sociale.*

Une petite histoire américaine le confirme : un illettré avait pour habitude de signer de deux croix pour ses nom et prénom. Entreprenant et chanceux, il s'était mis à gagner beaucoup d'argent et à signer alors des chèques de plus en plus gros et de plus en plus nombreux. Un jour, son banquier s'étonna de ce qu'il venait de signer un chèque avec trois croix. « C'est simple, répondit notre homme, j'ai de l'argent, une belle maison avec une piscine, alors ma femme m'a dit « John, tu devrais prendre un middle name. *»*

Touche pas à mon nom ! Pas même à un simple accent ou trait d'union. On a vu que l'héritage de l'école de Jules Ferry avait tout faussé au plan des patronymes. Excluant de prime abord toute possibilité de parenté entre un Dupont et un Dupond, il produit également l'effet inverse, en ce sens qu'une orthographe sera parfois recherchée ou jalousée. Les Leroi envieront celle de leurs cousins Leroy, qu'ils estimeront plus « chic » et plus authentique, et des Monmartin lorgneront sur le « t » des Montmartin. Touche pas à mon nom ! Ne l'écorche pas ! Goethe avait raison : écorcher un nom, c'est blesser son porteur...

L'Américain Dale Carnegie disait donc vrai : « Le nom d'un homme est pour lui le mot le plus important de tout le vocabulaire. » Chacun le sait, inconsciemment. Et chacun, parfois, s'applique à le travailler, à l'agrémenter, à le relever. Ainsi les Américains, lorsqu'ils jouent du *middle name*.

Si chacun, inconsciemment, connaît l'importance et le poids du patronyme, les commerciaux et plus encore les spécialistes du marketing en ont, eux, parfaitement conscience et en jouent constamment. Appeler un client par son nom est une des règles d'or du commerce universel, et l'impact d'un mailing – message publicitaire adressé par la poste à des milliers, voire à des centaines de milliers de destinataires – dépendra pour beaucoup de sa personnalisation, qui passera essentiellement par le nom. Qui n'a reçu de courrier lui annonçant, « Cher M. Untel ou Chère Mme Unetelle, votre nom a été sélectionné », etc. Une façon, pour l'expéditeur du message, d'avoir plus de chances qu'il soit lu, et une façon pour le message d'avoir plus de chances de faire mouche.

Qu'y a-t-il de pire, d'ailleurs, que d'oublier ou d'ignorer le nom de son interlocuteur ? À l'heure des élections au suffrage universel, le meilleur atout d'un candidat est sans nul doute son aptitude à mémoriser les noms et les visages de ses électeurs, et à savoir les associer. Un patron d'entreprise puisera dans ce même don le succès de ses bons rapports avec son personnel.

Son nom, chacun l'aime. On l'aime comme on aime sa vie, comme on s'aime soi-même. C'est à travers lui que chacun a appris à exister et à travers lui qu'il existe effectivement. C'est par lui qu'il marque son territoire, sa propriété sur des objets, tout comme chacun s'engage à travers sa représentation graphique, qu'est la signature.

Par ailleurs, la place de ce nom a beaucoup évolué, et tout particulièrement au cours de ces trente dernières années, héri-

---

Le Dr Bobo et le tailleur Piquemal

On a trouvé :

- *Mlle Brullefert,* repasseuse ;
- *M. Lecrevas,* organisateur des Pompes funèbres ;
- *Dr Foux,* spécialiste des maladies mentales ;
- *Me Bondroit,* huissier ;
- *M. Boucherie,* chirurgien-dentiste ;
- *M. Hélas,* pompes funèbres ;
- *Mmes Leschelet* et *Lavidange,* sages-femmes ;
- *M. Rossignol,* antiquaire ;
- *Mme Cotillon,* couturière ;
- *M. Piquemal,* tailleur ;
- *M. French,* professeur d'anglais ;
- *M. Malréchauffé,* marchand de charbon ;
- *Mlle Haultcœur,* contrebassiste ;
- *Dr Lechien,* vétérinaire ;
- *Dr Fièvre,* de la faculté de médecine de Paris ;
- *Dr Bobo,* pharmacien ;
- *M. Labergerie,* éleveur.

Relevés par Albert Aycard et Jacqueline Franck,
dans La réalité dépasse la fiction *(cf. p. 384)*

---

tières de Mai 68. Dans notre société, de plus en plus brassée et mélangée, le nom de famille joue de plus en plus le rôle d'un marqueur « pluriel », indiquant non seulement la filiation, mais aussi l'origine sociale, géographique, ou ethnique.

Tant que nos ancêtres ont vécu dans leur village d'origine, le prénom l'emportait généralement sur le nom, mais la révolution industrielle et l'exode rural, ont eu, sur ce point, d'énormes conséquences. Une première fut d'inverser cette situation : dans nos nouveaux lieux de vie et de travail, le nom l'emporte sur le prénom, comme il occupe une place croissante dans notre quotidien, aussi bien dans les annuaires, que sur les courriers et les imprimés administratifs. Une seconde fut de provoquer une grande curiosité quant au nom, telle qu'elle s'exprime par les succès de mes émissions traitant de ces sujets ou par l'organisation de « cousinades » ou de sites Internet familiaux, de plus en plus nombreux, visant à réunir aussi bien des cousins réels que de simples homonymes.

À l'heure des familles éclatées et dispersées, le nom de famille fédère, et plus particulièrement lorsqu'il est un nom peu répandu. Témoin le succès, voilà quelques années, du slogan « Combien de personnes portent votre nom ? », promouvant un service sur Minitel. Car si la découverte d'homonymes peut, comme on le verra, se révéler « dérangeante », la menace d'extinction d'un nom semble l'être beaucoup plus encore...

L'importance du nom est donc considérable, et elle est à l'origine de mille réactions, toutes plus vives les unes que les autres[1].

Un nom ne se prête pas, ne s'emprunte pas. Cette seule idée dérange. Elle peut rendre agressif, voire violent. Emprunter un nom, c'est pratiquement violer celui qui le porte. Agir, parler sous un nom qui n'est pas le sien peut suffire à nous faire condamner pénalement par le premier tribunal venu.

1. *Cf.* Jean-Louis Beaucarnot, *Vous et votre nom,* Robert Laffont, 1992 (épuisé).

Nombreux, d'ailleurs, sont les procès dont le nom est l'enjeu. C'est l'enfant dont on se dispute la filiation ou la garde. C'est le mari divorcé qui interdit à sa femme de continuer à porter son nom. C'est le nom usurpé, patronyme souvent noble ou célèbre, que ses porteurs refusent de partager, comme la famille du prince consort de Danemark, qui s'opposa, en 1970, à ce que des lointains cousins, socialement forts obscurs, s'efforcent de reprendre le nom qui leur était commun à l'origine, tout comme eux-mêmes l'avaient fait un siècle plus tôt (*cf.* p. 246).

Même partiellement, on n'aime pas partager son nom. Les Gauthier de Savignac dérangent les Monnier de Savignac ; les Roffignac tout court, assurés de leur aura auprès de la noblesse limousine, s'en prennent à de modestes Arbellot de Roffignac. Chaque jour, dans le « beau monde », on ferraille à la barre du tribunal pour défendre son nom. Qu'on pense aux nombreux procès intentés par des particuliers à l'encontre de commerçants ou de sociétés qui avaient – presque toujours sans le savoir ni le vouloir – donné ce nom à un magasin ou à un produit. C'est ainsi que l'on vit un baron Kirgener de Planta faire tout un plat de la margarine commercialisée sous son nom par Astra, comme on vit un M. Dop tenter de passer un savon à la firme L'Oréal, et une demoiselle Badoit hurler d'indignation à l'entente du pétillant slogan « Et badadi et badadoi, la meilleure eau, c'est la Badoit ! »

Sans oublier les détenteurs de noms portés à l'écran par des personnages fictifs ou donnés à des personnages de roman. Montherlant, Lacretelle, Daninos eurent ainsi à essuyer des attaques en règle, souvent vaines, émanant de personnages homonymes des leurs. Ce fut le cas pour Mauriac, avec une Thérèse Desqueyroux, moins connue que la sienne, mais bien vivante. Plus récemment encore, le dessinateur Binet se vit poursuivi en justice par une très authentique famille Bidochon, que ses bandes dessinées ne faisaient nullement rire…

L'homonymie, en effet, ne laisse jamais indifférent. S'il lui arrive de rapprocher, le plus souvent, elle dérange.

Que deux Grattepanche se rencontrent à un guichet de la poste de Cambrai, ville où ce nom est assez répandu, aucun n'y prêtera vraiment attention. Que le même événement ait lieu dans une poste parisienne, ils en parleront pendant cinq minutes : « Tiens, Grattepanche, comme moi… Vous êtes du Cambrésis ? Moi aussi… ». Que cela se produise à Tombouctou ou à Sidney, ils passent la soirée ensemble ! L'homonymie rapproche et, parfois aussi, valorise. On s'appelle Mauriac, comme le grand écrivain, Delors, comme l'homme politique, Douillet, comme le champion, ou Pivot, comme Bernard. Et pour peu que l'on soit de la même région…

Tout dépend, ici, de la banalité et de la fréquence du nom. M. Moulin ne pensera pas qu'il est « Moulin, comme le grand résistant », sauf si l'homonymie est perfectionnée par le fait qu'il se prénomme lui aussi Jean. De façon générale, un nom banal est moins valorisant qu'un nom rare.

L'aspect du nom compte également. Un nom trop compliqué, imprononçable et qui fait constamment trébucher aussi bien les langues que les plumes, au surplus impossible à retenir, est plutôt un handicap. Mais un nom trop banal le sera

M. Deuil : « Nous luttons pour la survie. »

Les Échos, 09.07.1982

Si notre « deuil » vient d'un mot latin signifiant douleur, ce patronyme vient plutôt de noms de lieux (Deuil-la-Barre, Dœuil), noms désignant en gaulois une clairière consacrée à un dieu.

tout autant, surtout s'il est bref, comme celui du personnage de Daninos, nommé Blot, Paul Blot, parfaitement représentatif du Français moyen, et auquel l'écrivain prête l'analyse suivante :« C'est un nom qui se jette plus qu'il ne se prononce. Quatre lettres que l'on souffle et qui s'éteignent aussitôt, petite lueur falote balayée par le vent, à peine retenue par le Larousse sous la forme d'un nom commun : "lot de marchandises acheté à bon compte" [...] Si Bonaparte était né avec un nom pareil, jamais il n'eut fondé d'Empire. On ne conquiert pas la Prusse, on n'envahit pas l'Europe quand on s'appelle Blot. On peut diviser la France en bonapartistes et antibonapartistes, en gaullistes et antigaullistes... Comment concevoir des blottistes et des antiblottistes ? »

Peut-on réussir en s'appelant Blot, Dupont, ou Martin ? Un tel nom ne constitue-t-il pas, d'une certaine façon, un handicap qu'il faudra surmonter ? Ne sera-t-il pas toujours un nom « à faire », à imposer ? Manifestement, il est des noms qui peuvent servir, et d'autres qui peuvent desservir. Tout dépendra, bien sûr, de ce que l'on ambitionne.

Si l'on peut parfaitement vivre, en bon père de famille en s'appelant Paul Blot ou Laurent Robert, on aura davantage de mal à se faire connaître et à marquer le souvenir de ses compatriotes. Pas facile d'accéder à la célébrité en se nommant Decourdemanche, un nom qui fait à lui tout seul le tour d'une colonne Morris, Villain-Marais (nom d'état civil de l'acteur Jean Marais) ou Hamburger (le chanteur Michel Berger). Pas facile de monter sur les planches quand on porte un nom à particule (les bonnes familles n'aiment guère les « saltimbanques ») ou de devenir ambassadeur en se nommant Durand.

Un nom illustre ou connu, avec ou sans particule, tel Polignac, Davout ou Poincaré, sert généralement ses porteurs — du moins dans certaines sphères et dans certaines professions. Qui en porte un le sait. Témoins les descendants d'Édouard

De quelques bons usages élémentaires

Prénom veut dire *avant le* nom : *il ne faut jamais l'oublier. Par conséquent, ne vous présentez jamais comme Dupont Jacques : c'est parfaitement impropre. Laissez cette formule aux courriers administratifs et aux circonstances officielles, où l'on procède à l'appel par ordre alphabétique des noms de famille.*

Avec un nom à particule : peu importe que ce nom soit noble ou non, il ne faut pas toujours la donner, notamment dès lors que vous supprimez l'appellation. Si vous dites : « J'ai rencontré M. de Villepin », vous devez dire « J'ai rencontré Villepin » et non pas « j'ai rencontré de Villepin ». De même, vous invitez « les Villepin » ou êtes voisin « des Villepin ». Se présentant, M. de Villepin, dira de même. Téléphonant à un ami, il dira : « Bonjour, c'est, Villepin ». On parle pareillement des fables de Jean de La Fontaine et « des fables de La Fontaine » (et non pas des fables de « de La Fontaine »). Si vous invitez M. et Mme de La Barre, vous inviterez de même les « La Barre ». Des exceptions : les noms en une seule syllabe et ceux commençant par « du », « d'» ou « des ». Vous devrez dire : « J'ai écrit à de Gaulle », « Nous sommes cousins des d'Ormesson », « Nous sommes invités chez les du Mazel » et « Voici les des Gachons ».

Pour ce qui est des titres : vous ne devez pas les donner, en dehors des présentations. Vous présentez « la comtesse de Bellefeuille » ou « le prince de Broglie », mais les appelez tout simplement Madame et Monsieur. L'usage du titre (M. le baron, Mme la marquise...) est réservé aux domestiques. Une seule exception : les ducs et duchesses, que vous devez nommer ostensiblement « Monsieur le duc » et « Madame la duchesse ».

Herriot, que l'on a vu protéger le leur. Mais un tel nom oblige aussi. Sans oublier que ce genre de nom, que l'on qualifiera volontiers de « beau nom » ou de « grand nom », peut aussi avoir un effet d'étouffement, forçant son porteur à suer sang et eau pour parvenir tant bien que mal à se faire… un prénom.

Un nom noble ou à particule ne laisse en principe jamais indifférent. La magie de la particule reste forte, l'illusion du « de » presque universelle, y compris dans les rangs de la noblesse elle-même, qui ne s'y connaît généralement pas mieux que les autres. Un tel nom provoque chez certains l'admiration et chez d'autres la jalousie et l'agressivité. Il rapproche souvent ceux qui le portent, quitte à leur valoir parfois de farouches inimitiés.

Un nom de famille est toujours bavard. Il suggère des origines sociales (comme les derniers cités), des origines géographiques (régionales ou étrangères, comme Bischoff, Colombani, Le Trouhadec, Etcheberry, Van de Kerkhove ou Pétrovitch, Nicolopoulos, Ben Mohamed, Wilson…), ou confessionnelles (comme Lévy ou Cohen). Bavard, il l'est encore lorsqu'il évoque un physique, un aspect moral, un objet ou une chose, une fleur, un animal, qui peuvent le faire percevoir comme plus ou moins sympathique ou agréable (ainsi Lebeau et Lehideux, Gentil ou Mauvais, Larose ou Lépine, Lagneau ou Logre). Quitte, bien souvent, à ce qu'il bavarde à tort et à travers, en véhiculant malgré lui des choses ou des images qu'il n'avait jamais prétendu évoquer, tels que Cocu, Bordel, etc.

Certains noms offrent une consonance suave et agréable, d'autres des sonorités lourdes et dénuées de charmes ; ainsi Jolibois face à Ravaillard, alourdi par le suffixe *-ard.* Sans parler des cas où le nom se voit victime d'une association. Association d'un prénom, comme Jean Veux ou Marie Tournel, d'un nom de lieu (Mme Labitte, à Montmacq : c'est là une adresse authentique…), ou encore d'un autre nom (ainsi un autre couple authentique : Cador-Labite) ; et le cas de ces deux médecins d'une ville du Maine-et-Loire, qui se nommaient respectivement Ildefonse et Monceix ! Soit enfin d'une profession (Mme Piquemal, infirmière ou M. Cotelette, boucher).

Moralité : ne jouez pas trop avec les noms ! Appuyez-vous plutôt sur eux. Un patronyme noble cautionnera souvent le jeune homme souhaitant faire carrière dans la finance ou la diplomatie. Un nom typiquement alsacien sera reçu comme une garantie d'authenticité lorsque son porteur voudra commercialiser de la choucroute. Le tout est que cela soit en harmonie. M. Bischioff préférera vendre sa choucroute, plutôt que de se lancer dans la fabrication de spaghettis.

Ce qui est vrai dans le marketing l'est tout autant dans le show-biz et en politique. Sans parler de patronymes parfois prédestinés, comme ont pu l'être ceux de Mme Soleil, la célèbre astrologue, ou de l'humoriste Thierry Le Luron ; bien des noms peuvent se révéler d'excellents atouts. M. Merlin, avec son nom de conte de fées, fit fortune en vendant des programmes immobiliers. Mireille Mathieu incarna parfaitement la petite Française.

Cartes de visites

- *Gérard Bossu,* ostéopathe, *Le 01* (08.12.2003) ;
- La commissaire divisionnaire *Hélène Dupif, Le Point* (02.01.2004) ;
- *Serge Gay,* président de *l'Ecce Homo, La Dépêche* (25.01.1999) ;
- *Gérard Lacrampe,* éducateur sportif, *Le Petit Gersois* (10.01.1999) ;
- *Jean-Claude Dard,* apiculteur, miel-bougies, *Annuaire d'Angoulême,* 1999.

En politique, nul Martin, Durand, Dubois ou Dupont n'a jamais vraiment percé. Après l'emblématique De Gaulle, les noms de nos présidents, comme des candidats possibles, n'ont jamais été ni trop compliqués ni trop banals, tout en restant jusqu'à présent « bien de chez nous », quitte à fleurer légèrement le terroir ou la région. Sarkozy aura-t-il ses chances ? Un candidat nommé Bordel, Cocu ou Putin, aussi brillant soit-il pourrait-il avoir les siennes ? On remarque que l'on rencontre moins de noms banals et plus de noms rares et régionalement typés chez les députés, élus au suffrage universel direct, que chez les sénateurs, élus, eux, au suffrage indirect…

Sur la force du nom, tous les avis concordent. Celui des sociologues et des ethnologues : « L'identité est tout entière contenue dans le nom », dit Françoise Héritier ; et Claude Lévi-Strauss : « Le nom propre n'est pas un simple attribut, il est l'essence même de l'être [...] Le patronyme est un des substrats essentiels de l'identité. » Même avis chez les « psy ». Freud affirme que « bon nombre de troubles que présentent les névrosés proviennent de leur attitude à l'égard de leur propre nom » ; et Nusinovici conclut, avec Lacan, que « le névrosé est un sans nom ». L'amnésique, quand on étudie son cas de plus près, n'a nullement oublié son nom : il a au contraire décidé de le perdre. « Tout homme, écrit Mallarmé, est enfermé dans le cercle d'un mot : son nom. »

Or, ce nom est avant tout le nom du père. Et s'il est un moyen d'affirmation et de différenciation, il implique aussi une filiation et un lien particulier. Il contient, aux yeux du psychanalyste Michel Tort, « à la fois un marquage très fort de la généalogie et un aspect profondément narcissique ».

Nous nous arrêterons là. Chacun l'a compris : le nom de famille, si simple en apparence, est en vérité une véritable bombe. Dès lors, jouer avec un nom revient souvent à jouer avec le feu ?

De la ceinture de chasteté à la loi Roudy : les tribulations de la femme mariée

Le nom de famille est donc avant tout celui du père. Normal, puisqu'il est presque toujours un *patronyme*. « Pas normal ! s'écrient les mères. C'est du sexisme et de la discrimination. Il faut une bonne fois pour toutes balayer cette institution absurde et traumatisante ! »

Simone Jacob, Danièle Gouze, Marie Sklodowska ne vous disent rien ? Qu'on leur donne le nom de leur mari, l'une redevient Weil, l'autre Mitterrand et la troisième Curie. Pour la femme mariée, le nom du mari est essentiel. À la ville, sur ses cartes de visite, elle est Mme Jean Dupont. Elle vit derrière lui, comme dans son ombre. Son nom d'origine, dit « de jeune fille », tombe, s'efface. Combien de Français savent que Mme Chirac est née Chodron de Courcel ? Non seulement la femme mariée perd son nom, mais elle en reçoit un autre qu'elle n'a pas choisi. Son choix s'arrête à celui qui le porte, et l'on ne peut pas toujours avoir à la fois un mari et un nom idéal…

Cette situation est aujourd'hui de plus en plus remise en question. D'une part, parce que la plupart des femmes ont une activité professionnelle, et d'autre part parce que le divorce est de plus en plus fréquent. La femme mariée refuse donc de plus en plus ce traumatisme du changement d'identité imposé, que l'homme, pourtant tellement attaché à la sienne, a du mal à appréhender.

Il faut dire que cet ordre des choses est très ancien. Notre droit provient en effet à de nombreux égards d'un compromis entre l'héritage romain et l'apport germanique, qui se sont lentement fondus au cours du Moyen Âge. À Rome, la femme mariée n'avait pas plus de droits, aux yeux de la loi, qu'un des enfants de son mari, et celui-ci avait sur elle droit de vie et de mort. On lui reconnaissait cependant une existence propre, alors qu'elle n'en avait aucune dans les vieux droits francs ou burgondes qui ne lui accordaient ni indépendance financière ou juridique, ni même le droit d'hériter de son père – car elle avait en principe été dotée.

Le même régime se rencontrait chez les Francs « saliens », – ainsi nommés parce qu'ils vivaient sur les rives de la Sala, aux Pays-Bas –, qui lui refusaient même toute propriété. Selon leurs lois, la femme ne peut ni hériter, ni transmettre un héritage, ne pouvant, selon un adage, « servir de pont et planche ». Un adage qui, après être tombé dans l'oubli, sera récupéré des siècles plus tard par les juristes royaux. Ils en feront la « loi salique », qu'ils brandiront pour éviter que la reine d'Angleterre ne puisse hériter du trône laissé vacant par la mort de son frère, le roi Charles IV le Bel. C'est ainsi que fut déclenchée la guerre de Cent Ans !

Au Moyen Âge donc, la suprématie du mari sur la femme est chose établie. Elle lui doit respect et obéissance. Il a le droit de la corriger. De la tuer même, s'il la surprend en flagrant délit

Nom d'un chien !

On a relevé :

- l'enseigne de vaisseau *Gilles Delachienne,* directeur technique de la mission océanographique Médor 2, *Le Télégramme* (11.09.2002) ;
- *Jocelyne Porcher,* docteur en zootechnie, à l'origine d'une vaste enquête auprès des professionnels des porcheries bretonnes, *Science et Vie* (mars 2002) ;
- *Amandine Cheval,* championne de France d'équitation, Bulletin municipal de Bégard (22).

Et ce titre de presse :

« Laetitia Poulain, un nouvel emploi-jeune à l'hippodrome », *La Thiérache* (21.03.2002).

d'adultère. Elle ne peut passer d'acte ou de contrat sans que celui-ci l'y autorise officiellement.

Longtemps, l'Église raisonne de même : au milieu du XVIIe siècle, les actes de baptême rapportent encore souvent la naissance de « Jean Petit, fils de Jacques Petit, laboureur, *né du corps de Marguerite Rigal* ». Le père, qui engendre, est investi du pouvoir juridique. La mère, elle, se contente de servir de réceptacle à la semence paternelle. Des frères de même père sont dits « consanguins », car ils ont le même sang. Ceux de même mère sont « utérins » : ils n'ont été qu'hébergés dans le même lieu…

Les choses sont tellement entrées dans les mœurs, et sont alors si bien acceptées par tous – et par toutes ! –, que la Révolution et le Code civil se garderont bien d'y toucher.

Côté adultère, si la ceinture de chasteté n'a plus cours, celui commis par la femme continue à être plus sévèrement sanctionné que celui du mari. Il y a ainsi flagrant délit d'adultère dès qu'il est prouvé que la femme a couché (ou passé la nuit dans un local clos) avec un homme, alors que pour le mari, il faut qu'il entretienne sa maîtresse sous le toit conjugal.

Au pénal, de même, le mari tuant l'amant de sa femme bénéficiera de circonstances atténuantes, auxquelles la femme ne saurait prétendre dans le cas inverse. L'explication à ces différences de régime tient évidemment au fait que l'adultère de la femme avait toujours fait redouter les bâtards.

Mais, jusqu'à 1965, lorsqu'elle passe un acte notarié, la femme mariée continue à devoir être « autorisée » par son mari, qui a d'ailleurs voix au chapitre quant à la gestion des biens propres à celle-ci.

S'agissant du nom, il est clairement établi que la femme mariée conserve son nom d'origine, et cela toute sa vie. Elle ne le perd pas une fois mariée, mais il est d'usage que dans la vie courante, elle utilise celui de son mari.

Le grand changement est évidemment que, si la femme d'autrefois n'avait d'autre possibilité que d'accepter tout cela, celle du XXe siècle, libérée et responsabilisée, l'a catégoriquement et parfois violemment contesté et refusé. Au cours des trente ou quarante dernières années, on a ainsi assisté à plusieurs réformes destinées à lui reconnaître et lui permettre d'acquérir l'égalité avec l'homme, y compris dans ce domaine.

« Il est grand temps que les femmes aient une identité propre, et une seule », écrivait une journaliste féministe commentant en 1976 un sondage de l'I.F.O.P. selon lequel 60 % des femmes déclaraient désirer, en cas de mariage, conserver leur nom de jeune fille. Ce qui rappelait cette confidence de l'écrivain Benoîte Groult, plusieurs fois mariée : « J'ai vécu chacun de mes changements de nom comme autant de dépersonnalisations. »

Mais voilà qu'à côté de ces revendications identitaires, on a vu des femmes, au lendemain du divorce, se battre pour conserver le nom de leur mari, qu'elles perdent en principe automatiquement. Le cas le plus fréquent se produit évidemment lorsqu'il y a des enfants à charge, et répond à un souci de confort social, l'idée étant que, vis-à-vis de l'extérieur, tous les habitants du foyer puissent se voir dénommés de la même façon. Sans parler des complications nées des enchaînements de mariages et de divorces, avec nos fameuses familles recomposées, qui manquent elles aussi par trop de trait d'union visible.

Après bien des hésitations, une loi, baptisée « loi Roudy » fut votée par le Parlement en décembre 1985. Si elle osa enfin toucher au sacro-saint régime juridique du nom de famille, elle se limita cependant à instaurer un « nom d'usage », à l'intention non seulement des femmes mariées, divorcées ou veuves, mais aussi des hommes. Elle offrit à chacun la possibilité d'user du nom de son conjoint, que ce soit par substitution pour les seules femmes, ou par addition, tant pour elles que pour les hommes, avec des « Martin-Dupont » (sans qu'il soit toutefois précisé dans quel ordre les deux noms pouvaient ou devaient être accolés). De la même façon, ce « nom d'usage » permit aux enfants – à commencer par ceux de couples séparés – d'user dorénavant des noms de leurs deux parents, toujours sans en préciser l'ordre et sans en permettre non plus la transmission. Ce ne sont donc pas ces noms d'usage qui risquent de générer de nouveaux patronymes.

Combien compte-t-on de noms ?

La question de savoir combien on pouvait compter de noms de famille, de France, est longtemps restée sans réponse. Elle l'est restée tant que l'on n'a pas disposé de listes nationales, qui n'ont été fournies que dans les années 80, à la fois par les services de l'annuaire électronique de France Télécom et par la publication des fichiers de l'INSEE.

À cette même question, chacune de ces sources d'information a répondu par un nombre différent : 804 000, selon la

---

M. Sexe, condamné pour outrage à la pudeur

La Dépêche du Midi 02.03.1974

Le patronyme *Sexe* n'a rien de... sexuel. Ce mot, dans notre langue, n'a guère été utilisé avant le XVIe siècle (soit en gros quatre siècles après le dégagement des patronymes). Jusque-là, le membre viril se voyait désigné de diverses façons, notamment par le mot « vit » (venu du latin *vectis*, la barre). Le patronyme *Sexe* vient plutôt de « Saix », nom de lieu assez fréquent, et venu du latin *saxum,* désignant le rocher.

---

première ; plus d'un million, selon la seconde. La différence observée – qui est tout de même de 200 000 ! –, tient au fait que la première ne prend en considération que les personnes abonnées au téléphone à une date donnée, alors que la seconde considère les individus sur une période de plus d'un siècle, et tient compte, pour les femmes, de leurs noms de jeunes filles.

Mais l'affaire n'est pas pour autant réglée, car ces réponses obtenues, il apparaît que la question en cache une autre : qu'est-ce, en réalité, qu'un nom de famille ? Aussi curieux que cela puisse sembler, cette interrogation appelle pas mal de commentaires.

Bien évidemment, nous retrouvons ici nos problèmes d'orthographe et de variantes en tous genres…

À y regarder de près, il saute rapidement aux yeux que ces 800 000 à un million de noms ne présentent souvent qu'une différence d'accent : on compte pour deux patronymes les Desvignes et les Dévignes, les Morel Joubert et les Morel-Joubert, et les Place, Laplace, Delaplace, Plasse et Plasses comptent pour cinq. Dans certains cas, ces listes nous livrent même une bonne douzaine de combinaisons, phonétiquement équivalentes, comme Baudot, Beaudot, Bodaut…, toutes prononcées « Bodo ». Pour certains noms longs et compliqués – c'est le cas de nombreux noms flamands – on pourra même aller jusqu'à cinquante. Sans oublier les traductions de noms, rencontrées dans certaines régions, comme en Moselle où le patronyme Angevin va se muer en Engeveng ou celui de Weiss en Blanchon…

Dès lors, la conclusion s'impose. On s'aperçoit que la grande majorité des noms ne sont en fait que la variante d'un autre, au point qu'un même patronyme apparaît dans ces listes en moyenne sous au moins trois formes. Les spécialistes estiment par conséquent qu'il ne doit guère subsister aujourd'hui que 250 000 à 300 000 patronymes différents de tous ceux qui se sont dégagés au Moyen Âge. Ce qui fait également conclure que tous les autres – soit entre 600 000 et 700 000 –, variantes ponctuelles et accidentelles d'un patronyme plus fréquent, ne sont souvent portés aujourd'hui que par un nombre très réduit d'individus.

Voilà qui explique également la très inégale répartition des noms entre la populations : si plus d'un million et demi de Français se partagent, *grosso modo,* les quelque vingt-cinq patronymes les plus fréquents, portés chacun par 30 000 à 60 000 personnes, 600 000 Français s'en partagent 300 000 autres, portés par une à quatre personnes seulement ! Ces 300 000 patronymes, ou plutôt « formes patronymiques » qui seront bien sûr ceux les plus menacés d'extinction, mais qui ne sont en fait, pour les trois quarts d'entre eux, que la variante d'un nom plus courant (*cf.* tableau p. 375).

Tous les Français s'appelleront-ils un jour Martin ?

La presse l'a plus d'une fois annoncé : nos noms de famille s'éteignent, notre « corpus patronymique » se réduit comme peau de chagrin, et un jour viendra où tous les Français s'appelleront Martin, autrement dit, où il ne restera plus, en France, que quelques centaines de patronymes, soit ceux qui sont actuellement les plus répandus, Martin en tête… (*cf.* palmarès, p. 208). C'est là une prophétie frappante, mais qui est totalement fausse…

D'où vient-elle ? La source en est toujours la même : l'enquête qu'avait entreprise au cours des années 70 un polytechnicien à la retraite, Michel Tesnière, et qu'il n'a pu mener à son terme.

S'étant livré à des comptages divers et variés dans les annuaires téléphoniques de cette époque, notre homme s'était interrogé sur ces questions et avait remis à la Société d'onomastique un rapport, dans lequel il présentait ses premiers résultats. C'est à ce texte que se reportent les articles alarmistes, négligeant toutes les analyses postérieures, nettement moins sensationnelles. S'il est vrai que des noms de famille s'éteignent, le phénomène n'a aucunement l'ampleur qu'on lui prête ; et l'enquête de Tesnière, vieille de vingt-neuf ans, est en fait totalement dépassée.

Outre le fait que son auteur n'était nullement spécialiste de la question – à la différence de ceux qui ont travaillé après lui – son matériau de travail – l'annuaire téléphonique du début des années 70 — laissait lui-même à désirer, en ce sens qu'il datait d'une époque où la démocratisation du téléphone n'était pas achevée. De ce fait, Tesnière s'est trouvé confronté à la fois à une sous-représentation des familles modestes et à une sur-représentation des familles dominantes, et donc de certains types de patronymes.

Ce qui a achevé de rendre ses conclusions obsolètes est justement la diffusion des fichiers dont on a disposé ultérieurement, fichiers à partir desquels démographes et statisticiens, comme le Pr Jacques Dupâquier, membre de l'Institut, et l'informaticien Jean-Pierre Pélissier, ont repris le dossier. Tous ont conclu que seuls les noms portés par moins de dix foyers couraient véritablement des risques d'extinction, et démontré que ces noms rares n'étaient, dans leur immense majorité, que des variantes d'autres plus fréquents ne courant quant à eux aucun risque. Sans oublier qu'il pourra toujours suffire d'un seul homme pour mettre pour longtemps un patronyme à l'abri,

Faits divers : harcèlement sexuel

L'Union de Reims 06.05.1997

« Responsable au service intérieur du district de Saint-Quentin, qui compte une vingtaine de dirigeants, Bernard Lecul, 54 ans, a contre lui les témoignages de trois femmes qui travaillaient sous sa tutelle directe. »

dès lors qu'il engendrera une bonne portée de garçons… L'apocalypse patronymique n'est donc pas pour demain, ni pour après-demain.

Certes, le vieux corpus des surnoms médiévaux appelés à devenir nos noms de famille a connu, depuis le XIIIe siècle, une inévitable érosion, qui a d'abord touché les noms apparus en exemplaire unique. Certes, aussi, il essuya, au XVIe siècle, les effets de la grande Peste noire, déferlant sur la France, qui fit périr à elle seule à peu près le tiers de sa population, et donc fatalement bien des noms…

Certes enfin, la révocation de l'Édit de Nantes, la guerre de Trente Ans et bien d'autres événements l'ont entamé à leur tour ; mais il n'a d'autre part jamais cessé de s'enrichir par l'apparition de patronymes nouveaux (noms d'enfants trouvés, noms montagnards, nobles, bourgeois…), et par l'arrivée de nombreux noms étrangers, au point que les fichiers de l'INSEE montrent que ce corpus a en réalité augmenté de 25 %, entre 1945 et 1990.

Réforme « à la sauvette », mais réforme nécessaire ?

Le nom de famille aurait-il été pour le législateur un sujet tabou ? Le fait est qu'à chaque occasion qui lui a été donnée de se pencher sur lui, il s'est bien gardé de le faire. Pour ne pas jouer avec le feu ? Ou bien pour laisser agir la « coutume », qui est toujours plus forte que la loi, puisque ne reposant sur aucun texte écrit, il est impossible de la modifier ? Toujours est-il que, des siècles durant, le législateur s'est abstenu.

On aurait pu s'attendre à ce que l'intense activité législative de la Révolution et de l'Empire se charge de doter le nom d'un statut élaboré : il n'en fut rien. Alors que l'article 6 de la Déclaration des droits de l'homme et du citoyen faisait de la loi, « expression de la volonté générale », la source essentielle du droit, et alors que le nom de famille pouvait être considéré comme un véritable « marqueur social », il ne semble guère avoir intéressé les révolutionnaires.

Lâcheté, ou volonté ?

Peut-être effroi et sensation d'incompétence devant la complexité de la nature juridique profonde du patronyme qui, il faut l'avouer, a de quoi rebuter les plus décidés. Juridiquement, le nom procède en effet de la « saisine », institution aussi ancienne que délicate à manier. Directement héritée du Moyen Âge, elle établissait en gros que le porteur d'un nom n'en avait pas la propriété intégrale, et qu'il ne pouvait pas en disposer librement. Un nom de famille ne peut être vendu ni cédé, et il est par ailleurs imprescriptible : on ne peut perdre ses droits sur lui par absence d'usage. C'est cela qui explique que les juges puissent autoriser à rectifier un nom, ou à le reprendre sous son ancienne forme

Mais il y avait aussi la volonté, peut-être, de pas modifier les règles qui, à la fin de l'Ancien Régime, régissent ce que les juristes, depuis le XIVe siècle, appellent officiellement le nom « de famille ». Ces règles, qui imposent la transmission automatique du nom du père à ses enfants et la fréquente non-transmission de celui de la mère célibataire ou veuve à l'enfant naturel, ont également consacré le port du nom du mari par la femme mariée.

En 1790, c'est surtout aux signes extérieurs des valeurs d'Ancien Régime que l'on s'est attaqué. On a supprimé les titres. Lepelletier – lui-même « de Saint-Fargeau » – a eu beau proposer de supprimer les noms de terres, on s'est bien gardé de le suivre – peut-être parce que trop de députés portaient des noms de ce type et se sentaient personnellement concernés. C'est sans doute aussi pour cela que l'on a décrété que « tous les citoyens ne pourront prendre que le vrai nom de leur famille et leur nom patronymique », tout en se gardant bien de définir ces deux notions…

En 1793, au plus fort de la tourmente révolutionnaire, le débat sur le nom sera pourtant ouvert. Mais ne nous y trompons pas : par « nom », on continue à entendre essentiellement « prénom », et il ne s'agira en fait que de promouvoir des prénoms plus conformes aux nouveaux idéaux. Non sans excès, évidemment, et trois semaines après la chute de Robespierre, on réglera les comptes. Des députés, scandalisés d'avoir vu les noms de Socrate ou de Brutus portés par des individus qui s'en montraient indignes, demanderont que l'on mette un terme à ces errances. D'où le vote de la loi du 6 fructidor an II, qui prescrit qu'aucun citoyen ne pourra porter de nom ni de prénom autres que ceux exprimés dans son acte de naissance, ajoutant qu'il est défendu d'ajouter aucun surnom à son nom propre, à moins qu'il n'ait servi jusqu'ici à distinguer les membres d'une même famille, sans rappeler des qualifications féodales ou nobiliaires. Sont ici visés les prénoms et les noms de terres. Pas du tout nos patronymes.

Il en ira de même avec la loi votée le 11 germinal an XI (1er avril 1803) qui limitera, dans son article 1, le choix des « noms » – là encore, sous-entendu « de baptême » – aux « noms en usage dans les différents calendriers et à ceux des personnages connus de l'histoire ancienne » ; elle précisera, dans son article 4, que « toute personne qui aura quelque raison de changer de nom en adressera la demande motivée au Gouvernement ».

Arrive l'Empire et la préparation du Code civil, qui légiférera sur tout. Soucieux de faire échec aux fraudes et aux négligences, il réglementera minutieusement l'état civil. On s'attendrait alors à ce qu'il traite du nom, mais voici qu'arrivant aux actes de naissance, il se contente de décréter, dans son article 57, que « l'acte de naissance énoncera le jour, l'heure et le lieu de la naissance, le sexe de l'enfant, et les prénoms qui lui seront donnés, ainsi que les prénoms, noms, âges, professions et domiciles des père et mère ».

S'il parle bien de nom (et de prénom) pour les parents, il ne dit rien de celui attribué à l'enfant…

L'Empire se contentera donc du texte de 1808, visant les Juifs, qui mentionne bien les « noms de famille », mais qui n'a été, comme on l'a vu, qu'une simple mesure de police.

« Né de l'usage, le nom restera, donc malgré l'emprise de la loi, lié à l'usage », remarque Anne Lefèvre-Teillard. Il apparaît donc emprunt de dualité, puisqu'il est à la fois propriété du citoyen et institution de police, second aspect qui va aller en s'affirmant. Il faudra attendre la fin du XXe siècle pour voir cet état des lieux contesté, au plan de son mode de transmission, du fait de l'apparition des familles dites « recomposées », qui fait que la question, désormais, ne peut plus être considérée comme marginale.

À son arrivée au ministère de la Culture, en 1976, Françoise Giroud s'engage : « L'extinction du nom d'une famille parce qu'il n'y a pas d'héritier mâle est quelque chose de scandaleux. Si ce nom a de la valeur pour ceux qui le portent, même sans être illustre, pourquoi disparaîtrait-il ? Les femmes aussi doivent pouvoir perpétuer leur patronyme ! » En 1981 le candidat François Mitterrand inscrira cette question au nombre de ses 101 propositions.

Au lendemain de son élection, on se met donc à la tâche, et, en 1985, la loi Roudy donnera au mari, et surtout à la femme mariée, un droit réel sur le nom du conjoint, en même temps qu'elle autorisera les enfants à vivre sous les noms de leurs deux parents, – sans toutefois préciser, comme on l'a noté, dans quel ordre ceux-ci pouvaient ou devaient être accolés. C'est le « nom d'usage » – un nom viager, que l'on peut utiliser mais non pas transmettre. On parla d'une « réformette ». Personne ne fut très satisfait…

À plusieurs reprises, la question va donc ressurgir. Jean-Louis Masson, député RPR de la Moselle, montera quatre fois au créneau (en 1982, 85, 94 et 97), relayé en 1998 par son ex-suppléante, Marie-Jo Zimmermann. Vainement. Le statut juridique du nom reste une citadelle imprenable, et personne ne croit plus à sa modification, jusqu'à ce qu'un obscur député du Lot-et-Garonne, Gérard Gouzes, ne réussisse un beau jour à enlever le morceau !

À l'article 57 du Code civil, précisant que « l'acte de naissance énoncera le jour, l'heure et le lieu de la naissance, le sexe de l'enfant, et les prénoms qui lui seront donnés, les prénoms, noms, âges, professions et domiciles des père et mère [...] », Gérard Gouzes fait ajouter qu'il précisera aussi « le nom de l'enfant », tout en spécifiant que, « lorsque la filiation d'un enfant est établie simultanément à l'égard des deux parents, ces derniers choisissent le nom qui lui est dévolu ».

L'enfant peut donc prendre soit le nom de son père, soit celui de sa mère. Il peut aussi utiliser leurs deux noms accolés dans l'ordre choisi par eux, dans la limite d'un seul patronyme pour chacun d'eux.

En cas de désaccord entre les parents sur le nom donner à l'enfant, celui-ci prend leurs deux noms accolés dans l'ordre alphabétique, dans la limite d'un patronyme pour chacun d'eux et sous la garantie expresse que « les enfants issus des mêmes père et mère portent un nom identique ».

Comment ce député réussit-il ce tour de force législatif ? Avait-il de nouveaux arguments ?

Celui de l'érosion de notre corpus patronymique, que Mme Roudy avait ressorti, en ignorant les démentis opposés aux conclusions de Tesnière, n'aurait pu suffire...

Plus fort avait été l'argument socio-politique : l'atteinte au principe d'égalité homme-femme et la diversification des histoires familiales. Gérard Gouzes voit dans l'usage de la transmission par le père « un principe coutumier, confirmé par les tribunaux et indirectement consacré par le Code civil. Il est enraciné dans l'histoire de notre pays, dit-il, et contient une charge symbolique importante, car le nom est un élément d'identification de l'individu dans la société, un lien avec sa famille, son histoire, ses racines.

Ce principe repose aussi sur un modèle : celui de la famille légitime et indissoluble, fondée sur le mariage et placée sous l'autorité du mari. Cette règle est aujourd'hui contestée, inadaptée et dépassée. Contestée sur le plan des principes, au nom de l'égalité entre les femmes et les hommes. Inadaptée, en raison de la diversification des histoires familiales. Dépassée par le droit, les principes constitutionnels de notre pays, ainsi que ses engagements internationaux, récusant les discriminations fondées sur le sexe ».

À l'arsenal de ces arguments déjà classiques, il ajoute donc celui de l'incompatibilité de notre droit avec les normes nationales et internationales[1].

En effet, les législations de nombreux pays d'Europe permettant le choix du nom transmis à l'enfant, la France doit donc se mettre à l'unisson de ses partenaires. C'est là un argument beaucoup plus fort. L'Europe rallie. Elle justifie tout.

1. G. Gouzes montre que le principe d'égalité des sexes figure à notre « bloc de constitutionnalité », par le biais du préambule à la Constitution de 1946. Il estime aussi que l'application de ce principe à la transmission du nom est proclamée tant dans le cadre des Nations unies que du Conseil de l'Europe. Il montre qu'il figure en effet dans le Pacte international relatif aux droits civils et politiques de 1966, dans la Convention sur l'élimination de toutes les formes de discrimination à l'égard des femmes de 1979, dans celle relative aux droits de l'Enfant, de 1990. Il montre que le Conseil de l'Europe a, à plusieurs reprises, pris clairement position en faveur d'une transmission non discriminatoire. Il fait aussi état d'un arrêt rendu par la Cour européenne de Strasbourg en 1994 (Burghartz contre Suisse : une affaire complexe dans laquelle un couple germano-suisse réclamait le droit de transmettre à son enfant ses deux patronymes) qui, bien que la Convention de sauvegarde des droits de l'homme et des libertés fondamentales de 1950 n'ait pas explicitement consacré le principe, se fonde cependant sur ses dispositions pour condamner la discrimination basée sur le sexe en matière de transmission du patronyme.

Personne ne saurait prendre la responsabilité d'en ralentir la construction ou l'homogénéisation législative.

Gérard Gouzes le clame donc haut et fort : « Une réforme s'impose [...]. La nouvelle législation doit reposer sur les principes suivants : liberté de choix pour les parents ; égalité entre les sexes ; non discrimination selon les modes de filiation. Les enfants doivent pouvoir prendre soit le nom de leur père, soit celui de leur mère, soit leurs deux noms accolés. »

Bref, notre député socialiste, qui – comme son homologue RPR quelques années plus tôt – s'était levé un matin contrarié par la pensée que, n'ayant que des filles, ses descendants ne porteraient pas son nom (sur lequel ne pèse d'ailleurs pas le moindre risque d'extinction), réussit à faire voter à ses confrères une réforme révolutionnaire.

Cela se passa en fin de session et de séance, dans un hémicycle plus vide encore qu'à l'ordinaire, où les quelques présents, venus avec leurs valises, étaient pressés d'en terminer pour sauter dans les trains qui les ramenaient dans leurs circonscriptions, où devait s'ouvrir, dès le lendemain, la bataille des élections municipales. Le débat ne dura que deux heures. Deux heures pour effacer rien de moins que deux siècles d'hésitation et de réserve.

Les journalistes parlèrent d'une loi votée « à la sauvette ». Mais à la sauvette ou non, elle était passée à l'Assemblée nationale. Restait à attendre la réaction des sénateurs.

C'est alors – mieux vaut tard que jamais – que le débat s'ouvrit. J'y contribuai largement, au sein de la *Revue française de Généalogie,* expliquant que si une telle loi semblait aujourd'hui inévitable, compte tenu de la force de certains des arguments développés, on n'avait peut-être pas parfaitement bien mesuré la portée de ses termes, et surtout les conséquences pratiques de son application.

On avait notamment omis d'entendre les psychologues, les psychogénéalogistes et les psychanalystes...

La transmission du nom de famille chez nos voisins

Dans plusieurs pays d'Europe, la législation permet de choisir entre les deux noms, ou tout au moins de les réunir.

On trouve ainsi deux groupes de pays :

- ceux où la loi garantit officiellement le libre choix, entre les deux noms ou l'un des deux seuls : c'est le cas du Portugal, du Royaume-Uni, de l'Irlande, des Pays-Bas, du Danemark et de la Finlande. C'est aussi celui de l'Allemagne, où lors de la célébration de leur mariage, les époux peuvent choisir celui des deux noms qui sera transmis, sans quoi ce sera celui du père. Mais la loi allemande ayant mis ce système en place, en 1976, n'est en fait que très exceptionnellement utilisée, puisqu'elle ne serait appliquée que dans à peine 5 % des cas. En Grèce, le choix existe entre l'un des deux noms et le nom double, composé lui-même de deux éléments tout au plus (pour éviter les noms fleuves) ;

- ceux dans lesquels le nom de famille est transmis par le seul père. C'est actuellement le cas en Belgique (aux termes de la loi) et en Italie (selon les termes, comme en France, de la coutume) ;

- le cas de l'Espagne est à part, en ce sens que l'on y rencontre de solides traditions d'origine castillane, voulant qu'une femme mariée porte couramment le nom de son mari et son nom de jeune fille, reliés par la préposition de, *ainsi doña Blanca Fernandez de Ortega (autrement dit « Mme Blanca Fernandez (épouse) de (M.) Ortega »). Il en va différemment pour les enfants, qui porteront généralement les deux noms, reliés par la préposition* y, *signifiant « et ». Ainsi, dans le cas précédent : Manuel Ortega y Fernandez (fils de M. Ortega et de Mme Fernandez) ; ces deux noms avec, dans l'ordre, celui du père et celui de la mère, sachant que l'intéressé, à sa majorité, peut demander à ce que cet ordre soit modifié.*

On signalera enfin la tradition américaine, introduisant généralement le nom maternel par l'intermédiaire de l'usage du middle name *(cf. p. 266).*

Institution ou gadget ? Le nom de famille court-il à sa perte ?

« Le nom de famille n'est pas un gadget », s'exclame le psychanalyste Patrick Guyomard, qui ajoute : « Je suis favorable au maintien de l'indisponibilité du nom de famille comme symbolisant une filiation, une continuité et une permanence, éléments importants de la continuation de l'identité de toute personne. Un automatisme des choses me semble nécessaire, même s'il n'exclut pas la possibilité de recours individuels, qui doivent s'inscrire dans des démarches volontaires, actives et réfléchies. Le fait que le nom de famille fasse l'objet d'un choix, et donc d'une négociation entre les époux, leurs deux familles, ne me semble pas bon. »

À quoi Chantal Rialland, l'une des fondatrices de la psychogénéalogie, surenchérit : « J'ai souvent constaté combien de patients souffraient, lorsqu'ils n'avaient pas été reconnus par leur père et qu'ils ne portaient pas son nom. Cette nouvelle législation va entraîner de profonds bouleversements psychologiques, pour la plupart négatifs. Le rôle du père est de nommer l'enfant et de l'insérer dans la société. C'est également lui qui empêche la fusion avec la mère. Il est le vecteur de la loi, au sens symbolique du terme. L'enfant, de son côté, se sentira, selon les cas, contraint d'aimer Maman contre Papa ou Papa contre Maman. La chaîne des filiations est supprimée, alors que l'on a besoin de ses racines. Le seul effet positif sera, à mon sens, que les filles seront mieux acceptées qu'avant, du fait qu'elles pourront transmettre le nom. »

Psychologues et psychanalystes sont rejoints par de nombreux juristes, qui se montrent eux aussi réservés, sinon hostiles, à cette réforme.

Pour Françoise Dekeuwer-Défossez, professeur à l'université de Lille, « cette loi est inopportune », en ce qu'elle fragilise la transmission du père. Pour elle, « le lien social de maternité est toujours clairement repéré ; en revanche, la place du père a subi depuis quelques décennies de profondes mutations qui sont allées de pair avec le partage de l'autorité parentale et l'accroissement du nombre des séparations entre le père et ses enfants du fait de la désunion du couple : ouvrir la transmissibilité du nom de la mère crée de nouveaux déséquilibres et de nouveaux enjeux qui contiennent juridiquement le risque de porter une atteinte supplémentaire à l'image de la paternité. »

Pour Pierre Murat, professeur agrégé à l'université de Grenoble, « l'indisponibilité du nom est un gage de paix », et pour François Terré, professeur émérite à l'université de Paris II et membre de l'Institut, « on ne saurait changer les mœurs par une loi… »

Enfin, si les partisans de cette réforme citent volontiers l'exemple allemand, une étude plus approfondie montre que l'exercice de ce choix, depuis qu'il a été autorisé en 1976, est resté en fait très marginal. On est par conséquent en droit de penser que les Français, un premier enthousiasme passé, agiront de même, et que cette loi ne changera pas grand-chose, si ce n'est de permettre aux porteurs de patronymes « handicapants » de s'en affranchir sans avoir à effectuer le parcours administratif que leurs parents ont souvent renoncé à suivre. Mais trop de facilité est-elle ici positive ? On a vu combien les générations futures peuvent parfois regretter le changement

---

M. Saligo inculpé d'outrage aux mœurs

France-Soir 27.10.1963

Saligault, Saligaut, Saligot – et même *Salicon* ! – ont été autant de noms de famille, formés à l'origine sur un ancien nom germanique, *Salico*, nom tout à fait banal et innocent…

---

obtenu par leur aïeul… L'ancienne loi avait, au moins, le grand mérite d'éprouver les motivations…

En conclusion, Françoise Dekeuwer-Défossez n'hésite pas à parler de « bénéfice illusoire », du fait des pressions familiales et sociales qu'aucune loi ne réduira jamais.

A-t-on donc bien tout pesé ? A-t-on notamment pensé à la nostalgie toujours bien vivante, virant parfois à l'obsession, que l'on rencontre encore, dans la France républicaine du XXIe siècle, pour la « particule » ? Pour le comte d'Harcourt, président de l'association de la Noblesse française, cette loi ne manquera pas de « favoriser un marché des vanités » en faisant fleurir une foule de nouveaux noms de famille d'apparence noble. Il est en effet inévitable qu'elle provoque des tentations, dès lors que l'un des deux noms sera ressenti comme socialement « valorisant ». Les bébés de M. Martin et de Mlle de Perlimpimpin risquent fort de se voir enregistrés, à l'état civil, sous le double nom Martin-de Perlimpimpin, avec un trait d'union qui sera vite oublié, et un premier nom qui ne tiendra pas longtemps…

Le pire, cependant, se situe au plan des modalités techniques d'application, dont juristes et notaires dénoncent l'imprécision, source d'anarchie, de complexités infinies, et donc d'engorgement des tribunaux.

Dans un premier temps, cette loi votée « à la sauvette » fut l'objet d'une petite révision qui en atténua les effets, notamment en supprimant les possibilités de rétroactivité que prévoyait le texte initial, pour en limiter l'application aux seuls nouveaux parents, tout en en retardant l'entrée en vigueur.

Mais, à quelque mois de sa mise en place, le flou reste total au plan de ses modalités pratiques d'application. Concrètement, comment les choses se passeront-elles ?

Laissons de côté le fait que le livret de famille, garant de l'unité patronymique des fratries, n'en restera pas moins un document privé, qui peut par conséquent se perdre ou être dupliqué, et qui fait d'ailleurs actuellement l'objet de trafics pour les étrangers en situation irrégulière. Comment s'assurer que deux frères nés à Lourdes et au Caire, recevront bien le même nom que leur aîné, né à Paris, douze ans plus tôt ?

Oublions les vaticinations de Mme Roudy qui, persuadée de l'inévitable érosion de notre corpus patronymique, proposa de permettre aux parents de choisir parmi les noms des trente-deux arrière-arrière-arrière-grands-parents de l'enfant (au nombre desquels on pourra évidemment, plus d'une fois, récupérer un nom valorisant ou à particule…).

Passons également sur l'absence de précision quant à l'ordre dans lequel les deux noms seront associés (nom du père puis nom de la mère, ou le contraire ?), dénoncé par *Libération* comme un rock'n roll des noms…

Voyons plutôt les situations telles qu'elles se présenteront.

Si, à la naissance de leur enfant, M. Martin et Mlle Dumay pourront décider de lui transmettre leurs deux noms, la question reste entière pour la génération suivante, où la même faculté sera ouverte. Le fils de notre Martin-Dumay, époux de Mlle Dupont (ou de Mlle Dupont-Picard), pourra à son tour recevoir les noms de ses deux parents, à condition – pour des raisons pratiques évidentes – que chacun de ses parents ne puisse lui transmettre que l'un de ses deux noms (ainsi, pour le père, celui de Martin ou celui de Dumay). Apparemment, la loi prévoit qu'il en ira ici de même lorsque l'un des deux parents de départ porte plusieurs noms, puisqu'elle prend la peine de préciser « dans la limite d'un patronyme pour chacun d'eux ».

Et c'est là que le bât blesse… D'abord parce que le nom de famille n'a nulle part reçu de définition. Aux yeux de la loi, Martin-Dupont sera censé en être un à part entière, tout comme le sont aujourd'hui des appellations très diverses.

Si 95 % des patronymes actuels sont des noms en une seule partie, comme Martin ou Dumay (noms pouvant être composés d'une simple lettre – on en compte quatre : B, M, O et X –, comme d'une vingtaine, qu'ils soient d'origine française, tels Delajousselinière ou Vansechaerkbrouck, avec 17 lettres, ou d'origine étrangère, comme Randrianampoinimaria, avec 20 lettres), il ne faut pas oublier les très nombreuses exceptions confirmant cette règle, et qui se manifestent par différents types de noms, dont :

- plus de 6000 patronymes, majoritairement bretons, intégrant l'article (« le » et quelquefois « la » ou « l' »);
- des milliers de patronymes doubles, d'origine bourgeoise ou montagnarde (*cf.* p. 227) ;
- des milliers de patronymes nobles ou d'apparence noble, intégrant une particule séparée (dont quelque 6000 commençant par « de »), sans oublier les « de la » et, en Flandres, les « Van », « Van de », « Van den » ou « Van der » ;
- des centaines de noms doubles unis par « dit » ou « alias » (comme Tissot dit Dupont, Marie alias Morin, ou encore ce plus curieux Chevasss Clément à l'Antoine, jurassien),
- des noms d'origines étrangères, irlandais, écossais, chinois, vietnamiens, arabes... (comme O'Kelly, Mac Leod, N'Guyen, Ben Haim...).

Or, tous ces noms sont bel et bien des noms de famille, tout comme le sont aussi les curieux : Béranger-Fenouillet-Tissot-

---

Justice : outrage public à la pudeur

La Nouvelle République du Centre-Ouest, 29.10.1954

« Dans son audience du 10 novembre, le tribunal correctionnel a eu à connaître une affaire d'outrage public à la pudeur reproché à une femme de quarante-huit ans, Olga Cudassier. »

Palendier (36 signes), ou Pourroy de l'Auberivière de Quinsonas-Oudinot de Reggio (54 signes ou espaces !).

Comment les choses se passeront-elles dans tous ces cas ?

Dans un premier temps, si les parents le veulent, on ne pourra éviter que l'enfant de M. Pourroy de l'Auberivière de Quinsonas-Oudinot de Reggio et de Mlle Pierre-Brossolette ne s'en tire avec un nom à... 74 signes !

Mais que se passera-t-il, dans trois ou quatre générations, lorsque M. Martin-Dumay, dont le grand-père aura reçu ce nom, voudra ajouter pour nommer ses enfants le nom de son épouse ? Quelle différence fera-t-on entre son nom (dont il peut ignorer l'origine récente) et le cas du Jurassien Lambert-Coucot, dont le nom se présente, lui, sous cette forme, depuis le XVIe ou le XVIIe siècle ? La loi ne faisant pas de distinction, tous deux se verront obligés de choisir entre ces deux noms qui, à leurs yeux et à ceux de la loi, n'en seront en fait qu'un seul.

Allons plus loin. Sans précision ni définition réelle du nom, comment se comportera-t-on avec M. Dupont de Villebois ? Faudra-t-il choisir entre Dupont et Villebois ? Et M. Le Goff, époux de Mlle Durand, et désireux de nommer son fils Le Goff -Durand devra-t-il choisir, entre « Le » et « Goff » ? Même chose pour les L'Huissier, les de Gaulle ou les Mac Mahon. Comment faire, en effet, pour différencier le cas des Mac Mahon écossais et des Pin Barre dauphinois, deux patronymes pareillement composés d'un premier élément de trois lettres ? Deux noms ou un seul ? Question absurde ? Pas plus que de considérer que Lefèvre-Utile n'est plus un mais deux noms. Comment ne pas être tenté de prendre pour un nom à part entière le « Mac » de Mac Mahon ou le « N » de N'Guyen, lorsque B, O, M et X – patronymes qui existent – le seront de leur côté ?

La question se complique encore au niveau des générations futures, lorsqu'il ne sera plus possible de différencier les patronymes préexistants à l'application de la loi (comme c'est le cas pour Béranger-Fenouillet-Tissot-Palendier et les Pourroy de l'Auberivière de Quinsonas-Oudinot de Reggio) de ceux qui en ont été le résultat, comme Martin-Dumay. Le livret de famille pourra-t-il faire foi, en ce qu'il reproduit l'essentiel de l'acte de mariage des époux ? Non, car si, en première génération, il montre que l'époux, M. Martin-Dumay est fils de M. Martin et de Mlle Dumay, et ne doit donc transmettre qu'un de ces deux patronymes, il ne donnera plus d'informations dès la seconde génération.

Une solution pourrait être d'utiliser un signe nouveau (devant ces situations et mentalités nouvelles, un tel usage ne pourrait surprendre) comme le « slash ». Il permettrait de distinguer, du moins sur les documents officiels, les deux noms réunis et donc d'éviter des coupures postérieures intempestives. Il serait clair que M. Durand / Le Bris ou que Mme B / de la Garrigue portent des noms ayant résulté un jour ou l'autre de l'union d'un M. Durand et d'une Mme Le Bris, d'un homme nommé B et d'une femme nommée de la Garrigue. Ainsi matérialisée, la réunion des noms serait on ne peut plus claire…

Apparemment, la solution retenue sera le double tiret, recommandé par l'INSEE, qui donnera Durand - - Le Bris ou B - - de la Garrigue. Une solution à première vue bien lourde et fragile, lorsque l'on sait que bien des traitements de texte risqueront de mal « digérer » cette séquence (espace, tiret, espace, tiret, espace) et de la « mettre en forme » à leur façon.

À l'heure où les ordinateurs tronquent impitoyablement les patronymes au-delà de neuf à dix signes, ces questions sont d'importance. Elles reviennent notamment à savoir si l'on veut permettre au nom de rester un outil de police civile et un repère, ou, au contraire, le vider de l'intégralité de sa substance. On perçoit ici le scénario-catastrophe prédit par François Terré, pour qui « une trop grande mobilité des noms entraînera alors la prédominance du chiffre sur la lettre », puisque « le numéro de Sécurité sociale, restant quant à lui fixe, deviendra la nouvelle référence en matière de police civile et en viendra donc à remplacer notre nom ».

Un scénario bien plus apocalyptique que l'augmentation des contingents de Martin et l'érosion prétendue de notre corpus patronymique. De telles perspectives exigent à l'évidence beaucoup de réflexion et de vigilance. Le nom n'est pas un gadget qui se prête à n'importe quelle innovation.

À trop vouloir le protéger et le transmettre, on risque fort de provoquer sa perte…

Cinquième partie

D'autres noms : noms de marques, pseudonymes, noms de héros

Vieux de plusieurs siècles, notre nom de famille risque-t-il de disparaître, ou de se voir remplacer par un chiffre ?

La perspective du numéro supplantant le patronyme et l'effroi que cela suscite chez la majorité d'entre nous sont révélateurs de la place qu'occupe le nom de famille. Le nom nie l'anonymat, et donc l'inconnu, l'étranger. Un nom est toujours un peu comme une garantie : il rassure, il est la marque d'un homme ou d'une entité à dimension humaine.

Un grand nom, un nom connu, chargé d'Histoire, flatte et honore. Un nom « bien de chez nous » met en confiance.

En politique comme dans les affaires, il compte aussi énormément. Pour vendre, on a vu le spécialiste de marketing s'appuyer sur votre nom, en recourant à la formule du « mailing personnalisé ». Pour s'assurer des voix de ses électeurs, l'homme politique s'attache à pouvoir les appeler par leur nom. À l'inverse, qui entend protéger sa vie privée ou celle de sa famille choisira au contraire de travailler sous pseudonyme. Pour donner les meilleures chances de s'imposer à son héros, un écrivain s'efforcera de lui forger un nom voué au succès.

À l'heure où l'on peut voir le nom de famille menacé par d'autres techniques d'identification plus abstraites, la place qu'il occupe reste donc inchangée. Partout, il semble à la fois nécessaire et indétrônable, comme on va pouvoir s'en rendre compte.

1 – Les noms de marques et de produits

À l'origine, pourrait-on dire, était l'enseigne. Une « enseigne » qui était un « signe », destiné à « enseigner », autrement dit à indiquer, à instruire. Elle a d'abord été visuelle, avant de devenir, au fil des progrès de l'alphabétisation, à lire et à comprendre. On allait passer du logo et du pictogramme au slogan et à la communication. Ainsi en va-t-il de grands magasins ou de hauts lieux parisiens toujours existants.

De l'enseigne, on passa rapidement au nom de marque, avec des dénominations variées, mais que l'on peut toutefois classer en deux grandes catégories: celles tirées de noms de famille – le plus souvent repris intégralement – et d'autres, fabriquées de toutes pièces ou résultant du hasard.

Ceux issus de noms de famille sont quasiment automatiques dans certains secteurs d'activité. Partout, en fait, où l'on trouve le savoir-faire, le talent, la création ou l'imagination d'un individu et non d'un groupe ou d'une équipe. Cet individu donnera alors son nom à la marque ou au produit, à moins que l'on ait affaire à deux noms, suite à un mariage ou à une association.

Ces appellations sont extrêmement courantes: de même qu'on trouve un M. Opinel à l'origine du fameux couteau (Joseph Opinel, fils d'un taillandier savoyard, qui créa, à la fin du XIXe siècle, le couteau de poche à virolle), on a eu un M. Avis et un M. Hertz, à l'origine de ces marques de location de voitures, et un M. Dentresangle, derrière les camions qui portent ce nom. Abel Rossignol, menuisier à Voiron, fabriqua des skis dès 1911, avant d'être imité par l'Annécien François Salomon,

De la Samaritaine au Moulin-Rouge : pompe à eau et folies diverses

À Paris comme ailleurs, toute enseigne a son origine et son histoire. Ainsi l'hôpital des Quinze-Vingts, fondé par Saint Louis en 1260 pour accueillir les aveugles, et qui doit son nom au fait qu'il avait été équipé de « quinze-vingts lits », ce qui, selon le système de compte vingtésimal alors utilisé, faisait 300. Les enseignes les plus pittoresques, cependant, ont souvent été celles des grands magasins et des salles de spectacles et boîtes de nuit, à commencer par Maxim's, *hérité de Maximin Gaillard, fondateur, vers 1875, de ce qui était alors un simple restaurant.*

Les grands magasins

La Samaritaine : *Ernest Cognacq et sa femme, née Louise Jay, baptisèrent ainsi le magasin qu'ils ouvrirent en 1870 à l'angle des rues de la Monnaie et du Pont-Neuf, en référence au nom d'une ancienne pompe, située contre une des arches du Pont-Neuf et qui tirait de l'eau de la Seine pour approvisionner le quartier (notamment le Louvre et les Tuileries). Cette pompe était symboliquement surmontée d'un groupe sculpté représentant la rencontre, au puits, de Jésus avec une Samaritaine.*

Au Bon Marché : *en 1852, Alexandre Boucicaut, chef de rayon dans un grand magasin, nomma ainsi celui qu'il ouvrit avec son associé, Paul Videau.*

À la Belle Jardinière : *ouvert en 1824 et premier magasin à avoir pratiqué les prix fixes, il s'était en réalité d'abord appelé* À la Belle Fermière.

Le Bazar de l'Hôtel de Ville *a été fondé en 1856 par un colporteur savoyard nommé Xavier Ruel, qui avait remarqué que l'angle des rues de Rivoli et des Archives était l'emplacement où les bonimenteurs ambulants réalisaient leurs meilleures ventes. À peine était-il installé qu'il aurait un jour réussi à arrêter un carrosse passant rue de Rivoli et dont l'attelage s'était emballé. On dit que c'était celui de l'impératrice Eugénie, et qu'à titre de remerciement, il obtint de nommer son magasin* Les Galeries Napoléon, *une enseigne alors « vendeuse » mais qu'il préféra pourtant abandonner en 1870, au profit de celle que le magasin a conservée.*

Les salles de spectacle

Les Folies-Bergère : *on appelait autrefois « folies » des lieux où l'on s'amusait... follement. Sous Louis XVI, on avait ainsi connu* Les Folies-Boutin, *lancées par un millionnaire de ce nom et installées dans l'actuel quartier de la place Blanche, et qui étaient une sorte d'Eurodisney de l'époque. Fondées en 1867, nos* Folies-Bergère *devaient initialement se nommer* Folies-Trévise, *mais les descendants du maréchal Mortier, qui étaient ducs de Trévise, s'y étaient farouchement opposés. On s'arrêta donc au nom actuel, du fait qu'elles étaient tout près de la rue Bergère, dont le nom provenait lui-même d'une déformation de celui d'un certain M. Bergier, simple teinturier du quartier.*

Le Lapin Agile *fut le nouveau nom de l'ancien cabaret dit « des Assassins », rouvert en 1885 et d'abord appelé* Au lapin à Gilles, *en référence à l'image d'un lapin, peinte par l'affichiste André Gilles.*

Le Moulin-Rouge : *du temps de Louis XIV, on avait compté jusqu'à plus de trente moulins à vent sur la butte Montmartre : ceux de la Galette, des Brouillards, les Moulin-Chapon, à Poivre, de la Turlure... Il n'en restait que deux au XIXe siècle. Le* Moulin-Rouge *fut d'abord une salle de spectacle ouverte en plein air en 1889, place de Clichy, à l'occasion de l'Exposition universelle.*

en 1947. Et c'est un Charles Testut qui fut à l'origine, en 1820, de la fabrique des célèbres balances.

De la même façon, Thomson dut son nom, en 1885, à Elihu Thomson, inventeur de la soudure électrique, et Otis à un mécanicien américain de ce nom, qui devint fabricant d'ascenseurs et d'escalators, à l'époque où l'on dut en équiper la tour Eiffel. Jusqu'à la fameuse lessive Saint-Marc, qui doit sa paternité à Raoul Saint-Marc, blanchisseur bordelais, qui conçut en 1902 une cendre-lessive au pin des Landes, capable, notamment, de faire disparaître les taches de sang des tabliers des bouchers.

Il y eut non pas un, mais trois M. Darty : trois frères, qui créèrent l'affaire actuelle en 1947, comme on trouve le baron Marcel Bich, qui perfectionna l'invention du stylo à bille, après qu'un certain Lewis Edson Waterman eut inventé, en 1888, le stylo à tube capillaire, et que Barthélemy de Canson, gendre des Montgolfier, eut mis au point un certain papier…

Des noms de famille se cachent partout : derrière le Hilton, c'est l'hôtelier texan, Conrad Hilton. Derrière votre ampoule, c'est Gérard Philips, fondateur d'une usine d'ampoules électriques à Eindhoven, aux Pays-Bas, en 1891 ; c'est l'ombre de Francis Bouygues et de sa famille qui est à la fois derrière le

Comme leur nom l'indique…

On trouve, dans l'annuaire téléphonique de 2003 :

- *M. Cochonneau,* charcutier, à Bois-le-Roi (77) ;
- *M. Le Borgne,* opticien, à Sallanches (74) ;
- *M. Crampe,* ostéopathe, à Savinesz-le-Lac (04) ;
- *Mme Durillon,* pédicure, à Nîmes ;
- *M. Levain,* boulanger, à Beaucourt (90) ;
- *M. Soulier,* podologue, à Neufchâtel-en-Bray (76) ;
- *Dr Guerri* et *Dr Bonnevie,* à Perpignan.

réseau téléphonique et les opérations de constructions ; c'est encore Camille et Gaston Poulenc (oncles du musicien Francis), qui dirigeaient l'ancienne Société chimique des Usines du Rhône, productrice de l'aspirine, et la feront devenir Rhône-Poulenc, alors que Péchiney devait son nom à son fondateur, Alfred Rangot, petit fabricant de bimbeloterie parisien qui avait été élevé par son beau-père, M. Péchiney.

Que penser de tous ces choix ? Par quoi ont-ils été dictés ? Qu'expriment-ils ? Les réponses sont sans doute multiples... Besoin d'affirmer une propriété ou une réussite professionnelle ? Occasion de marquer son territoire ou d'affirmer nommément sa place et son poids sur un marché ? Mode d'accès à la notoriété ? Désir d'engagement personnel ? Il n'est certainement pas anodin que ce genre d'appellations se rencontre essentiellement dans certaines catégories de produits, à commencer par ceux de l'alimentation, de l'habillement et du luxe, ainsi que dans l'industrie automobile, l'édition et la banque.

De Rodolf Lindt à Giulia Buitoni : savoir ce que l'on mange, ou savoir qui l'a préparé

Dans l'alimentation, le patronyme domine de façon écrasante. Il « labélise ». Le produit que l'on mange doit être garanti en fraîcheur et en qualité. Le nom du fabricant est ici manifestement ressenti et recherché comme un élément rassurant, à l'image de celui qu'affiche votre boucher ou votre pâtissier sur son enseigne ou sur ses papiers d'emballage. Lorsqu'il s'agit de produits alimentaires, le consommateur refuse l'anonymat, au point que les ventes du jambon « Le Foué » connurent une nette augmentation lorsque la publicité ajouta « de Paul Prédault ».

L'amateur de chocolat sera souvent sensible à une marque attestant la recette séculaire, héritée d'un maître chocolatier réputé. La référence suprême en la matière fut longtemps la signature de Jean-Antoine Brutus Menier. Droguiste dans le

Marais, il avait d'abord vendu de la poudre de chocolat aux pharmaciens de son quartier, qui l'utilisaient pour en enrober leurs dragées. En 1825, il avait acquis un moulin à eau à Noisiel, pour y broyer ses poudres, et c'est là qu'il allait fabriquer, en 1836, la toute première tablette de chocolat. Il fut suivi par Philippe Suchard, ancien confiseur à Berne, qui avait ouvert une fabrique à Serrières, en 1826 ; par Charles André Kohler, concepteur, quelques années plus tôt, du chocolat aux noisettes ; par Auguste Poulain, petit commis épicier devenu apprenti confiseur à Paris, et qui fonda sa propre maison en 1848 ; puis par Rodolph Lindt, qui lança en 1872 le chocolat fourré.

Après Menier, ce seront donc surtout des Suisses qui cautionneront le chocolat, que le Zurichois Henri Escher avait rapporté de Belgique en 1697. Il faudra attendre le Bourguignon Auguste Lanvin, qui s'installera en 1921 et lancera en 1930 le fameux « escargot » de Bourgogne, pour que la France y retrouve sa place...

Comme le chocolat, les biscuits gagnent à porter un nom. Voici les produits Bahlsen, lancés par Hermann Bahlsen, biscuitier à Hanovre à la fin du XIXe siècle ; les biscuits Vandame, lancés par Gaston Vandame, fondateur d'une usine de pain d'épices à Choisy-le-Roi, en 1929 ; les gâteaux – puis les « crackers » – Belin, sortis des usines fondées par Gustave Belin, à Château-Thierry, en 1931 ; sans oublier Cadbury (John Cadbury fut, au XIXe siècle, le « Menier américain »). On ne saurait oublier LU, grande marque que nous rencontrerons plus tard, et une petite dernière, Pasquier, lancée en 1975 par les cinq fils du boulanger d'un bourg du Maine-et-Loire, soixante-douze ans après que Charles Heudebert, boulanger à Nanterre, eut l'idée de griller dans son magasin des tranches de pain invendues, qu'il appela « biscottes », autrement dit « biscuites » (cuites deux fois).

Partout, on retrouve les noms de famille. Les voici au rayon des soupes et des potages : derrière Knorr, voici Carl

Heinrich Knorr, qui créa une entreprise de potages industriels à Heilbronn, en Allemagne, en 1838. Derrière Maggi, un minotier italien nommé Julius Maggi, et derrière Liebig, le Belge Justus von Liebig, qui avait déposé un brevet d'extrait de viande, en 1862.

Il en va de même au rayon des fromages, avec Rouy ou Gervais, depuis que Charles Gervais découvrit, en 1850, la recette de son fameux « petit carré suisse », chez Mme Héroult, une fermière normande de Villers-sur-Auchy, qui l'aurait elle-même tenue d'un vacher suisse. Tout comme Léon Bel, négociant en gruyère à Lons-le-Saunier, a été à l'origine des célèbres Bonbel et Babybel...

Les voici encore aux rayons des condiments. C'est d'abord l'huile Lesieur, lancée par Georges Lesieur, à l'origine raffineur de pétrole, et fondateur d'une huilerie-savonnerie à Coudekerque, dans le Nord, en 1908, et qui fut le premier à vendre de l'huile d'arachide en bouteille. C'est la moutarde élaborée par Antoine-Claude Maille, moutardier vinaigrier à Paris en 1747; c'est encore Ducros, fondée en 1960, non par « un » M. Ducros, mais par deux: deux frères, installés à Buis-les-Baronnies, qui se décarcassèrent pour épicer notre quotidien.

Il en va de même au rayon des thés, tant avec Twinnings (Richard Twinning fut président de l'Union anglaise des importateurs de thé, en 1784), qu'avec Sir Thomas Lipton, contemporain de la reine Victoria. On passera devant la chicorée Leroux, les produits Nestlé, qui entretiennent le souvenir d'Henri Nestlé, né en 1814, inventeur d'une farine pour nourrissons; devant le sucre Béghin-Say, marque née de la fusion de deux maisons créées sous l'Empire par Ferdinand Béghin, héritier d'un rustique moulin à betteraves, et Louis Say, fabricant de sucre de canne, à Nantes.

Arrivé aux pâtes, le phénomène est un peu différent: hormis Lustucru, né du nom du compère de la Mère Michel et du jeu de mot « l'eusses-tu cru ? », les paquets de pâtes tiennent à afficher un nom italien. Ainsi Buitoni (maison créée par Giulia Buitoni, à San Sepolcro, en Toscane, en 1827) ou Panzani (peu importe ici que son fondateur, Jean Panzani, fils d'une famille d'immigrés italiens, ait été déjà établi en France, à Parthenay, lorsqu'il lança sa marque)...

Les conserves, elles aussi, ont bien besoin d'un nom, ne serait-ce peut-être que pour faire oublier leur fabrication industrielle. Voici Olida, lancée vers 1850 par l'épicier parisien Charles Ernest Olida, et William Saurin, du nom d'un ancien commis d'épicerie qui se spécialisa d'abord dans les confitures, vers 1910. Voici encore Bonduelle, créé par Louis Bonduelle-Dalle et Louis Lesaffre-Roussel, tous deux nés en 1802, dans une famille paysanne du Nord, et qui fondèrent ensemble, vers 1850, une distillerie de grains et de genièvre, à Marquette-les-Lys.

Ce principe d'appellation va tout naturellement gagner le surgelé, avec des marques comme Picard, peut-être à l'imitation de l'épicerie fine, où il règne sans conteste.

Pour Hédiard, c'est Ferdinand Hédiard, né près de Chartres en 1832, et qui s'était d'abord installé place des Victoires avec

---

Dans les Pages jaunes...

On a relevé dans des annuaires :

- *M. Chicaud,* dentiste, La Souterraine, 1982;
- *M. Louchez,* opticien, à Gisors, 1990;
- *Mme Poilroux,* coiffeuse, à Riez, 1975;
- *Mme Bobo-Lala,* infirmière, à Cadéan, 1997;
- *M. Le Rigoleur,* pompes funèbres, à Steenbecque, 1979.

Et dans un annuaire suisse, en 1950 :

- *M. Péteur,* employé au service du gaz.

---

une charrette de fruits exotiques qu'il faisait découvrir aux passants, avant d'ouvrir en 1854 le « Comptoir d'épices et des colonies », où il vendit des produits venus d'Algérie.

Fauchon doit tout à Auguste-Félix, autre Normand venu à Paris en 1885, où il commença comme apprenti chez Félix-Potin, pour continuer place de la Madeleine comme marchand des quatre-saisons, sans imaginer qu'un jour viendrait où la grande Sarah Bernhardt accepterait par contrat d'assurer sa publicité. Encore un Normand : Gaston Lenôtre, d'abord cuisinier à Pont-Audemer, avant de s'établir à Paris, en 1957.

Ces noms de famille, on finit par les rencontrer jusque dans les *fast-food,* avec Mac Donald's, ainsi nommée en référence à deux frères, Maurice et Richard Mac Donald, pionniers de la restauration rapide à San Bernardino, en Californie, dans les années 50.

Mais c'est sans doute au rayon des boissons, et particulièrement des boissons alcoolisées, que le patronyme est véritablement omniprésent.

De l'automobile à vapeur à la micheline : les noms des passionnés

Un deuxième secteur où les marques sont majoritairement des patronymes est celui de l'industrie automobile. Moins, peut-être, pour rassurer, que parce que ces énormes entreprises ont généralement démarré à une toute petite échelle et de façon artisanale, parfois dans un simple garage, et sont nées de la passion d'un homme ou d'un inventeur de génie.

En France, les premiers à s'y s'être lancés ont été les Peugeot. Après s'être spécialisés dans les cycles, ces descendants d'anciens meuniers franc-comtois, d'abord reconvertis dans la fabrication d'outils et d'acier laminé, firent le pari de l'automobile, à vapeur d'abord, puis à essence, avec, dès 1890, des voitures à quatre vitesses, qui atteignaient… le 25 km/h.

De la Veuve Clicquot à l'eau de Badoit

Les boissons ont besoin d'un patronyme, à commencer par les plus alcoolisées.

Les champagnes donnent le « la » : il n'en est pas un qui ne porte le nom de son propriétaire : Moët (Claude Moët, viticulteur à Cumières, et fondateur de la maison familiale, à Épernay, en 1743), Heidsieck (Florens-Louis, originaire d'Allemagne et établi à Reims, à la fin du XVIIIe siècle), Mercier (Eugène, en 1858), Mumm (trois frères, en 1827), Pommery (Alexandre, en 1856), Roederer (Louis Roedereer, sous la Restauration), Taittinger (Pierre, en 1936), ou Barbe-Nicole Ponsardin, plus connue sous le nom de Veuve Clicquot, qui assura la continuité de l'affaire de son mari, au décès de celui-ci, en 1785…

Même chose pour les whiskies : Ballantine's (George Ballantine, installé en 1827, à Dumbarton, en Écosse), Chivas (William Chivas, à Aberdeen, en 1830), Jack Daniel's (nom du premier distillateur de whisky américain), Johnnie Walker (John Walker, épicier marchand de vins écossais en 1820) ou même Long John (surnom de John MacDonald, un Écossais de haute taille). Sans oublier Campbell, qui basera justement sa publicité sur l'image de son clan…

Les apéritifs obéissent aux mêmes principes, qu'ils s'agissent des vins cuits ou des produits anisés. Voici en effet Bartissol (Edmond Bartissol, propriétaire de vignes à Banyuls, en 1904), Cinzano (noms de deux frères, distillateurs à Pecetto, près de Milan, en 1757), l'ancien et fameux Dubonnet (« Dubo, Dubon, Dubonnet », dû à Joseph Dubonnet, marchand de vins à Paris, en 1846), ou Martini (lancé par l'Italien Alessandro Martini, directeur d'une distillerie en 1860, et qui avait pour herboriste un certain Luigi Rossi). Voici encore Berger (lancé par Charles Frédéric Berger, qui distillait en Suisse une liqueur d'absinthe nommée « l'Élixir Berger »), Pernod (d'après Henri-Louis Pernod, fondateur de la première fabrique d'absinthe, à Couvet, en Suisse, vers 1795) et Ricard (lancé en 1938 par Paul Ricard, fils de marchand de vins et petit-fils de boulanger, qui commença comme représentant auprès des cafés).

Les liqueurs: Marie Brizard garde le nom de la fille d'un bouilleur de cru de Bordeaux, vivant en 1755; Cointreau doit le sien à deux frères, confiseurs à Angers en 1849, qui lancèrent des liqueurs à base de fruits, et notamment d'oranges; Cusenier doit sa notoriété à Eugène Cusenier, distillateur de kirsch en 1857, à Ornans. Sans oublier les cognacs: Courvoisier (Félix, établi en 1835 à Jarnac), Hennessy (Richard, Irlandais d'origine, venu en France en 1744 comme militaire et établi à Cognac), Martell (Jean, venu de Guernesey à Cognac, en 1719), et même des vodkas, comme Smirnoff, lancée par Pierre Smirnoff et Fils, distillateurs à Moscou, en 1888.

Les bières n'y échappent pas, tant Heinecken que Kanterbrau, qui perpétue le souvenir d'un authentique Maître Kanter. Les jus de fruits et sodas non plus, tels Teisseire (lancé par Mathieu, vinaigrier à Grenoble, et inventeur en 1720 d'une liqueur de cerises), ou Schweepes, devant son nom à Jean-Jacob Schweepes, Allemand installé à Genève, au XVIIIe siècle. Et même certaines eaux, comme Badoit (Augustin Saturnin Badoit fut le premier, au XIXe siècle, à vendre de l'eau en bouteille), ou Perrier (nom d'un médecin de Nîmes, qui contribua à relancer l'exploitation de la source thermale de Vergèze, dans le Gard, au début du XXe siècle).

Tout cela en vente chez Nicolas, une maison fondée en 1822 par un certain… Nicolas.

Ce fut ensuite René Panhard, qui s'associa en 1886 avec Émile Levassor pour exploiter en France le moteur Daimler, et qui sortit sa première voiture en 1893. Ce sera Louis Renault, né en 1877 à Paris, fils d'un fabricant de boulons passionné d'automobile, qui s'était installé un petit atelier dans la maison de jardinier de la propriété de ses parents, à Billancourt, où il construisit une première voiture, à l'âge de vingt et un ans, avant de fonder, avec ses frères, en 1899, une société qui construira des bolides battant tous les records de vitesse, en dépassant le 40 km/h !

Marius Berliet, né en 1866, fils d'artisan lyonnais et lui-même ancien canut, s'y mettra à son tour en 1897 ; puis André Citroën, fils d'un diamantaire hollandais qui, à sa sortie de Polytechnique, commencera à exploiter, vers 1901, un brevet d'engrenage acheté en Pologne, au cours d'un séjour qu'il avait fait chez ses grands-parents maternels.

Partout, des voitures sont sorties sous le nom de leur constructeur, en France comme à l'étranger, que ce soit en Allemagne, où Adam Opel, fabricant de bicyclettes, se reconvertira dans cette voie.

Les Italiens seront plus nombreux encore avec, dès 1897, Carlo Maserati, en 1906 Vincenzo Lancia, l'ingénieur Nicola Romzo, qui lancera en 1914 Alfa-Romeo, sans oublier Ferrari, Lamborghini, et bien sûr Ettore Bugatti, né à Milan en 1881, qui établira ses usines à Molsheim, dans l'Alsace alors allemande.

En Angleterre, Herbert Austin commença par fabriquer, en 1895, une première voiture à trois roues. La famille Talbot se lança dès 1903 dans l'importation d'automobiles, et Charles Rolls, né en 1877, garagiste à Londres, s'associera en 1904 avec un autre passionné, Henry Royce.

En Amérique, on assistera aux réussites de l'Écossais David Buick, dont la société sera présidée, en 1908, par un certain Walter P. Chrysler, et d'Henry Ford, un fils de fermier, passionné d'horlogerie puis de moteurs, qui fonda sa première entreprise dès 1899.

Au Japon, Soichira Honda ouvrira son usine en 1948, après avoir fait ses premières armes en adaptant des moteurs de récupération de l'armée japonaise sur des bicyclettes qu'il transformait en mobylettes...

Rares sont les marques automobiles qui échappent à cette règle, telles que Fiat (sigle de la *Fabrica Italiana Automobili Torino*), BMW (*Bayerrische Flugzeug Werke*), ou Volkswagen (littéralement « la voiture du peuple »). Même les accessoires – à commencer par les pneus – portent les noms de leurs fabricants, que ce soit celui de John Dunlop, vétérinaire écossais qui eut l'idée, en 1888, d'adapter des tubes de caoutchouc gonflés d'air aux roues du tricycle de son fils, ou celui d'Édouard Michelin, qui inventa la chambre à air, après avoir épousé la

Cartes de visites

- *M. Dardard,* membre du Sedan Sprint-Club, en 1988 ;
- *M. Roquet,* président de la C.U. Chiens de Chasse, en 1993 ;
- *Mme Vive Espérance,* prospecteur placier à l'ANPE, Montauban, en 1991 ;
- *Mme Cancre,* présidente des parents d'élèves, dans le Perche, en 1980 ;
- *M. Négrier,* organisateur de croisières en Martinique, en 1974 ;
- *M. Aurevoir,* gardien de cimetière, en 1955 ;
- *Mme Manicon,* sage-femme, en 1974 ;
- *Jean Cendrier,* administrateur régional de la septième région crématiste, en 1991 ;
- *Mme Ducimetière,* articles de frivolités, à Tunis, en 1950.

nièce de MacIntosch, l'homme qui avait trouvé la recette permettant de dissoudre le caoutchouc. On sait qu'après avoir inventé Bibendum, Michelin équipera la « micheline », à laquelle il transmettra son nom…

De Dior à Lajaunie : des noms qui collent aux objets

Un troisième secteur où règnent les noms de famille, est celui de l'habillement, de la parfumerie et des produits de luxe.

Est-ce là un besoin ressenti par les créateurs, soucieux de leur notoriété et de leur paternité, ou par l'acheteur, sensible à l'expression d'un talent personnel ? Les deux, sans doute, qui font que de la tête aux pieds, nous nous retrouvons, pour notre plus grande fierté, « couverts » de noms de famille.

Mais les noms de famille ne sont pas le fait des seules marques prestigieuses. Face à Worth et à Dior, on a vu Eugène Rodier fonder une maison de tissages à Bohain, dans l'Aisne, en 1853, et le colporteur Adolphe Lafont ouvrir une boutique à Lyon, en 1844, et créer une marque appelée à dominer le marché des bleus de chauffe et des vêtements de travail. On a assisté, aussi, à la formidable réussite de Marcel Boussac, fils d'un marchand de draps de Châteauroux, bien postérieure à celle de l'Anglais Thomas Burberry, qui avait d'abord été fabricant de vêtements de chasse, dans les années 1880. Plus récentes ont été celles de Morris Cooper, à Londres, en 1908, qui commercialisera ensuite ses fabrications sous le prénom de sa belle-fille, Lee, et celle du Bavarois Oscar Levi Strauss, parti aux États-Unis à l'époque de la Ruée vers l'or pour y vendre de la toile de bâche, dans laquelle il taillera finalement des pantalons.

Plus anecdotique sera l'histoire de la marque Lacoste, créée sous l'impulsion du champion de tennis René Lacoste, qui avait parié avec un de ses amis de battre d'entrée de jeu son adversaire à la coupe Davis de 1927. L'enjeu du pari était une

Quand Vuitton fabriquait de la layette et Guerlain du vinaigre

Dès l'origine, les grandes maisons parisiennes ont pris pour enseigne le nom de leur fondateur, aujourd'hui signe de prestige. Voici Dietrich Hermès, originaire d'Allemagne et établi comme peaussier-sellier à Paris, sous Louis-Philippe ; Louis-Victor Révillon, qui s'y installe comme fourreur en 1839 ; Louis Vuitton, à l'origine « layetier », autrement dit fabricant de « layettes » (petits coffrets pour bijoux ou pour vêtements de bébés), qui s'installe comme « malletier » en 1854. Dans la joaillerie, voilà Louis François Cartier, simple apprenti joaillier en 1847, et Peter Carl Fabergé, joaillier de la cour de Russie ; dans l'orfèvrerie : Charles Christofle, qui fonda sa société en 1845.

La haute couture et la parfumerie fourmillent elles aussi de patronymes, avec, parmi les plus anciens, celui de Charles Frédéric Worth, qui avait ouvert sa maison de couture en 1858. Viendront ensuite Pierre Cardin, né en 1922 dans une famille venue d'Italie en Haute-Loire, André Courrèges, Christian Dior, Daniel Hechter, Christian Lacroix, Guy Laroche, Ted Lapidus, fils d'un tailleur russe, Jeanne Lanvin, Jean Patou, issu d'une famille de tanneurs, Yves Saint Laurent... Ce sont encore Pierre Balmain, né en 1914 à Saint-Jean-de-Maurienne, et qui sera d'abord coiffeur, avant de lancer son premier parfum, auquel il donna pour nom son numéro de téléphone : Élysée 64-83, puis Marcel Rochas, qui démarra en 1925 avec sa femme, Hélène ; le Breton Yves Rocher, qui créa sa société en 1959 ; Jacques Fath, Hubert de Givenchy... Ce seront aussi de nombreuses femmes, avec, derrière Gabrielle, dite Coco Chanel, qui avait appris la couture dans un orphelinat religieux de Moulins, Nina Ricci, qui se lança dans la couture en 1932, Helena Rubinstein, Jeanne Gatineau...

Certaines de ces maisons sont très anciennes. C'est le cas de Guerlain, fondée par Pierre-François Guerlain, un jeune médecin qui décida, en 1828, de s'installer comme parfumeur vinaigrier rue de Rivoli, où il proposait aux élégantes un « vinaigre de toilette » savamment additionné d'eau de Cologne. Et encore Bourjois, fondée en 1863 par Alexandre-Napoléon Bourjois, un ancien spécialiste de fards de théâtre.

valise en crocodile : il n'en fallut pas davantage pour susciter la naissance d'un de nos plus célèbres logos…

Tout au bas, enfin, les chaussures, elles aussi, sont presque toutes commercialisées sous le nom de leur fabricant. Voici Carl Franz Bally, fondateur de la fabrique de chaussures suisse en 1851, Thomas Bat'a, héritier d'une famille de cordonniers à Zlin, en Moravie, où il fonda la sienne en 1884, l'Anglais Nathan Clark, qui lancera le « Désert boots ». Et jusqu'aux chaussettes, DD, par exemple, deux lettres qui ne sont que les initiales de la maison Doré-Doré, fondée par deux cousins germains en 1819.

Même préférence des patronymes dans le monde de la librairie et de l'édition, deux activités autrefois intimement liées. Louis Hachette, né à Rethel en 1800, fonda sa maison à Paris en 1826 ; les deux frères Lévy, Calmann et Michel, natifs de Phalsbourg, l'imitèrent en 1836. Suivront Pierre Larousse, jeune instituteur né à Toucy, dans l'Yonne, en 1817, qui fit de même en 1852 et travailla à son premier grand dictionnaire en quinze volumes, publié en 1876 ; puis Arthème Fayard, fils d'un notaire auvergnat, et, plus tard, Pierre Bordas, Robert Laffont, Jean-Claude Lattès, Olivier Orban, Balland, Belfond… et des femmes, comme Odile Jacob ou Anne Carrière… Sans oublier le secteur de la presse, où s'illustrera, dès la Restauration, le génial Charles-Louis Havas, fondateur de la célèbre agence du même nom.

Autre monde où règnent les noms : celui de la finance, en tout cas des anciennes banques, où la fortune d'une famille semblait être la meilleure garantie pour les clients. Voici Demachy, Fould, Hervet, Lazard, Mallet, Neuflize, Péreire, et bien sûr Rothschild, avant que l'on ne passe aux pures constructions capitalistes généralement siglées, comme le CIC ou la BNP, alors que les agents de change continuent à travailler sous un ou plusieurs noms de famille, toujours bien mis en évidence.

On pourrait encore citer les tabacs, où l'on a manifestement besoin, là aussi, de noms. Voici Chesterfield, inspirée par un très chic lord anglais ; Craven, nom d'un Anglais propriétaire d'une manufacture, en 1896 ; Philip Morris, débitant de tabac londonien, en 1847 ; la famille des Rothmans, fabricants de tabac ukrainiens ; et la récupération, en 1954, du nom « fétiche » du Hollandais Peter Stuyvesant, fondateur de la ville de New Amsterdam, devenue New York.

Le nom est partout : Charles Hahn, pharmacien à Genève, qui eut en 1886 l'audacieuse idée d'une lotion à base de pétrole, se cache derrière Pétrole Hahn, comme l'Anglais John Rennie continue d'être derrière ses pastilles digestives ; ou l'Américain William Colgate, fabriquant de bougies et de savons à Jersey City, qui patronne depuis 1806 le dentifrice. Une famille américaine, bel et bien nommée Gillette, est à l'origine des lames de rasoir, tandis que le promoteur du célèbre cachou s'appelait effectivement Léon Lajaunie, pharmacien à Toulouse en 1880.

De l'abbé Soury à Yahoo : un catalogue étonnant !

On remarquera cependant qu'aux côtés de personnages ayant bel et bien existé, comme l'abbé Soury, dont l'arrière-

---

Que de boudin !

On a connu dans les Pages jaunes,
à la rubrique « bouchers, charcutiers » :

- *M. Côtelette,* dans une ville du Centre, 1961 ;
- *M. Boudin,* à Montbrison, 1974 ;
- *M. Leveau,* à Port-de-Bouc, 1974 ;
- *M. Tendron,* dans le Calvados, 1986 ;
- *M. Groslard,* à Alençon, 1937 ;
- *M. Boudin,* à Saint-Quentin, 1983.

Grands couples et grands « tandems »

De nombreux noms de marque, composés de deux patronymes, évoquent des mariages, dont les plus connus sont sans doute :

LU (Lefèvre-Utile), *issu du mariage, en 1846, de Jean-Romain Lefèvre et Isabelle Utile, qui s'établiront comme marchands de biscuits à Nantes et ouvriront l'usine de ce nom en 1887.*

Leroy-Merlin, *issu de celui d'Adolphe Leroy et Rose Merlin, qui montèrent une affaire de vente de surplus américain, dans le Pas-de-Calais, en 1923, avant de se lancer sur le marché du bricolage.*

Van Cleef et Arpels, *issu du mariage de Charles Van Cleef, artisan lapidaire à Amsterdam, établi à Paris en 1867, et époux d'Estelle Arpels, fille d'un joaillier.*

D'autres mariages furent à l'origine de prestigieuses étiquettes de champagne : Canard-Duchêne, Laurent-Perrier *(Eugène Perrier et Mathilde Émilie Laurent),* Moët et Chandon *(Pierre Gabriel Chandon, qui épousa en 1832 Adélaïde Moët),* Perrier-Jouët *(Pierre-Nicolas Perrier, fabricant de bouchons, et Adèle Jouët, fille de vignerons d'Épernay, vers 1810), ou* Piper Heidsieck *(la veuve de Christian Heidsieck avec M. Piper, en 1834). Même phénomène chez les liquoristes dijonnais :* Lejay-Lagoutte *(Henry Lejay, chef de train aux chemins de fer Paris-Lyon, époux d'Élisabeth Lagoutte, fille du créateur de la crème de cassis, en 1858), et* L'Héritier-Guyot *(Jean-Baptiste L'Héritier, vannier et fabricant de paniers à bouteilles, puis de crème de cassis, qui épousa en 1855 Claudine Guyot).*

Parallèlement, d'autres grandes marques proviennent d'associations ou de rachats, comme :

Black et Decker : *association des inventeurs, américains, de la perceuse portative, en 1917.*

Chaffoteaux et Maury : *rachat du second par le premier en 1919.*

Fichet-Bauche : *fusion, en 1967, des deux sociétés fondées, l'une par le serrurier Alexandre Fichet, en 1925, l'autre par Auguste Nicolas Bauche, à Gueux, près de Reims, en 1864.*

Fleury-Michon : *Pierre Fleury et Gustave Michon, associés en 1925, pour ouvrir un abattoir en Vendée.*

Jacob-Delafon, *respectivement grossiste et fabricant de sanitaires, associés en 1901.*

Rivoire et Carret : *deux cousins, Claudius Rivoire et Jean-Marie Carret, fondateurs de la première fabrique industrielle de pâtes en France.*

Roux et Combaluzier : *Félix Roux et Jean Combaluzier, associés comme fabricant et vendeur d'ascenseurs, dès 1865.*

petit-neveu, Magloire Dumontier, pharmacien à Rouen, commercialisa la « jouvence » au XXe siècle, on en trouve beaucoup d'autres, créés de toutes pièces pour la bonne cause commerciale.

Si Maître Kanter est, comme on l'a dit, un personnage réel, George Killian n'a jamais existé, pas plus que M. Roche, comme en « binôme » avec M. Bobois ; et M. Lissac n'a jamais été associé avec ses frères… Mais le besoin d'un être nommé, d'une identité, est parfois si fort, au plan du cautionnement ou de la communication, que l'on n'hésite pas à inventer des personnages plus vrais que nature, tel ce Justin Bridoux, identité empruntée à un berger alpin qui avait conçu un vrai bâton pour montagnard, et se trouvait donc tout indiqué pour promouvoir le « bâton de berger »…

La force du nom est telle que Vedette alla chercher une authentique lavandière du Cotentin, la Mère Denis, pour assurer sa publicité, alors que d'autres se contentaient de miser sur leur propre nom. Ce fut ainsi le cas d'Émile Bridel, établi dès la fin du XIXe siècle à Martigny-Ferchaud, en Ille-et-Vilaine, et plus tard de Guy Degrenne, qui lança sa fabrique de couverts en 1948. Celui, également, de Jacques Vabre, qui fonda une usine de torréfaction de café à Montpellier, en 1953 ; d'Édouard Leclerc qui ouvrit son premier magasin à Landernau, en 1949 ; de Georges Lissac, opticien originaire de Morez ; et encore, plus récemment, d'Alain Afflelou, né en 1948 en Algérie, et qui ouvrira son premier magasin en région bordelaise.

Que recherchent-ils ? Peut-être l'accès à une identité quasi mythique, comme celle de Félix Potin, fils d'un notaire d'Arpajon qui avait ouvert une épicerie à Paris, en 1844, avec la dot de sa femme, et qui se fit très vite connaître par ses prix très bas. Celle, aussi, d'Arthur Martin, nom de trois membres (un père, son fils et son petit-fils) de la branche française d'une famille belge, propriétaire de fonderies, à la fin du XIXe et au début du XXe siècles. Ces identités mythiques passent parfois par des noms doubles, à la suite de mariages ou d'associations, comme Lefèvre-Utile, Rivoire et Carré ou Jacob-Delafon, comme on trouve, Erckman et Chatrian en littérature, Uderzo et Goscinny dans la B.D., Lagarde et Michard en cours de français, ou Bouvard et Ratinet pour les tables de logarithmes…

Mais leur vrai rêve à tous n'a-t-il pas été que le nom de famille, une fois devenu nom de marque, devienne un nom commun, comme ce fut le cas d'« opinel », venu du nom de Joseph Opinel, et entré au Petit Larousse en 1969 ?

Pour constituer un bon nom de marque, un nom de famille doit cependant « coller » au produit. Si Panzani est parfait pour des pâtes, il aurait sans aucun doute été catastrophique pour du foie gras ou de la choucroute alsacienne.

Rares sont les noms qui peuvent convenir à toutes les activités, comme celui de M. Merlin, qui ne peut que bénéficier, dans tous les domaines, de son statut « d'enchanteur ». Un nom de famille doit non seulement se trouver en adéquation avec le produit vendu, mais aussi être évocateur et facile à mémoriser. Une grande partie du génie des actuels spécialistes en communication et en marketing consiste à respecter et utiliser ces grandes règles, tout en tenant compte à la fois des modes et des goûts du public ciblé.

C'est pourquoi on rencontre des noms de marques d'inspirations les plus variées. Tout en restant fidèles aux patronymes, certains n'ont pas hésité à les abréger ou à les triturer quelque peu : c'est le cas du café Legall, torréfié par MM. *Le*monnier et *Gall*ois, de la célèbre marque Adidas, créé en 1948, par le cordonnier bavarois Adolf, dit Adi, Dassler, des sous-vêtements Jil, abréviation de Gillier, nom de leur créateur, comme Lip l'était du nom d'Emmanuel Lipman, fabricant de montres bisontin en 1867.

D'autres fois, c'est sur un prénom que l'on s'est appuyé, comme pour Mercedes, Suze ou Danone.

Mercedes était le prénom de la fille d'un banquier autrichien, fanatique de course automobile, qui le donna à la voiture que Daimler lui avait construite en 1901. Suze était le diminutif de Suzanne, prénom de la jeune belle-sœur de Fernand Moureaux qui, en 1896, avait mis au point cet alcool. Quant à Danone, il était le diminutif du prénom du fils de l'inventeur – un jeune espagnol prénommé Daniel – que celui-ci donna en 1929 à ses yogourths, d'abord vendus en pharmacies.

Vingt-deux : un nom qui cogne !

On a connu :

- *M. Poulet,* gendarme mobile, *Les Dépêches de Bourgogne,* 1975.
- L'inspecteur divisionnaire *Cogne*, directeur départemental des polices urbaines, *La Nouvelle République du Centre-Ouest,* 1991.
- Le commissaire de police *Bernard Vingtdeux, Journal officiel,* 1971.
- *M. Latrouille,* officier de police, *La Dordogne Libre,* 1962.
- *M. Flick,* agent de police en retraite, *Dernières Nouvelles d'Alsace,* 1965.
- *M. Ouvre-L'œil,* ancien gendarme, *La Dépêche du Midi,* 1956.
- *Mme Lagarce,* surveillante générale dans l'administration pénitentiaire ; *M. Lacabanne,* au centre pénitentiaire de Fleury-Mérogis ; *M. Bonnemaison,* à la direction régionale de l'administration pénitentiaire, à Strasbourg, *Journal officiel,* 1967.
- *Le père Mathon,* aumonier de la centrale et maison d'arrêt de Riom, *La Montagne,* 2001.

Au demeurant, les sources d'inspiration n'ont pas manqué.

Il s'agit parfois de conférer au produit un côté prestigieux et noble qu'il n'a pas nécessairement : c'est le cas des slips Éminence (1947), du beurre Président (1969), des foies gras « Comtesse du Barry », des appareils américains Lincoln (1920), des sardines Connétable, toutes dans la plus pure lignée de la cuvée Napoléon, proposée par les cognacs Courvoisier, ou du cordon rouge rappelant celui de la Légion d'honneur, dont Mumm agrémenta ses bouteilles de champagne.

Si certains exploitent un nom de lieu, d'autres préfèrent les sigles ou les initiales, d'où l'obtention de marques qui, bien que souvent abstraites, n'en sont pas moins promises parfois à de belles réussites, comme pour SIMCA (Société Industrielle de Mécanique et de Carrosserie Automobile, en 1934), Matra (Mécanique, Aviation, Traction, en 1964), SEB (Société d'emboutissage de Bourgogne, en 1944). Assez proches sont d'autres combinaisons comme Royco, pour Royal Company, Synthol, pour Synthétique Menthol, Spontex pour Spongieuse textile, Banga pour boisson ananas gazéifiée, ou Omo, choisi en 1908, pour Old Mother Owl, autrement dit « vieille maman chouette », en référence au logo représentant une chouette.

Mais les noms de marques naissent souvent de l'imagination et de la créativité commerciale pure, tout nom étant bon, dès lors que le produit se vend. Voici donc, en vrac, Absorba, Ambre Solaire, Club Med, Génie, Jocker, Lactel, Meule d'Or, Monsavon et Persavon, Monoprix et Prisunic, Moulinex, Monsieur Propre, Natalys, Orangina, Photomaton, Vivagel, qui, tous, se suffisent à eux-mêmes.

On préfère des noms brefs, en une ou deux syllabes, comme But, Lux, Orange, Vizir, et comme on en trouve notamment pour les carburants (Antar, Azur, Elf, Esso, Shell, Total), avec souvent une petite recherche en prime. Les piles Mazda se réfèrent ainsi au nom du dieu persan de la lumière, Calor à la chaleur et à l'or,

Des « Hauts Champs » aux « Trois Suisses »: des lieux parfois oubliés

Certains noms de marques proviennent de noms de lieux, auxquels leur histoire se trouve plus ou moins rattachée. Fréquent pour les eaux minérales (Évian, Vichy, Vittel, Volvic...), ce genre d'appellations a fourni des marques ou des enseignes parfois célèbres:

Auchan *vient d'un quartier de Roubaix nommé « Les Hauts Champs », où Gérard Mulliez ouvrit son premier supermarché en 1961.*

Burlington *est le nom d'une ville des États-Unis, en Caroline du Nord, où fut installée cette fabrique de chaussettes.*

Carrefour *vient de ce que l'hypermarché ouvert à Annecy, en 1959, par deux grossistes, Marcel Fournier et Louis Defforey, était situé... à un carrefour.*

Casino *vient de ce que la grosse épicerie ouverte en 1860, à Saint-Étienne, par MM. Bréchard et Perrachon, était installée dans l'ancien casino lyrique de la ville.*

Damart: *la boutique d'origine était installée rue Dammartin, à Roubaix, en 1954.*

Galeries Lafayette: *tient au fait que ce magasin fut d'abord installé rue Lafayette, en 1896, lorsqu'il fut fondé par deux jeunes alsaciens, Théophile Bader et Alphonse Kahn.*

Hitachi *est le nom d'une ville japonaise.*

Hollywood *est emprunté à la ville américaine mythique, même si ce chewing-gum a été fabriqué dans le département de la Vienne, en 1952.*

Kronembourg *est le nom d'un quartier des environs de Strasbourg, où était établie la brasserie.*

La Redoute *vient du nom d'une rue de Roubaix, où la famille Pollet installa, dans les années 20, ses ateliers de filature, laquelle rue conduisait à un ancien fort ainsi nommé.*

Laguiole: *nom d'une commune de l'Aubrac.*

Les Trois Suisses *est le nom d'un ancien café, à Croix, près de Lille, tenu par une famille de Suisses. Il devint celui du quartier où fut installée la filature occupée par cette société.*

Marlboro: *ville des États-Unis, venu du nom des anciens ducs de Marlborough.*

Rosières *est le nom d'un village du Cher, où se trouvait une fonderie, qui fabriqua des cuisinières dès 1887.*

Saint-Gobain *vient de ce que, en 1692, la Manufacture royale des glaces, créée par Colbert quelques années plus tôt, fut établie dans les ruines d'un château de ce nom, dans l'Aisne.*

Candia et Nivéa transitent par des mots latins désignant la blancheur et la neige, Calgon (Ohne Kalk) signifie en allemand « sans calcaire ». D'autres ont recours à des animaux, introduisant un vaste bestiaire, généralement symbolique, comme Castorama, L'Éléphant, Hippopotamus ou Jaguar, ou encore Puma ou L'Aigle, quitte à se conjuguer avec un slogan précis, tel Mammouth, qui « écrase les prix » ou « Bonux », la « lessive aux 500 cadeaux », vendue avec un « bonus », glissé dans sa boîte.

D'autres, enfin, résultent d'histoires plus complexes : au bonnetier troyen désireux de lancer des « bas dimanches », Marcel Bleustein-Blanchet vendit la géniale idée « d'enlever le manche », pour donner nos bas Dim. Le nom de l'International Shell Compagny est né en 1833, chez un commerçant londonien, qui eut l'idée de commercialiser des coquillages (en anglais shells), souvent importés d'Orient, d'où, soixante ans plus tard, ses fils importeront à leur tour du pétrole.

Nos marques modernes n'échappent guère à ces règles, y compris dans le monde de l'informatique : Bull est le nom du Norvégien Frederic Bull, inventeur, en 1921, de la carte perforée; et à l'origine d'Apple, on trouve le mot anglais choisi pour son simple sens anglais de pomme et dont procède Macintosch, qui est, justement, le nom d'une variété de pomme, courante aux États-Unis.

Terminons par des noms très branchés : ceux de nos moteurs de recherches, au demeurant généralement limpides, comme Abondance, Voilà, Altavista, Lycos (nom, en grec, de l'araignée, symbole de la toile), Copernic (incarnation du savant), Nomade (errant sur le web), Google (sans doute formé sur « googol », signifiant 10 puissance 100), ou encore Yahoo, qui n'est autre sans doute qu'un nouvel « Eurêka ! »

2 – Les pseudonymes

Johnny Halliday serait-il devenu un mythe s'il avait chanté sous son vrai nom de Jean-Philippe Smet ?

Vous imaginez-vous consulter régulièrement le *Gaudichon et Dubois-Millot* à la place de votre *Gault et Millau* pour choisir un restaurant ?

Et n'y a-t-il pas un monde entre Léonie Cooreman et Annie Cordy, Claude Moine et Eddie Mitchell, Édouard Ruault et Eddie Barclay, Alain Cochevelou et Alan Stivel…

Peut-on devenir comique en se nommant Lennui ou soprano en se nommant Lachèvre ? Tout le monde n'a pas la chance de naître avec un nom prédestiné, à l'image de l'imitateur Thierry Le Luron ou de la célébrissime astrologue, qui s'appelait bel et bien, à l'état civil, Germaine Soleil !

Le pseudonyme peut, à lui seul, changer un homme ou une femme. Non seulement il protège la vie privée de celui qui le porte et celle de sa famille, mais il libère et affranchit. Il offre une peau neuve, et en quelque sorte comme une seconde chance pour un départ.

Le pseudonyme est, paradoxalement, la seule manière d'avoir un vrai nom bien à soi, tout à soi, que personne ne partage ni, en principe, ne conteste, tout en étant protégé au plan juridique, notamment contre les tentatives d'usurpations.

Au fil des siècles, les situations générant le pseudonyme n'ont pas cessé d'évoluer : démarquage ou affranchissement de son milieu d'origine, comme ce fut sans doute le cas pour Molière ou Voltaire, comme ce le fut aussi pour beaucoup de

Souvent pleins de mystères : les plus anciens pseudonymes

Qui a inventé le pseudonyme ? Il est évidemment difficile de le savoir. Retenons que, parmi les plus anciens, quelques-uns sont particulièrement célèbres :

Gutenberg, *connu comme l'inventeur de l'imprimerie (et dont la première phrase imprimée aurait été symboliquement* Fiat lux ! *« Que la lumière soit ! »), se nommait en réalité Johannes Genfleisch.*

François Villon : *le poète, qui s'appelait en réalité François de Montcorbier, avait été confié très jeune par sa mère à un chapelain nommé Villon, auquel il devait servir à la fois de domestique, d'enfant de chœur et d'apprenti, et qui était devenu, selon ses propres termes, son « plus que père ».*

Molière, *on le sait, se nommait Jean-Baptiste Poquelin. Il était le fils d'un maître tapissier dont il devait prendre la suite. Il préféra la voie du théâtre, alors réprouvée par l'Église, pour laquelle incarner un personnage revenait à emprunter la peau et l'âme d'un autre, duplicité entraînant la damnation éternelle. Il prendra ce pseudonyme, dont personne ne connaît l'origine (hommage à Louis de Mollier, poète jouissant alors d'une grande notoriété ? À une demoiselle Molier, danseuse à la cour de Louis XIII ? Ou banal emprunt à un des lieux ainsi nommés, dont plusieurs sont situés dans le Sud-Ouest ?). Toute sa vie, l'auteur de* L'Avare *refusa de répondre à cette question…*

De fait, bien des pseudonymes anciens ont gardé une large part de mystère :

Voltaire *est-il ainsi l'anagramme approximative de François-Marie Arouet, ou le nom d'un lieu ? En tous les cas, ce ne sera pas le seul nom de plume de l'auteur de* Zadig, *qui n'en utilisa pas moins de 175 connus, dont celui du* docteur Akakia, *sous lequel il signa une diatribe à scandale.*

Stendhal : *comme Molière refusant la tapisserie et Voltaire le notariat, Henri Beyle, entré en opposition avec son père, avait tenu à changer de nom. Il en utilisa même 250 différents au cours de sa carrière…*

femmes, qu'il s'agisse de George Sand (qui choisit justement une identité masculine) ou de la tragédienne Rachel.

D'autre part, le pseudonyme a souvent été une conséquence d'un engagement politique et idéologique qui obligeait à la fois à se cacher et à protéger sa famille. Bazile devint ainsi le « père du socialisme » sous le nom de Guesde, et Koenigstein s'appela Ravachol, comme plus tard, en Russie, Lénine (né sur les bords de la Léna), Staline (l'homme de fer), Trotski et Molotov (« marteau »). Ce fut encore le cas pendant la dernière guerre, qui vit Marcel Bleustein devenir Blanchet, Guy Pierre le colonel Fabien, Jacques Delmas le général Chaban, ou Philippe de Hautecloque maréchal Leclerc, comme, en d'autres lieux et circonstances, David Grin choisit de devenir Ben Gourion,

Orsenna, Roucas, Fernandel et Johnny : quand et comment prendre un « pseudo » ?

C'est toutefois au XXe siècle que le pseudonyme s'est le plus développé, et cela dans trois sphères principales.

La première est celle de la littérature, où Destouches devient Céline, Louis Farigoule Jules Romain… Autres pseudonymes célèbres : Paul Éluard, Marcel Achard, Maurice Dekobra, Roland Dorgelès, André Maurois…, et, plus récemment, John Le Carré, Éric Orsenna, Philippe Sollers, Sébastien Japrisot, Marguerite Duras, Françoise Sagan, Marguerite Yourcenar, Françoise Mallet-Jorris ou Catherine Paysan.

La deuxième est celle des humoristes, des caricaturistes et des dessinateurs, où l'on trouve à la fois des noms comme Barberousse, Chaval, Siné, Plantu, Hergé ou Coluche, comme d'autres, plus classiques, tels que Pierre Doris, Jean Roucas ou Patrick Sébastien (pour Boutot).

La troisième est celle du cinéma et du show-biz. Au cinéma, ce furent d'abord Rellys (sur Bourrely), Andrex (sur André, son prénom), Fernandel (surnommé par sa belle-mère « le Fernand d'elle », en parlant de sa fille) et, à leur imitation, Andrel, nom sous lequel commencera à jouer André Raimbourg, avant qu'il ne choisisse de devenir Bourvil. Ce furent ensuite des noms plus réalistes : Pierre Laudenbach devient Fresnay, Jean Moncorgé devient Gabin, Blanche Fumoleau Gaby Morlay, Simone Roussel Michèle Morgan… Dans la chanson, Gilbert Bécaud, Annie Cordy, Line Renaud, Marcel Amont, Jean Ferrat… sont autant de pseudonymes. Les années 60 virent la grande vogue des identités anglo-saxonnes (Richard Antony, Johnny Halliday, Eddy Mitchell, Dick Rivers), avant que ne viennent Serge Lama, Gérard Lenormand, Nicolas Peyrac, et plus récemment sur scène Lio ou Zazie.

Pourquoi prendre un pseudonyme ?

Les raisons, comme on l'a dit, ne manquent pas.

Pour beaucoup, c'était une nécessité : « Il était mal vu de monter sur les planches, et dans beaucoup de familles, on n'aimait pas voir son nom traîner sur des affiches », explique ainsi Jean-Claude Pascal ; à quoi le journaliste François d'Orcival ajoute : « Pour moi, un pseudonyme était un confort d'indépendance et de liberté. »

« J'ai cherché un nom qui sonne bien, qui fasse "petite Française", un peu comme celui de Lucienne Boyer », confie Line Renaud. Pour les uns, il faut en effet « un nom que l'on retienne ». Pour d'autres, « un nom simple » ou encore « un nom jeune ».

Chacun a ses raisons que la raison ne connaît pas toujours, même si elles obéissent souvent à quelques grandes tendances.

Un nom devant être avant tout facile à prononcer et à retenir, la première raison poussant à prendre un pseudonyme est la recherche d'une simplification, qui passe souvent par le raccourcissement. Sur une affiche, deux syllabes suffisent largement : Marcel Miramont devient Amont, Yves Lecoquière

Comment se trouver un bon pseudonyme ?

Changer de nom est une affaire bien trop importante pour être laissée au hasard. Un nom et un prénom doivent aller ensemble. Évitez donc autant que possible Jennifer Lemoine ou Kirk Legros…

Évitez un nom trop long et difficile à faire claquer sur une affiche ou dans un générique, difficile à retenir ou à signer sur une photo dédicacée. Trois syllabes au maximum si le prénom est court, sinon, contentez-vous de deux, en évitant les noms banals du type Bodin, Dabet, Talot…

Prenez un nom adapté à votre art. Une particule n'apportera rien, et risque même de handicaper comme chanteur de rock ou comme funambule. Un pseudonyme anglo-saxon semble dépassé au théâtre, et aiderait peu un romancier ambitionnant l'Académie.

Travaillez surtout l'aspect extérieur. Le meilleur pseudonyme est celui qui n'a pas l'air d'en être un, qui ressemble comme un gant à un nom ou qui en est déjà un lui-même. Les noms de lieux sont ici parfaits. Ayez cependant soin de le choisir avec des lettres et des consonances positives.

Enfin, prenez surtout bien garde de ne pas usurper le nom d'une famille susceptible, ou, ce qui serait pire, un pseudonyme déjà pris. Évitez aussi le nom d'un personnage de fiction : ce que l'auteur peut voir d'un mauvais œil. Passe encore pour Ursule Bovary ou Luis del Dongo, mais prudence avec Luc Astérix… Évitez aussi un nom qui, même banal et donc non protégeable, véhicule déjà un art ou une image, comme Mauroy ou Tournier, et gardez-vous de tout risque de confusion ou d'association avec une personnalité, un parti, etc.

Vous l'avez choisi ? Alors, testez-le. Lisez-le dans tous les sens et dans toutes les rédactions. Faites-le lire. Demandez aux gens s'il leur dit quelque chose. Si la réponse est oui, c'est gagné ! D'emblée, votre pseudonyme doit sonner comme un nom déjà familier et qui se retient. Dernière précaution : assurez-vous qu'il est à l'abri de tout jeu de mots ou gag fatal. Il ne vous reste plus, alors, qu'à vous habituer à lui, et… à vous trouver une belle signature !

Lecocq, et Jacques Decourdemanche préfère Decour, tout court. Cette simplification passe aussi, pour beaucoup, par la francisation (environ 20 % des cas). Voici Frédéric Baraccato qui devient le chanteur Frédéric François ; Lambros Worloou, Georges Guétary ; Tatischeff, Tati ; Tcherniakovsky, Tchernia ; Aznavourian, Aznavour…

Une autre bonne raison (7 % des cas) est que l'on cherche à se départir d'un nom lourd, jugé dissonant ou ridicule. Difficile, en effet, et peu « vendeur », de s'appeler Aigroz (Mireille Darc), Galopet (Gabriello), Roulette (Catherine Paysan), Leprêtre (Philippe Gildas)… Long et lourd de se nommer Villain-Marais (Jean Marais), Gaudichon (le gastronome Gault), Plantureux (le dessinateur Plantu)… Délicat de s'appeler Melon (Pierre Douglas), Beugras (Anne Sylvestre), Hamburger (Michel Berger) ou Cuq (Pierre Mondy)…

Dans de nombreux cas, on va s'affranchir d'un nom à particule, noble ou non. Bernard de Fleury devient Lavalette, Françoise Bandy de Nalèche Françoise Rosay. Louis Colin du Bocage devint Louis Verneuil, Pierre de Monier de Beauvallon ne garda que ses initiales pour signer ses dessins PIEM, et Marguerite de Crayencour préféra l'anagramme de Yourcenar.

Cartes de visites

- *M. Lacrotte,* inspecteur de salubrité en retraite, *Le Progrès de Lyon,* 1987 ;
- *M. Poubel,* délégué régional de l'Environnement, *Nuisances et Environnement,* 1978 ;
- *M. Lerat,* chargé de la dératisation de Saint-Calais, *L'Écho de Vibraye,* 1967 ;
- *M. Ducourant,* chef de bureau à l'E.D.F., *La Voix du Nord,* 1956.

Mais de Molière à Catherine Deneuve, la question qui se pose reste la même, à savoir comment ceux et celles qui prennent un pseudonyme l'ont-ils choisi ?

Tout dépend en fait de ce que l'on a voulu changer, quelle partie de son identité on a cherché à modifier.

Si deux fois sur cinq environ, on opte pour un « lifting » complet, la majorité des personnes prenant un pseudonyme ont soin de conserver leur prénom, qui devient alors une sorte de dénominateur commun, un trait d'union, entre les deux vies, publique et privée.

Le choix véritable est celui du nom, et il est le plus souvent mûrement pesé. Choisir un nouveau nom, une nouvelle peau, ne saurait, en effet, se faire sans réfléchir.

C'est là un travail que l'on mène généralement seul, même si l'on sait que c'est Coluche qui baptisa Miou-Miou, ou que c'est le directeur du cabaret qui l'avait engagé, qui, pensant à Mimi Pinson et à la « Môme Moineau », suggéra à Édith Gassion de se nommer Piaf.

Mais rares sont ceux qui s'en sont remis au hasard, comme Serge Chauvier qui ouvrit un dictionnaire et tomba sur Lama. Avant lui, Blanche Fumoleau avait préféré s'en remettre à l'indicateur de chemins de fer, dont elle avait extrait Morlaix, qu'elle avait fait précéder de Gaby. Passant place de la Concorde, Simone Roussel était devenue Michèle Morgan, pour y avoir remarqué une plaque sur la façade d'un immeuble, où s'étalait en lettres d'or, le nom de la banque Morgan…

Françoise Quoirez, lorsqu'elle apprit que son manuscrit avait enthousiasmé l'éditeur Julliard, se mit en quête de trouver à la fois un titre et un pseudonyme. Pour le premier, elle se souvint d'un vers d'Éluard commençant par « Bonjour tristesse ». Pour le second, elle prit au hasard un livre de sa bibliothèque, et tomba sur un volume de Proust où il était question du prince de Sagan.

Mais l'immense majorité a pris au contraire le temps de réfléchir.

Certains, superstitieux, tiennent à avoir un nom « porte bonheur ». Un nom (et prénom) de treize lettres pour Geneviève Bonjean, née un 13, et qui devint Page, ou pour Gérard Philip, qui ajouta un « e » au sien afin d'avoir le compte. Autre exemple, celui de l'écrivain italien Kurt Suckert, qui signa Malaparte après s'être tenu le raisonnement suivant : « Napoléon s'appelait Bonaparte et il a mal fini. Je m'appellerai Malaparte et je finirai bien ! »

D'autres cherchent une référence. Si Pierre Melon devint Douglas, en référence à l'acteur Douglas Fairbanks, et si Ringo emprunta le nom du batteur des Beattles, le musicien Saint-Preux doit le sien à un personnage de Jean-Jacques Rousseau, qui incarne à la fois la sagesse et la folie. Monique Serf tira le sien d'un poème de Prévert : *Rappelle-toi, Barbara.*

Cette référence, on va le plus souvent la chercher dans son passé, ou dans son enfance. Avant de chanter, Patachou avait été pâtissière. En Italie, Mme Livi, de son balcon, appelait son fils jouant dans la rue en lui criant *« Ivo ! monta ! »*

Cartes de visites

- *M. Bonrepos,* responsable des pompes funèbres, morgues et cimetières de Toulouse, *La Dépêche du Midi,* 1983 ;
- *M. A. Taton,* directeur de recherches au C.N.R.S., *Le Figaro,* 1966 ;
- *Mlle Lachèvre,* chargée, par interim des fonctions d'adjoint au chef de bureau des opérations de rase campagne, note de service du ministère de l'Aménagement du Territoire, 1972.

(d'où Yves Montand). L'officier de marine Julien Viaud se souvint, lorsqu'il signa ses livres, d'une histoire d'amour vécue à Tahiti, avec une belle indigène de quinze ans, laquelle, incapable de prononcer son nom, l'avait baptisé du nom d'une fleur de son île: Loti.

D'autres, se réfèrent à un lieu qui leur est cher, nom de sa région natale pour le chanteur Gérard Lenormand, de son village d'origine, comme Bourville, dans la Seine-Maritime, ou de sa rue, pour Anne-Marie Carrière…

Pour l'immense majorité, il ne saurait être question d'endosser un nom totalement étranger. Les quatre cinquièmes des pseudonymes s'efforcent donc de maintenir un lien avec l'identité réelle ou le passé.

Très souvent, le nom proviendra donc directement de la galerie familiale. Jean-Philippe Smet emprunte ainsi celui de Halliday au mari d'une cousine, danseur acrobatique américain. Et très souvent, aussi, on choisit le nom de jeune fille de la mère, comme l'ont tour à tour fait Jules Guesde, Céline, Gérard Oury, Simone Signoret, Catherine Deneuve, Jacqueline Bisset…

D'où qu'ils proviennent, tous ces pseudonymes vont vivre – jusqu'à se substituer parfois totalement au nom d'origine – à tous les niveaux de la vie, professionnelle et quotidienne, ne laissant subsister le premier que chez le percepteur, le juge et au guichet de la banque ou de la Sécurité sociale. Il y aura parfois identification totale, au point que le porteur d'un pseudonyme, voyant celui-ci menacé ou utilisé, montrera volontiers les dents. Au même titre qu'un nom, en effet, un pseudonyme se défend et s'assume. Et d'ailleurs, certains pseudonymes – tels Fernandel et Halliday – ne vont-ils pas se trouver à l'origine de dynasties célèbres ? Sans oublier que quelques-uns se substitueront finalement légalement au nom d'origine, à la suite d'une procédure officielle de demande de changement de nom. Ce fut le cas, en 1945, pour l'écrivain Émile Herzog, devenu André Maurois, en 1961 pour le cinéaste Jean-Paul Dreyfus devenu Le Chanois, comme ce l'est également pour les descendants de Philippe de Hautecloque dit Leclerc (le maréchal), devenus aujourd'hui Leclerc de Hautecloque. Comme Pinocchio finit par devenir un petit garçon en chair et en os, le pseudonyme, devient parfois miraculeusement un véritable nom…

Il semble pourtant que, généralement dicté jadis par la mauvaise image qu'avaient, auprès des familles bourgeoises et aristocratiques, les métiers de l'art et du spectacle, le pseudonyme connaît aujourd'hui une nette régression. Ses utilisations se font nettement plus rares, même si Zazie préféra ménager ses nobles ancêtres de Truchis de Varennes, et même si Abdel Kachermi, après être devenu « Adel », préféra rejoindre les 2Be3.

3 – Les noms des héros

Thénardier aurait-il été Thénardier, en s'appelant Gentil ou simplement Dupont ? Mme Bovary aurait-elle connu le même succès, si Flaubert l'avait nommée Yvette Martin ou Honorine Taillefesse ? Thérèse Desqueyroux aurait-elle tué son mari, en s'appelant Marcelle Dupré ?

Aussi étranges que puissent sembler ces questions, elles méritent d'être posées : les personnages de romans ne reçoivent pas leur nom par hasard.

Le fait qu'ils soient nommés dépend non seulement des auteurs, mais plus encore des genres littéraires. Si chez Balzac, Proust ou Zola, tous les personnages, pour les besoins du réalisme, sont pourvus d'une identité complète, l'univers de la bande dessinée ignore généralement les noms.

Jusqu'à une époque récente, la BD, destinée aux enfants, était un univers dont les personnages n'avaient ni vie sexuelle, ni vie sentimentale. Rares sont les familles classiques, comme chez Michel Vaillant, Boule et Bill et chez Titeuf, avec des parents et des enfants. Le lecteur préfère se projeter dans des héros affranchis de la tutelle parentale. Chez Mickey, chez Tintin comme chez Astérix, les filiations sont rarissimes.

De la même manière, les noms de famille sont régulièrement absents. Chacun ignore celui de Boule comme de Titeuf. Achille Talon, Gaston Lagafe ou Michel Vaillant font ici figure d'exceptions, et il n'y a guère que le Sapeur Camember, – sorte de personnage ancestral –, pour s'être vu doté d'un état civil précis. Prénommé Éphraïm, il est né à Gleux-les-Lure, dans la

Saône-Supérieure, le 29 février 1844, fils d'Anatole, cultivateur, et de Polymnie Cancoyotte, son épouse. Citons aussi comme contre-exemple l'univers d'Aggripine, imaginé par Claire Bretécher, peuplé d'identités balançant entre le gag et la réalité (Mme Gwinamouc'h, l'infirmière, Mme Landouillon, la voisine, Bergère Leprince, Mélopée Legroin, Moonlight Mollard, Obsolette Leneuf, Kacem Le Moël, Pilate Girond, Futé Merlaoui…).

À l'opposé, dans le roman policier, les personnages, sont presque toujours nantis d'une identité classique. Le commissaire Maigret se prénomme Jules François Amédée ; il est né à Saint-Fiacre, près de Matignon, dans l'Allier. Il habite 135, boulevard Richard-Lenoir, Paris XIe, au quatrième étage. Une identité précise comme… un rapport de police, et comme celle de bien des personnages de Simenon, (ils sont plus de 3 000), qui, de son propre aveu, ne pouvait travailler sans ces éléments. « Lorsque je crée un personnage, je note toujours son pedigree sur une feuille de papier, dit-il. J'ai besoin, pour le faire vivre et évoluer, de connaître ses parents, ses grands-parents, de savoir qui ils étaient, comme de connaître sa propre enfance, le nom de l'école qu'il a fréquentée, celui du maître qui l'a instruit. J'ai besoin de tout savoir sur leur passé, leur histoire. »

Sur une scène de théâtre, les personnages, peu nombreux, et appartenant à un milieu limité, peuvent se contenter d'un simple prénom, sauf nécessité, comme M. Jourdain ou Georges Dandin, dont Molière a cure de préciser l'appartenance sociale.

Le nom de famille est surtout ressenti comme nécessaire, lorsqu'on entend dépeindre la société. Voilà donc Jean Valjean, Louis Lambert, le père Grandet, les Rougon-Macquart, Mme Verdurin, et les personnages des sagas familiales : les Thibault, les Jalna, les Pasquier ou les Boussardel, que l'on peut évidemment rapprocher des Forsyte et des Ewing des

Pépin, Chauvin, Pipelet… : des personnages bien oubliés

Si beaucoup de noms propres sont devenus noms communs par la gastronomie, comme la pêche Melba (d'après le nom de la cantatrice Nellie Melba), le savarin (d'après Brillat-Savarin), la praline (d'après le duc de Praslin), la béchamelle (par Louis de Béchamiel, marquis de Nointel, ancien maître d'hôtel de Louis XIV), le chateaubriand (d'après le nom du grand homme de lettres, lorsqu'il était ambassadeur à Londres), d'autres le sont devenus par d'autres biais.

Ainsi le bégonia (d'après Michel Bégon, gouverneur de Saint-Domingue, au XVIIIe siècle), le barème (d'après François Barrême, 1640-1703, auteur d'un des premiers manuels pratiques de comptabilité : Les Comptes du grand commerce*), la lavallière (par Mme de Lavallière, l'une des favorites de Louis XIV, qui en lança la mode), la montgolfière (par ses inventeurs, les frères de Montgolfier) et, bien sûr, notre micheline (cf. p. 318) et la fameuse poubelle, inventée à Grenoble, en 1884, par le préfet du même nom, qui devint ensuite préfet de la Seine.*

Quelques-uns, enfin, proviennent des noms de personnages de la littérature, comme :

- chauvin et chauvinisme, *qui viennent du personnage de Nicolas Chauvin, soldat de l'Empire et patriote naïf, mis en scène, en 1831, dans* La Cocarde tricolore, *vaudeville à succès ;*
- pépin : *nom donné au parapluie, en référence à celui d'un personnage entrant en scène avec un grand parapluie, en 1807, dans un vaudeville nommé* La Promenade du dimanche *;*
- pipelet *(et son féminin* pipelette*) : nom donné par Eugène Sue au personnage caricatural d'un concierge, dans* Les Mystères de Paris, *en 1843.*

séries américaines ; autant de cas où la famille fournit en fait la trame de l'intrigue.

Là où ils sont nécessaires, noms et identités seront le plus souvent choisis avec soin. « Un nom propre est une chose extrêmement importante dans un roman, une chose capitale », reconnaissait Flaubert, alors que Balzac, qui en créa quelque 2 500, parlait de « cognomologie » pour désigner l'étude et le principe des rapports entre le nom et la personne. Le plus souvent, le nom du personnage doit faire écho à sa personnalité ou à son destin : il se doit d'être en harmonie avec eux. Pour un critique, il sert de « caisse de résonance aux qualités des individus ». On n'imagine pas Mme Verdurin se nommer Michu, ni Michel Vaillant Ledoux ou Vandermeulen… Rastignac n'aurait pas pu s'appeler Simon ou Dubois, ni Raboliot Fischer ou Le Gadoudec.

M. Jourdain, qui fait de la prose sans le savoir, n'est-il pas devenu la représentation de la fatuité, et le pharmacien Homais, créé par Flaubert, n'incarne-t-il pas à lui seul cette petite bourgeoisie que son créateur entendait fustiger ? Plus fort sans doute fut encore ce personnage de concierge créé par Eugène Sue, et nommé Pipelet, dont le nom deviendra commun, comme on pourrait en trouver d'autres dont le modèle est depuis longtemps oublié.

Aujourd'hui, cinéma et littérature semblent consommer moins de noms. L'histoire, il est vrai, se passe souvent hors du contexte social pris au sens large. Tournier ou Yourcenar, Duras ou Le Clézio n'ont donc guère à en créer. Se méfierait-on, par ailleurs, des mésaventures arrivées à certains auteurs qui, pour avoir peut-être poussé trop loin le souci de réalisme, ont failli s'en mordre les doigts ?

Ce fut notamment le cas, après Zola ou Lacretelle, de Claude Lelouch ou de François Mauriac, qu'une Thérèse Desqueyroux menaça d'attaquer en justice. Si la vraie porteuse de l'identité Amélie Poulain, qui habite paisiblement Lille, n'a pas réagi devant son double, on se souvient d'une authentique famille Bidochon poursuivant Binet, bien que ne se prénommant pas Robert et Raymonde. Preuve que l'on ne joue jamais impunément avec un nom. Et c'est peut-être là l'occasion de se rappeler que chaque nom a son histoire, y compris ce patronyme originaire de l'Essonne, vraisemblablement dérivé de « Bidauson », désignant – comme Jeanson et Jacqueson les fils de Jean et Jacques – celui d'un certain Bidau, tiré d'un ancien *Bid Wald* germanique, deux racines signifiant « espoir » et « gouverner ». Chaque nom, décidément, a son histoire.

Sixième partie

Pages pratiques :

ce que peut vous apprendre votre nom de famille et comment il peut vous l'apprendre

D'où vient votre nom ? Où se trouve le berceau de votre famille ?

Vos ancêtres étaient-ils des Gaulois ou des Francs ? Ou encore des Normands ?

Quand et comment est né votre nom ? Que veut-il dire ? Qui a été son premier porteur ?

Qui étaient vos ancêtres ? À quel milieu appartenaient-ils ?

Votre nom est-il rare ou fréquent ? Par combien de personnes est-il porté ? Risque-t-il de s'éteindre ? Ces homonymes sont-ils tous vos cousins ?

Telles sont les questions que vous vous posez, et auxquelles vous pensez qu'une étude sur votre nom peut apporter des réponses.

Sachez cependant que cette problématique ne saurait éviter ou remplacer une véritable recherche généalogique. Elle ne vous apprendra pas qui étaient vos ancêtres.

Elle peut cependant vous offrir une sorte de « raccourci généalogique », en vous apprenant la région d'origine de votre nom, l'ancienneté de votre famille et le milieu dans lequel ce nom a vu le jour.

Ces pages pratiques, spécialement conçues pour compléter ce livre, exposeront ce que vous pouvez tenter d'apprendre, en vous appuyant sur votre nom, et comment vous devez procéder. Elles vous expliqueront dans quelle direction vous pouvez travailler, à partir de quelles observations et avec quels outils. Elles vous proposeront de mener une recherche, qui vous fera passer par diverses étapes successives.

Elles se limiteront au travail sur le patronyme. Pour les toponymes, le mieux est de s'en remettre à l'ouvrage classique d'Albert Dauzat, indiqué dans la bibliographie, et consacré à l'étude des noms de communes. Pour toutes questions relatives à des prénoms, se reporter de même aux ouvrages indiqués.

Ne jamais oublier :

Avant de proposer une méthode, il est essentiel de donner deux conseils élémentaires : de façon générale, vous ne devez ici en aucun cas vous polariser ni sur l'orthographe, ni sur la tradition familiale.

Nous avons montré ce que l'orthographe avait d'illusoire, compte tenu de la longue oralité, de l'analphabétisation générale et de sa fixation très récente, provoquée par l'école de Jules Ferry et l'apparition des livrets de famille. On a vu comment, jusqu'au début du XXe siècle, des frères ont pu se voir enregistrer à l'état civil sous deux orthographes différentes (*cf.* p. 242). On a dit aussi ce que l'on devait penser des particules, ou plutôt des prépositions (*cf.* p. 231).

Les traditions familiales font volontiers allusion à des faits appartenant à deux registres principaux : celui des origines sociales, le plus souvent valorisantes, avec le mythe, bien connu des spécialistes, du statut social perdu (noblesse, richesse, particule...). Ces traditions, qui vous sont rapportées de bonne foi, et qui ont souvent par ailleurs le mérite de cristalliser la mémoire familiale, sont presque toujours fausses. Tout amateur de généalogie l'a vérifié, et parfois à ses dépens, pour s'être laissé induire en erreur.

On raconte que votre famille, déjà établie en Auvergne à la fin du XVIIIe siècle, serait en fait venue de Bourgogne et d'Italie ? Gardez-vous de prendre cette information pour argent comptant. Le généalogiste, comme saint Thomas, ne doit croire que ce qu'il voit, ou du moins ce dont il trouve la preuve. Il devra – et vous devrez – considérer cette information comme un simple indice, et éviter, par conséquent, de vous fonder sur elle.

Plan sommaire de cette partie

Vos outils de travail

Au fil de ces pages, il vous sera proposé de vous reporter à une panoplie constituée de différents outils, qui sont présentés ici une fois pour toutes :

- Les ouvrages de généalogie pratique
- Les fichiers nationaux
- La documentation généalogique
- Les ouvrages sur les noms de famille

Les ouvrages de généalogie pratique

- Un guide : Jean-Louis Beaucarnot, Généalogie, mode d'emploi, que j'ai conçu pour des chercheurs de tous niveaux (les débutants compris), Marabout, 2002.

- Un « hors-série » de la Revue française de Généalogie, dans lequel je rassemble des cas pratiques, en vente par la revue (10, rue Victor-Hugo, 55800, Revigny).

Les fichiers nationaux

Il s'agit essentiellement de fichiers contemporains, renseignant à la fois sur la fréquence des patronymes et sur leur implantation géographique récente ou actuelle.

*- **Les fichiers de l'INSEE :** au cours des années 90, le monde généalogique découvrit les fabuleux fichiers de l'INSEE, qui avait informatisé, à partir de 1970, les nom, prénoms, date et lieu de naissance des personnes nées avant 1945 et encore en vie, ainsi que toutes celles nées après cette date, qu'elles soient vivantes ou non. Ces fichiers contiennent donc des informations capitales, à commencer par la liste complète des noms de famille présents sur le territoire national depuis la fin du XIXe siècle. Ils indiquent par ailleurs, pour chacun de ces noms, considérés ici à la moindre variante près (apostrophe, trait d'union), leur nombre d'incidences et leur répartition géographique.*

Ces informations ont été exploitées sous diverses formes et par divers acteurs de la vie généalogique, qui les ont rendues aisément accessibles dans leur détail (accès aux statistiques numériques et lieux géographiques précis, par tranches chronologiques : 1891-1915, 1916-1940, 1941-1965, 1966-1990). Vous les trouverez à la fois sur CD-Rom, sur des serveurs Minitel, sur divers sites Internet (www.cartedefrance.tm.fr, www.notrefamille.com) ainsi que par de nombreux reroutages (www.Europe1.fr, wwwtf1.fr, www.wanadoo.fr, www.free.fr, etc.), et dans un livre : Tous les noms de famille de France et leur localisation en 1900, dit « le Fordant », publié par Laurent Fordant (Archives et Culture, 1999).

Cet ouvrage de 1 500 pages est en vente au prix de 131,10 (mais il est souvent consultable en bibliothèque). Il donne une liste de quelque 347 000 noms, avec pour chacun d'entre eux le nombre d'incidences dans ces fichiers, la commune où on a enregistré le plus de naissances sous ce nom en 1900, et les trois départements où le nom est le plus répandu. À cette liste, il en ajoute une seconde, consacrée aux 173 000 patronymes éteints depuis 1900 ou en voie de l'être, avec pour chacun d'eux les mêmes informations.

- L'annuaire électronique de France Télécom : *il est évidemment moins exhaustif que les fichiers de l'INSEE, puisqu'il ne recense que les abonnés au téléphone fixe (actuellement quelque 30 millions). Il ignore les personnes inscrites sur la « liste rouge » (plus de 5 millions) et toutes celles qui ne possèdent qu'un téléphone mobile. Par l'intermédiaire des bureaux et des résidences secondaires, il peut en outre citer plusieurs fois une même personne, et cela dans des régions différentes. Enfin, il ne considère la plupart du temps que des foyers.*

Il est accessible par Internet et par Minitel, ou par le 3611 (assez lourd à manier lorsqu'on tombe sur un nom fréquent, et long à interroger lorsque l'on n'a pas la moindre idée de la région d'implantation), ou encore par le 3617 ANNU, *avec une arborescence très efficace, un intéressant rapport qualité/prix par le choix n° 2 de son sommaire, ou mieux encore par le choix n° 6 (« Aide généalogique »), puis l'option n° 1 (« Implantation géographique d'un nom »).*

La documentation généalogique

On trouvera ici divers fichiers et publications, tirés de travaux collectifs ou individuels :

- Les « listes éclair » : *les généalogistes amateurs ayant de nombreux ancêtres (2 parents, 4 grands-parents, 8 arrière-grands-parents, 16, 32, 64, 128...) arrivent vite à en identifier des centaines et, fatalement, à découvrir que certains de ces ancêtres sont également ceux d'autres généalogistes. Afin de pouvoir comparer et échanger, ils publient régulièrement dans les revues spécialisées et surtout dans les bulletins des revues des associations généalogiques dont ils sont membres, des « listes éclair », qui présentent un panorama résumé des informations qu'ils possèdent alors sur chaque nom.*

Ainsi, si vous trouvez :

BUVIGNIER 55 Étain 1747-1802

cela signifie que la personne communiquant cette liste a travaillé sur la famille Buvignier, dans la commune d'Étain (Meuse), entre 1747 et 1802. Si vous savez vos ancêtres originaires de Touraine, vous aurez ainsi tout avantage à parcourir les « listes éclair » publiées dans le bulletin du Cercle généalogique de Touraine. Pour toute adresse d'association de ce type – on en compte en général au moins une par département – contacter la Fédération française de généalogie, 3, rue de Turbigo, 75001 Paris, ou consulter son site Internet (www.genefede.org) ; ou encore travailler par un moteur de recherche.

- Les dictionnaires patronymiques : *il s'agit de reprises, fondues en un seul volume, de nombreuses « listes éclair », qui sont publiées par les mêmes associations généalogiques.*

- Le portail GénéaNet : *le site généalogique incontournable, dont la force réside dans son incomparable centrale d'échange, fondée sur le principe des « listes éclair », qu'il rassemble par milliers. Il offre actuellement 90 millions de références patronymiques (proposant par ailleurs des liens immédiats avec les personnes ayant fourni les informations : www.geneanet.org, accès gratuit).*

- La Bibliothèque généalogique. *C'est le plus grand centre de documentation généalogique en France. Vous y trouverez la quasi-totalité des revues de tous les cercles généalogiques, ainsi que les principaux dictionnaires patronymiques. Elle détient par ailleurs des milliers d'ouvrages, dont* *les principaux armoriaux et nobiliaires, dont elle propose un catalogue de plus de 400 000 références patronymiques, consultable à la fois sur place (aux horaires d'ouverture, 3, rue de Turbigo, 75001), et sur Internet (www.bibgen.org).*

Elle a, en outre, établi une intéressante base de données d'après les « cartes de sûreté » (sortes de cartes d'identité) délivrées aux citoyens parisiens sous la Révolution, renseignant assez bien sur les lieux de naissance.

Il faut savoir que la Bibliothèque généalogique propose des formules de recherches par correspondance, et que la plupart des cercles régionaux et départementaux ont, de leur côté, des bibliothèques de taille et d'intérêt variés.

*- **Les bases de données:** à côté de celles déjà signalées (fichiers de l'INSEE, annuaire téléphonique, Bibliothèque généalogique), on pourra travailler sur diverses bases, nationales ou régionales, souvent tirées des dépouillements des registres d'état civil paroissiaux antérieurs à 1793, pour lesquels les associations généalogiques ont presque terminé l'inventaire des actes de mariage.*

Le plus souvent disponibles sur Minitel ou sur Internet, certaines sont réunies dans la base fédérale BIGNET (www.bigenet.org: accès à l'index gratuit), d'autres dans la base Patro (www.patro.com: plus de vingt millions de références, accès à l'index gratuit), d'autres restant sur Minitel: 3617 GENLOR (mariages lorrains), 3617CG51 (mariages champenois)...

Ajoutons à cela d'autres bases de données particulières, comme:

*- **RACINA,** que je continue à proposer sur Minitel, et qui a pour vocation de renseigner sur les localisations géographiques (communes) avant 1789 pour plus de 150 000 patronymes rares.*

*- **Mémoires des hommes:** un site sur lequel le ministère de la Défense a ouvert les fichiers des 1,3 million de soldats tués durant la Première Guerre mondiale (avec informations sur les lieux de naissance), en accès gratuit (www.memoiredeshommes.sga.defense.gouv.fr).*

*- **Diverses bases** – souvent sur Internet – concernant notamment les migrations intérieures, les naturalisations (lesquelles sont également pour partie disponibles sur CD-Rom).*

Pour cela, consulter le « hors-série » annuel de la Revue française de Généalogie: *Informatique, Internet et généalogie (à l'adresse de la revue: 10, rue Victor-Hugo, 55800 Revigny).*

Les ouvrages sur les noms de famille

Ceux présentés ici sont de différents types.

Ouvrages nationaux

Deux seront proposés. L'un est un traité, rédigé par Albert Dauzat, qui est unanimement considéré comme le père de l'anthroponymie française, et dans lequel il présente les principales règles qu'il a pu dégager. Datant de 1949, cet ouvrage reste sans équivalent.

L'autre est un dictionnaire, rédigé à partir de ses travaux et complété par sa « fille spirituelle », mais qui, pour avoir été publié antérieurement aux grandes bases de données et au « Fordant », et donc pour ne pas avoir disposé d'informations fiables au niveau des origines géographiques, a l'inconvénient de nombreuses erreurs. Il ne concerne par ailleurs que quelque 120 000 noms, soit à peine un sur trois, si l'on ne tient pas compte des variantes orthographiques.

- Les Noms de famille de France, *Albert Dauzat, Guénégaud, 1977.*
- Dictionnaire étymologique des noms de familles, *Marie-Thérèse Morlet, 1991.*

Ouvrages régionaux partiels

Ils sont d'intérêt et de contenu variables, certains se limitant au plan étymologique :

- Dictionnaire des noms de famille d'Auvergne, *Pierre-Gabriel Gonzalez, De Borée, 1997 : étymologies et fréquences d'environ 5 000 patronymes.*
- Dictionnaire des noms de famille du pays creusois, *Bernard Orrye, Royer, 1998 : étymologies (environ 2 000 patronymes).*
- Noms de famille des bocages du Centre, *André Alabergère, Cercle généalogique du Haut-Berry, 1998 : recensement, localisation départementale et étymologie des noms filiatifs, typiques de ces régions, commençant par « A » ou « Au » (environ 500 patronymes).*
- Les Noms de famille en Savoie, *Félix Fenouillet, 1919, rééd. Jeanne Laffitte, 1997 : étymologies. Manque cruel d'index !*
- Dictionnaire étymologique des noms de famille gascons, *Michel Grosclaude, Radio Pais, 1992 : étymologies, variantes (environ 6 000 patronymes).*
- Les Noms de famille en Gascogne, *Philippe Soucieux (ouvrage édité à compte d'auteur), 1991 : étymologies (environ 3 500 patronymes).*

- Les Noms de famille gascons, *Claude Larronde, Société académique des Hautes-Pyrénées, 1997 :* étymologies *(environ 10 000 patronymes).*
- Noms de famille et origine étymologique des noms catalans, *Joseph Bellver (à compte d'auteur), 1989 :* étymologies *(environ 5 000 patronymes).*

Ouvrages régionaux ou ponctuels complets

Ils intègrent à la fois étymologies et localisation des patronymes à des époques anciennes :

- Le Nom de famille en Béarn et ses origines, *R. de Saint-Jouan, Librairie du Palais, Pau, 1992 : traité d'anthroponymie béarnaise et dictionnaire anthroponymique du Béarn (fréquences et étymologie), d'après le dénombrement général de la vicomté de Béarn en 1385 (environ 8 000 patronymes).*
- Dictionnaire historique, géographique et étymologique des noms de famille du Haut-Vivarais, *François Chomel (à compte d'auteur), 1992 : étymologies, fréquences, localisation (environ 7 000 patronymes).*
- Les Noms de famille en Touraine, *Jean Moreau, CLD, Chambray, 1992 : fréquences, localisations, étymologies (environ 2 500 patronymes).*
- Dictionnaire des noms de famille bretons, *Albert Deshayes, Le Chasse-Marée, 1996 : étymologies, localisations (environ 8 000 patronymes).*
- Entre Arroux et Bourbince, *Dictionnaire des familles, Jean-Louis Beaucarnot, (à compte d'auteur), 1979 : région Bourgogne-Morvan, étymologies et localisations (environ 800 patronymes).*
- Les Noms de famille de l'Auxois, *Maurice Monsaingeon (à compte d'auteur) : étymologies, variantes et localisation (environ 10 000 patronymes).*
- Les Noms des Israélites en France, *Histoire et dictionnaire, Paul Lévy, P.U.F., 1960 : étymologies, variantes et localisations (environ 500 patronymes).*

Pour la Belgique romane :

- Dictionnaire des noms de famille en Belgique romane et dans les régions limitrophes, *Jules Herbillon et Jean Germain, 2 volumes, Crédit communal, 1996 : étymologies, fréquences, localisation. L'ouvrage parfait, idéal et intégral !*

Ouvrages régionaux de localisation

N'étudiant pas les étymologies, ils sont des sortes d'annuaires, établis à partir d'anciens recensements, et renseignent donc sur les localisations et les fréquences à une époque donnée.

Les quatre premiers indiquent les communes de façon codée (avec tables de renvoi) :

- ISPANO : Index spécifique des patronymes du Nord (1803-22), *ARPEGE, Union généalogique du Nord, 1994 : d'après les tables de l'état civil, entre 1803 et 1822.*

- Répertoire des noms de famille du Pas-de-Calais en 1820, *par l'abbé Boyenval, réédité par le Cercle généalogique du Pas-de-Calais, 1988 : d'après le recensement de 1820.*

- Répertoire des noms de famille de la Somme, *même auteur, réédité en 1972 par les Archives départementales de la Somme : sur le modèle du précédent, d'après le recensement de 1849.*

- La Population de la Franche-Comté au lendemain de la guerre de Trente Ans *(4 volumes), Institut d'études comtoises et jurassiennes, Université de Besançon, 1995 : d'après les recensements nominatifs de 1654, 1657 et 1666.*

- Répertoire des noms de personnes artésiens en 1569 *(2 tomes), Roger Berger et autres, Centre d'études généalogiques du pays des Sept-Vallées, Hesdin, 2000 : d'après les registres des Centièmes de 1569.*

- Le Bas-Vivarais au XVe siècle, *Robert Valladier-Chante, E. & R., 1998 : reproduit les rôles des estimes de 1464, avec index localisant (environ 2 500 patronymes).*

Ajoutons que l'on trouve, sur Internet et dans la presse, des rubriques ou des sites proposant des travaux étymologiques, de valeur variable et inégale, et qui, en tous les cas, ne s'appuient jamais sur de réelles recherches.

Ouvrages sur les changements de nom

- Dictionnaire des changements de noms, *tomes I et II, Jérôme, Documents et témoignages.*

- Encyclopédie des changements de noms, *tomes I et II, Emmanuel Ratier, Faits et Documents (1995, 1998).*

Première approche : identifiez le nom sur lequel vous travaillez

Du fait de l'histoire de la langue et de l'orthographe, un nom de famille peut être la variante d'un autre. Essayez, à travers les fichiers de l'INSEE*, GeneaNet* et surtout à travers les deux parties du Fordant*, de retrouver ses différentes variantes, en vous basant :

• sur la phonétique (Beau = Bau = Bo... ; Houdin = Houdain...), en pensant que le nom a notamment pu prendre ou perdre un « h » initial (Houdin/Oudin) et sans oublier les lettres muettes (Houdain/Houdaint, Thomas/Tomas) ou les accents (Berger/Bergé) ;

• sur les dérivés de noms de lieu : vous vous appelez Laforêt ou Lesvignes, n'oubliez pas les Delaforêt ou les Desvignes ; vous vous nommez Forêt, pensez aux Forest, Laforêt et Delaforêt ;

• sur les formes patoisées ou archaïques : Louère/Loir, Testard/Têtard, Chaigne/Chêne, Fontenoy/Fontenay, Bretin/Bertin...

• en essayant, enfin, de deviner les variantes plus éloignées :
- les traductions, dans certaines régions : Schneider/Tailleur/Couturier ;
- les déformations, en procédant souvent par tâtonnements ou par rapprochements : les Lobligeois ne doivent-ils pas être rapprochés

* Voir « outils de travail », pages précédentes.

des Lobjois, Lobgeois, Lobjoy ? Oui, sans doute, car ils semblent être comme eux d'origine picarde (ce que la base GénéaNet* pourra affiner et confirmer).
De même, vous supposerez que les 17 références Nectoute, propres à la seule commune de Divion, dans le Pas-de-Calais, doivent provenir d'une altération de Nectoux, nom de Saône-et-Loire, apparaissant au niveau de 1740 incidences.

Vous en arriverez ainsi à déterminer une orthographe ou une forme « dominante » ou « majoritaire » : ici Nectoux ; là Lobjois (1 245 incidences, face à 253 Lobjeois, 213 Lobgeois, 171 Lobjoie, 155 Lobjoit...).

Attention : ce ne sera toutefois que la forme majoritaire actuelle. Rien ne dit qu'au XVIIIe ou au XVe siècle, le nom n'apparaissait pas plus fréquemment sous une autre (ainsi Nyquetout pour Nectoux...).

Une autre complication – et de taille ! : il arrive que certains noms soient ici la variante d'un autre et là sa déformation. Ainsi Gaveau et Gaviot. Dans le Loir-et-Cher, on rencontre ainsi des Gaveau, dont le nom s'altère parfois en Gaviot, qui sera au contraire une forme initiale en Savoie, où l'on trouvera la déformation Gaveau !

Deuxième approche : déterminez le type de nom auquel vous avez affaire

Plusieurs cas sont possibles, qui permettront d'orienter d'emblée les recherches vers des directions particulières :

• votre nom de famille est en deux parties, qui semblent avoir été deux noms différents, avec ou sans tiret. Il peut s'agir :
- d'un nom « montagnard » : les fichiers de l'INSEE* et le« Fordant »* vous le confirmeront. Voir, notamment, dans ce dernier, si l'on ne trouve pas (en première ou deuxième partie d'ouvrage), d'autres noms voisins ; exemple : vous travaillez sur Lambert-Coucot et trouvez ainsi Lambert-Blanc, Lambert-Chaperon...) ;
- d'un nom bourgeois : voir éventuellement les dictionnaires de changements de nom*.

• votre nom de famille est composé d'un prénom et d'un nom reliés par un tiret (type Pierre-Brossolette) ; il s'agit sans doute d'une référence à un homme célèbre : voir les dictionnaires de changements de nom* ;

• votre nom de famille se compose de deux éléments reliés par « dit » ou « alias » : il peut s'agir d'un nom d'enfant naturel ou abandonné, ou encore d'un nom montagnard. Les fichiers de l'INSEE* devraient vous révéler qu'il est rare et très localisé, et vous pourrez, dans les premiers cas, espérer pouvoir identifier son premier porteur.

Première recherche :
mesurez la fréquence de votre nom de famille

Vous la découvrirez sans peine à travers les fichiers de l'INSEE*, le Fordant* ou l'annuaire électronique du téléphone* – sauf que les uns parleront en nombre de naissances et l'autre en nombre de foyers abonnés au téléphone. Cette dernière notion me semble plus intéressante, sachant toutefois que l'on peut assez facilement extrapoler, en convertissant soit en foyers réels, y compris ceux n'apparaissant pas sur la liste (en augmentant d'environ 10 %), soit en nombre de porteurs (en multipliant par environ 2,7).

Sachez aussi que ces deux fichiers peuvent être rapprochés, dans un rapport faisant multiplier le nombre de foyers abonnés au téléphone par environ 2,8 pour obtenir à peu près le nombre d'incidences du fichier INSEE, ou en divisant de même pour aller de ce deuxième nombre au premier (ce qui signifierait que le nombre des incidences INSEE serait approximativement équivalent au nombre des individus portant actuellement le nom).

Attention : ici encore, pensez à tenir compte des variantes et de la forme dominante.

Une fois connu, le nombre des foyers portant votre nom va vous fournir deux types d'informations, l'une au plan de la fréquence, l'autre au plan de l'ancienneté du nom.

Une question capitale :
votre nom est-il « mono » ou « polyphilétique » ?

Pour ce qui est de la fréquence du nom, vous devez travailler sur les notions de poly et de monophilétisme. On dit qu'un patronyme est monophilétique lorsqu'il semble s'être dégagé à l'origine en un seul exemplaire. Ainsi, au Moyen Âge, un seul homme aura été surnommé Percepuce, à la suite d'une mésaventure très personnelle.

Il s'agira ici, le plus souvent :

- de surnoms anecdotiques, tel l'exemple cité ;
- de noms venus de noms de lieux eux-mêmes rares (Lameloise, Soleilhavoup..., n'existant également qu'en un seul exemplaire) ;
- mais aussi de variantes particulières, éventuellement récentes (ainsi notre Nectoute, qui peut être intervenue à Divion au XIXe siècle, est forcément un patronyme monophilétique),

- de noms montagnards, bourgeois, nobles, ou de noms d'enfants abandonnés, taillés sur mesure pour eux, et tous souvent de dégagement récent ou du moins datable; ou encore de noms créés à l'occasion d'un changement de nom, tel ce Civiet, à la place de Civet.

On dira au contraire qu'un patronyme est polyphilétique, quand il aura été donné à la grande époque où se sont dégagés les noms (parfois ultérieurement) à plusieurs individus différents à travers tout le pays ou dans une même région (ainsi le patronyme Fichot, porté par environ 600 foyers, s'il est d'origine uniquement bourguignonne, se révèle, dans cette région, polyphilétique).

Il en va ainsi de la plupart des patronymes venus de:
- prénoms, diminutifs de prénoms (Martin, Nicolas, Colas...);
- métiers (Barbier, Marchand, Fournier...);
- traits physiques ou moraux (Lebeau, Hardi...);
- la place dans la famille ou la société (Laîné, Prévot...);
- pays, régions et grandes villes (Lallemand, Gascon..., Derouen);
- d'analogies (Lebœuf, Boisseau, Tison...);
- noms de lieux, génériques ou fréquents (Dupont, Dubois, Maisonneuve, Beauvallon...).

Monophilétisme et polyphilétisme sont les notions qui vous permettront de travailler:

- sur la fréquence de votre nom, à partir des petits tableaux suivants, et selon l'information dont vous pouvez disposer (j'ajoute ici l'annuaire parisien, moins fiable, mais parfois rapidement intéressant):

Types de patronymes	Nombre de foyers dans l'annuaire électronique	Nombre d'incidences dans le Fordant*	Nombre de porteurs dans l'annuaire parisien
Noms extrêmement fréquents	> 1500	> 6500	> 200
Noms très fréquents	entre 350 et 1500	entre 1400 et 6500	entre 50 et 200
Noms moyens	entre 50 et 350	entre 350 et 1400	entre 15 et 50
Noms rares	< 50	< 350	< 15
Noms rarissimes *(particuliers, éteints, en voie d'extinction ou variantes rares)*	< 6	< 60	< 2

- sur ses risques d'extinction, en fonction de ce qui a été dit page 284 (sachant que l'annuaire parisien peut ici se révéler nettement moins fiable) :

Risques d'extinction	Nombre de foyers dans l'annuaire électronique	Nombre d'incidences dans le Fordant*	Nombre de porteurs dans l'annuaire parisien
Aucun risque	> 35	> 250	> 15
Risque moyen	entre 15 et 35	entre 100 et 250	entre 10 et 15
Risque réel	entre 4 et 15	entre 50 et 100	< 10
Nom sans doute déjà éteint	< 4	< 50 (éteint si dans la 2e liste)	

- sur la possibilité que tous les porteurs de ce nom (et éventuellement de ses variantes) soient apparentés :

Type de noms tel que dégagé ci-dessus	Caractéristiques
Noms extrêmement fréquents	forcément polyphilétiques (sans doute au plan national)
Noms très fréquents	polyphilétiques (au plan national ou régional)
Noms moyens	les deux sont possibles
Noms rares	en principe monophilétiques

Cela dit, on rencontre toujours des exceptions.

Si Fichot, avec 600 foyers, est uniquement bourguignon, il n'en est pas moins polyphilétique, alors que Nectoux, avec le même nombre de foyers, est clairement affirmé par les sources anciennes comme monophilétique, tandis que Chanliau, porté par moins de 100 foyers, est en réalité, polyphilétique, avec deux foyers concurrents, issus de deux noms de lieux homonymes et voisins (distants d'environ 25 km).

On a vu de même (*cf.* p. 215) que le patronyme Develay, au sein de sa petite commune d'origine, était en fait polyphilétique. Autant de questions qui ne pourront souvent être tranchées que par une véritable recherche généalogique.

Le fait d'avoir un nom poly- ou monophilétique aura également des conséquences au plan des possibilités de recherches qu'il offrira aux généalogistes. Sans entrer dans le détail, disons qu'un nom monophilétique (ou localement monophilétique) permettra, en généalogie dite ascendante, de débloquer certaines situations par des « battues » ou une recherche systématique à travers la plupart des fichiers et des sources accessibles, et qu'il facilitera souvent les recherches dites descendantes. En fait, un nom monophilétique fait que ses porteurs sont logiquement tous cousins, à un degré plus ou moins éloigné.

Un dernier apport de cette analyse se situera au niveau de l'ancienneté que vous pourrez attribuer à votre nom. Un nom rare pourra être de dégagement plus récent qu'un nom courant, et peut être une variante particulière, ou encore un nom montagnard, bourgeois, noble, d'enfant naturel ou abandonné, ou né d'un changement ou d'une francisation de nom.

Autant d'hypothèses dans lesquelles la naissance du nom pourra être datée, parfois avec précision, alors que dans l'immense majorité des cas, vous ne parviendrez jamais au premier porteur du nom, qui vivait au XIe ou au XIIe siècle.

Pouvez-vous espérer remonter jusqu'au premier porteur de votre nom ?

Comme il vient d'être expliqué, ce sera presque toujours impossible. Sauf situations particulières, les sources généalogiques classiques (qui sont l'état civil, et avant 1793 les registres paroissiaux) permettront en effet, dans la bonne moyenne, de remonter en filiation continue jusqu'à des ancêtres nés dans la première moitié du XVIIe siècle. Parfois, des sources complémentaires (comme des contrats de mariages ou des dispenses de parenté) permettront de pousser deux générations plus avant. Soit, dans le meilleur des cas, au milieu du XVe siècle.

Il vous sera souvent possible de dépasser cette époque par d'autres sources, tout en sachant que, sauf exception, vous ne trouverez plus désormais d'informations filiatives, mais seulement des traces discontinues laissées par les porteurs du nom dans la région où vous avez jusqu'alors suivi la famille. Ces sources, essentiellement de nature fiscale (rôle d'impôts et dénombrements réalisés en vue de la levée des impôts) et plus ou moins riches selon les régions, vous permettront, au mieux, de suivre la famille – grâce à son nom qui, s'il n'est pas trop fréquent, sera ici votre seul fil conducteur – jusqu'à la fin du XIVe siècle. Il est rarissime que d'autres documents, comme terriers ou cartulaires, puissent vous livrer des informations plus anciennes. Le cas des Li Orgeux, famille bourguignonne que l'on peut suivre depuis le XIe siècle, est plus qu'exceptionnel.

Rappel:
pourquoi des noms rares et des noms courants?

Pourquoi des dizaines de milliers de Martin ou de Durand alors que beaucoup des noms ne sont portés que par un ou deux individus?

Tout simplement du fait que certaines appellations (prénoms, noms de métiers, noms de lieux habités...) étaient universelles. Partout on trouvait des ponts, des monts et des bois; dans chaque village, des charpentiers et des hommes de petite taille... Partout encore, les mêmes prénoms à la mode.

En revanche, un seul individu, suite à quelque mésaventure, fut appelé Mangematin, de même qu'une seule famille habitait les lieux aux noms originaux et uniques de La Méloise, de Soleilhavoup ou de Boscarnaud. De même, de très rares branches des familles Dupont ont reçu l'orthographe Duppont...

Voilà comment et pourquoi l'on trouve tant de Dupont, de Dumont et de Dubois, de Charpentier, de Petit, de Michel et de Bertrand, et si peu de Mangematin, Laméloise, Beaucarnot ou Duppont...

Il ne faut pas oublier que le nom est un fil toujours fragile: que l'on pense à tous ces migrants, difficilement repérables, qui ont souvent été à l'origine de changements de noms.

Vos ancêtres étaient-ils des Gaulois ou des Francs?
Ou encore des Normands?

Compte tenu de ce qui vient d'être dit, vous aurez vous-même conclu qu'il est impossible de répondre à cette question.

D'abord, parce qu'aucune source ne nous permet de remonter assez loin, et parce que, quand bien même nous parviendrions par miracle jusqu'au premier porteur d'un nom, qui aurait donc vécu au XIe ou XIIe siècle, il nous resterait encore quelque quatre siècles à franchir, avant d'entrevoir d'éventuelles origines ethniques.

Vous avez aussi compris que, compte tenu de l'amalgame qui se produisit, entre ces deux époques, entre les noms de personne et de baptême d'origines gauloise, gallo-romaine et germanique, il est impossible de s'appuyer sur le fait qu'un patronyme soit formé à partir d'un nom germanique pour conclure à des origines franques. Ce serait aussi absurde que de prêter des origines américaines ou irlandaises au fils de M. et Mme Dupont, prénommé aujourd'hui Jonathan, ou à celui de M. et Mme Durand qu'ils viennent de faire baptiser Kévin.

De même, imaginer un seul instant qu'un type physique ait pu se transmettre sur près d'un millénaire tient de l'ineptie. Comment pourrait-on y croire, dès lors que les sangs se sont fatalement mélangés. Louis XIV lui-même ne descendait-il pas de Mahomet[1] ?

Deuxième recherche : localisez votre nom de famille

Pour identifier de façon précise le berceau d'une famille, il n'est guère qu'une recherche généalogique, et cela d'autant plus que l'on risque parfois de suivre une mauvaise piste. Vous ne pouvez pas deviner que vos Grelot étaient en fait des Grelaz, sans avoir fait une recherche préalable !

Dans bien des cas, cependant, vous arriverez à identifier l'origine géographique d'un nom, et elle vous proposera un intéressant raccourci généalogique.

Ce raccourci vous conduira à utiliser les fichiers nationaux. Ces fichiers (INSEE* et annuaires électroniques*) sont encore parfaitement fiables aujourd'hui : même si la révolution industrielle et l'exode rural sont passés par là, ils continuent presque toujours à révéler sans erreur le ou les départements d'origine.

Si cela est logique pour le Fordant*, saisissant les noms en 1900, c'est plus surprenant pour l'annuaire électronique ; mais cela prouve qu'une majorité des Français résident encore aujourd'hui dans leur région d'origine, puisque entre 20 à 60 % des porteurs d'un nom sont dans ce cas (pourcentage variant selon l'économie régionale, les habitudes et les possibilités migratoires, comme les voies de communication reliant la région à Paris ou aux grandes métropoles régionales).

1. *Cf.* Jean-Louis Beaucarnot, *Qui étaient nos ancêtres ?*, Jean-Claude Lattès, 2002.

La proportion des descendants aujourd'hui présents dans leur département d'origine donnera ainsi :

- dans la moyenne des cas et la majorité des régions (principalement celles du Centre et du Bassin parisien), une proportion d'environ un tiers : ainsi les Duverne, en Saône-et-Loire, et les Brandicourt dans la Somme (30 %) ;
- des taux inférieurs, dans des régions de forte émigration, comme les Froidevaux, dans le Doubs (22 %) ;
- ce taux augmente au fur et à mesure que l'on s'éloigne. Ainsi pour les Rivassou, en Corrèze (40 %), et les Sénéquier, dans le Var (43 %) ;
- plus de 50 % dans des régions excentrées : ainsi les Kerfriden, dans le Finistère (52 %), les Schlupp, dans le Bas-Rhin (53 %), les Mirassou, dans les Pyrénées-Atlantiques (54 %) ou les Debaecker, dans le Nord (55 %).

Ici encore, vous procéderez différemment selon que vous serez en présence d'un patronyme rare ou fréquent, monophilétique ou polyphilétique.

Un nom monophilétique se laissera approcher à l'échelon national. Un nom polyphilétique ne sera localisable qu'à l'échelon régional, départemental, voire local.

• Pour localiser un nom peu courant, apparemment monophilétique

Pour ce faire, vous travaillerez essentiellement sur :

- les fichiers de l'INSEE*;
- l'annuaire électronique*, de préférence via le 3617 ANNU*;
- diverses bases généalogiques, à commencer par l'incontournable GeneaNet*.

Ces premières recherches vous ayant indiqué la région et le département d'origine, voire déjà, par GeneaNet, des communes précises, vous passerez ensuite à l'échelon régional, en travaillant sur :

- les éventuels ouvrages patronymiques régionaux,
- la base 3617 RACINA,
- éventuellement sur les bases Bignet et Patro, et à travers « listes éclair » et dictionnaires patronymiques.

Prenons l'exemple du patronyme FITAMANT :

- ANNU, qui le montre porté par 188 foyers, le propose comme nom monophilétique, ce que semble confirmer son extraordinaire implantation actuelle, à plus de 80 % (!) concentrée dans le Finistère. Il nous apprend que c'est là un patronyme breton.
- Fordant confirme : 608 incidences, avec Brasparts, dans le Finistère, comme première commune d'implantation, et, dans l'ordre, les départements du Finistère, du Maine-et-Loire et de la Loire-Atlantique. Il indique aussi deux variantes, alphabétiquement voisines (Fitamen et Fitament).
- GeneaNet confirme aussi : 442 références, dont 13 des 20 premières citent elles aussi Brasparts.

Il ne nous en faut pas plus pour nous tourner vers le *Dictionnaire des noms de famille breton,* d'Albert Deshayes, qui nous donnera des éléments sérieux et fiables quant à son étymologie.

• Pour localiser un nom courant, sans avoir la moindre idée de sa région d'origine

Vous travaillerez également sur:
- les fichiers de l'INSEE*;
- l'annuaire électronique*, de préférence via le 3617 ANNU*;
- diverses bases généalogiques, à commencer par GeneaNet*.

Ces premières recherches vous ayant indiqué généralement plusieurs départements ou régions, vous ne pourrez aller plus loin.

Prenons l'exemple du patronyme GRELOT. Toutes les sources vous indiqueront un nom polyphilétique:

- ANNU, même s'il n'est porté que par 220 foyers, le montre très présent à la fois en Gironde, en Lorraine (Meurthe-et-Moselle, Moselle et Vosges), ainsi qu'en Bourgogne (Yonne).
- Fordant donne, dans l'ordre, la Gironde, l'Yonne et la Haute-Vienne.
- Les 772 références de GénéaNet sont également très dispersées, même si elles sont souvent lorraines.

Il est impossible d'affiner davantage.

• Pour localiser un nom courant dont la région d'origine vous est connue

Vous travaillerez sur:
- les éventuels ouvrages patronymiques régionaux;
- la base 3617 RACINA;
- éventuellement sur les bases Bignet et Patro, et à travers des « listes éclair » et les dictionnaires patronymiques.

Prenons l'exemple du patronyme BARLET:

- ANNU l'indique comme fréquent, avec 800 foyers abonnés au téléphone. Il le montre manifestement polyphilétique: 30 % des foyers sont concentrés sur la Loire et les départements voisins (Rhône, Haute-Loire...) et environ 10 % se trouvent dans le Pas-de-Calais.
- Fordant indique lui aussi la Loire, ainsi que la Savoie et la Lozère. Les souches doivent être nombreuses dans ce grand secteur qui englobe le Lyonnais, le Forez, la Lozère, la Savoie, avec sans doute une dans le Pas-de-Calais.
- GénéaNet confirme: 1008 références, majoritairement dans la Loire et ces régions, Pas-de-Calais compris.

Passons à la localisation dans le Pas-de-Calais.

- L'annuaire électronique les donne comme assez dispersés, hormis une classique concentration sur Arras. Mais le *Répertoire des noms de famille du Pas-de-Calais en 1820,* qui les considère donc avant la révolution industrielle et l'exode rural, les montre déjà beaucoup plus groupés.

Deux communes voisines de l'arrondissement de Saint-Pol-sur-Ternoise – Cambligneul et Camblain-l'Abbé – regroupent 52 % des 85 foyers recensés cette année-là dans le Pas-de-Calais: la première 11 et la seconde 33. Il y a bien, à n'en pas douter, une souche Barlet artésienne.

Continuons: dans le Pas-de-Calais, GénéaNet cite diverses communes: Brebières, Cambligneul (en 1766), Labeuvrière (1662), Chelers (1649) et Camblain-l'Abbé (1642). Par ailleurs, les références Cambligneules et Camblain-l'Abbé émanant du même chercheur tendent à laisser supposer que les Barlet ont dû s'établir à Cambligneul vers 1766, par un porteur du nom venu de Camblain-l'Abbé.

Passons au *Répertoire des noms de personnes artésiens en 1569*. On y trouve quatre références: une Barlet, une De Barlet, une De Barelet et une De Barreler. La première est à Pierremont, paroisse un peu plus à l'ouest (où vivait alors Jean Barlet), la deuxième à BT 130 et les deux autres à BT 131, correspondant à deux communes de l'arrondissement de Béthune: Caucourt (où vivait Mathieu de Barler) et Gauchin-Légal (où vivaient Antoine de Barelet et Jean de Barreler). L'étau s'est resserré. Le berceau est nettement circonscrit dans une zone géographique très précise.

Cette enquête nous donne même une piste au plan étymologique: le patronyme ne viendrait-il pas d'un toponyme ? Comme on trouve un hameau de ce nom dans la Haute-Loire (qui pourrait donc bien être à l'origine d'une des souches de cette région), n'en trouverait-on pas un en Artois, à faible distance de la région circonscrite ? Une piste qui sera à exploiter…

Troisième recherche : recherchez l'étymologie d'un nom

Je conseillerai en fait de s'en abstenir.

Même le généalogiste chevronné n'est pas forcément capable de s'aventurer sur les plates-bandes de l'anthroponymiste. Il est déjà bien qu'il lui apporte quelques éléments, notamment au plan des origines géographiques et des formes anciennes – éléments sans lesquels le généalogiste ne pourra travailler efficacement.

Pour qui tient cependant à s'y risquer, voici à la fois des rappels et des pistes.

• Gardez-vous d'abord d'oublier ce qui a été exposé dans ce livre ! Rappelez-vous que les noms, au Moyen Âge, ne sont pas nés comme ils pourraient naître à notre époque. Le roi n'a pas, un beau matin, promulgué une loi les créant, ni décidé l'ouverture de grands registres, dans lesquels chacun serait venu faire enregistrer son nom et raconter pourquoi il l'avait choisi. Répétons qu'il s'est agi d'un phénomène anarchique et spontané.

On ne trouvera donc pour aucun nom, dans aucun document d'archive, de relation donnant l'explication de son attribution ou de son sens.

C'est au chercheur d'essayer, non pas de trouver le pourquoi précis de ce nom, mais le ou les mots sur lesquels il a été forgé, afin, en connaissant les mentalités de ces époques, d'essayer de trouver à quel registre on peut se voir confronté.

En fait, on ne sera jamais sûr de rien. Ni en ce qui concerne le mot lui-même, qui peut avoir subi tous les avatars que l'on a cités, comme ce Bœufnoir devenu Bufnoir... Encore moins quant au pourquoi, comme on l'a vu à propos de Lièvre (homme aux grandes oreilles, homme rapide ou, par dérision, homme très lent ?). Nul ne peut, en effet, faire la part de l'analogie et de l'ironie.

• Attachez-vous à localiser votre nom. De sa région d'origine va dépendre son étymologie ! Ainsi, Bremer, nom porté à la fois en Bretagne et en Alsace, désignait ici l'homme aux grands cheveux, et là celui venu de la région de Brême, en Allemagne.

• Efforcez-vous également d'en trouver les formes dominantes, souvent éclairantes (vous comprendrez ainsi que les Tissopin étaient en réalité des Tissot-Pin, d'origine alpine). Recherchez surtout les formes anciennes, que pourront seules vous révéler une recherche généalogique ou l'exploitation des sources d'archives présentées page 355, archives fiscales, terriers, cartulaires... Seules ces formes pourront vous éviter de vous tromper lourdement : on retrouve ici les cas de nos Bufnoir, où l'on a été tenté de voir le surnom du porteur d'un certain type de casque (d'après l'italien *buffa*) en métal bruni.

• Enfin, fiez-vous à des caractéristiques du nom et à divers indices qui vous seront précieux :

- la région d'origine peut mettre sur une piste ; ainsi les Antilles, suggérer un nom d'esclave ; l'Est (Champagne et surtout Lorraine), un nom tiré de prénom ; le Sud-Ouest (et surtout le Limousin, le Périgord, le Quercy...) n'offre pratiquement que des patronymes tirés de noms de lieux ;

- le nom est un prénom (Michel, Laurent ou son diminutif : Martinet, Michelin, Michaud...) : voir p. 194, sachant que si beaucoup de descendants d'enfants abandonnés portent de tels patronymes, on ne peut à l'inverse, penser que tout porteur d'un tel nom descend d'un enfant trouvé (cela reste exceptionnel). Attention aussi aux possibilités d'analogies (exemple de Thomas, p. 196) ;

- le nom est un prénom d'origine germanique (Aldebert, Gérard...) : ne pas en conclure pour autant des origines franques (*cf.* p. 367) ;

- le nom est un prénom féminin : matronyme (voir ci-après) ou nom d'enfant naturel (*cf.* p. 222) ;

- le nom est en deux syllabes, et est terminé par un des suffixes *-et, -o, -in, -ou, -eu(x), -art(d)* (Baudot, parallèlement à Baudet, Baudin, Baudard...): il s'agit le plus souvent d'une aphérèse (*cf.* p. 157);

- le nom évoque le physique (Legrand, Lebeau), ou une qualité (Lebon) ou un défaut (Mauvais): à prendre au propre ou, dans les deux premiers cas, en tant que surnom ironique;

- le nom évoque un métier: s'agit-il d'un métier exercé par un ancêtre à titre principal (Forgeron) ou accessoire (Vannier), ou employé ici par analogie, comme Boucher (*cf.* p. 196)?

- le nom évoque un titre religieux ou civil: il peut évoquer la position (Prévost), un lien de dépendance (Lecomte), comme il peut être teinté d'ironie;

- le nom évoque un objet (Boisseau): surnom souvent analogique, au physique ou au moral (*cf.* p. 198);

- le nom évoque un animal (Lebœuf): surnom souvent analogique, au physique ou au moral (*cf.* p. 198);

- le nom évoque un pays (Langlais, Dallemagne), une région (Gascoin): trahit une origine géographique ou a été un surnom analogique, au physique ou au moral (*cf.* p. 198);

- le nom évoque une ville: indique la ville d'origine;

- le nom est un nom de commune: indique la commune d'origine;

- le nom est un nom de ferme, de domaine ou de hameau: indique le lieu où vivait la famille[1].

- le nom est un matronyme: nom transmis par une femme (veuve ou dominatrice *cf.* p. 199),

- le nom est un nom curieux, souvent tiré de l'histoire antique (Zorobabel, Télémaque, Nabuchodonosor...): il peut s'agir du nom donné à un enfant trouvé au XIXe siècle (*cf.* p. 224), ou d'un nom d'esclave (*cf.* p. 239). Voir, au plan de sa fréquence et de sa localisation, si – comme c'est souvent dans ces cas – il est à la fois rare et circonscrit, bizarroïde (histoire...);

- le nom est précédé de l'article *Le*: séparé du nom (Le Bris) il indique souvent une origine bretonne; attaché au nom, et lorsque celui-ci est un nom de métier (Lemercier), il est souvent signe d'origine normande;

- le nom est en deux parties: soit deux noms, avec ou sans trait d'union (Lefèvre-Utile, Tissot-Dupont), nom bourgeois, récent (*cf.* p. 244), ou nom des régions de montagne (*cf.* p. 227); soit un prénom et un nom, reliées par un trait d'union: nom de descendant d'homme célèbre (cf. p. 244) ou nom montagnard

1. Pour en savoir plus sur un nom de lieu (identification, étymologie): voir notre chapitre spécifique et le *Dictionnaire étymologique des noms de lieux en France,* par Albert Dauzat et Charles Rostaing, Larousse, 1963 (éventuellement aussi un dictionnaire des postes).

(*cf.* p. 227) ; si les deux termes sont reliées par la mention « dit » ou « alias » : Lambert dit Gérard ou Lambert alias Gérard : nom d'enfant naturel (*cf.*. p. 222) ou nom montagnard (*cf.* p. 227) ; s'ils sont reliées par une particule (Lefebvre d'Ormesson), il s'agit d'un patronyme, suivi d'un nom de terre (ou de « sieurie ») : nom d'une famille noble, ou simplement bourgeoise (*cf.* p. 231) ;

- le nom commence par *de, du* ou *des*, intégré au nom : il provient, sauf exception, d'un nom de lieu (*cf.* p. 200) ;
- le nom est précédé d'une particule *(d', de, du, des)* : la particule n'induit nullement la noblesse, pas davantage – soit dit en passant – qu'un blason (ainsi, De Gaulle n'était pas un nom noble) ;
- le nom est précédé de *Van* : cet équivalent flamand de notre *de,* rattaché ou non, n'est nullement signe de noblesse[1].

À propos des patronymes d'origine étrangère et suffixes étrangers signifiant « fils de »

À quelque époque que s'y soient dégagés les noms de famille, chaque pays compte des patronymes faisant référence à la filiation. À l'état de préfixe ou de suffixe, la mention « fils de » est universelle, *avec le* -s *du génitif* anglo-saxon *(Martens), le* -son *anglais et le* -sohn *allemand (Johnson, Mendelssohn), le* -sen *danois (Jansen), le* -es *portugais et le* -ez *espagnol (Peres, Perez), le* -ic *ou* -ovic *serbo-croate, le* -ov *russe ou le* -enko *ukrainien (Petrovic, Petrov, Nikitenko), ou encore le* -wicz *polonais (Mankiewicz), le* -ovics *hongrois (Milanovics)* et *le* -poulos *grec (Athanassopoulos). Sans oublier le* -ian *arménien (Petrossian)* et *le* -oglu *turc, ni d'autres formes, comme les préfixes* Mac… *gaélique et écossais, les* O'…, *gaélique et irlandais.*

Deux références intéressantes :

Dictionnaire étymologique de noms de famille français d'origine étrangère et régionale, *Laurent Herz, L'Harmattan, 1997 ;*

Les Noms du monde entier et leurs significations, *Eugène Vroonen, Archives et Culture, 2001 (traité d'anthroponymie internationale, bourré d'exemple, mais manquant cruellement d'index).*

1. Pour en savoir plus sur une famille noble ou d'apparence noble, on pourra travailler sur les armoriaux et nobiliaires, que l'on trouve en bibliothèque et qui sont souvent disponibles aussi sur CD-Rom, ainsi que, pour la vraie noblesse, avec le *Catalogue de la noblesse française,* Régis Valette, Robert Laffont, 2002, et pour la noblesse d'apparence, le *Simili-nobiliaire français,* Pierre-Marie Dioudonnat, Sédopols, 2002.

Préfixes indicateurs de provenances régionales

- a- et au- *(Alabergère, Aubrun...)* : *Indre-et-Loire, Indre, Cher, Allier et pour partie, sud de la Nièvre, sud-ouest de la Saône-et-Loire, nord de la Loire* (cf. Les Noms de famille des bocages du Centre, *cité page 358)* ;

- de-, *précédent un prénom (Dejean, Demartin...)* : *Hérault, Gard, Ardèche, nord de l'Isère, ouest de la Savoie* ;

- dele- *(pour dela, comme Delessalle)* : *Nord.*

Suffixes indicateurs de provenances régionales

- az : *ancienne Savoie* ;
- aert : *Flandres* ;
- as et -ias : *Auvergne et surtout est du Puy-de-Dôme* ;
- asc et asque : *Sud-Est* ;
- aud, -ault : *bassin moyen de la Loire, Berry, Touraine, Orléanais, Charolais (dans ce dernier, plutôt* aud*)* ;
- dan : *Pyrénées* ;
- eau : *Poitou, Vienne, Deux-Sèvres, Charente, Charente-Maritime, Vendée, Maine-et-Loire* ;
- eaux : *Ardennes* ;
- ec : *Bretagne* ;
- el et -elle : *Normandie et Ille-et-Vilaine* ;
- enc : *Midi* ;
- esson : *Aube, Marne, Aisne, Meuse et nord de la Côte-d'Or ; devient parfois* echon *en Picardie et Wallonie* ;
- ez : *Artois, Hainaut* ;
- iau, -iaud, -iault... : *Morvan, Charolais* ;
- ic : *Bretagne* ;
- od : *Franche-Comté* ;
- ot : *Bourgogne, Franche-Comté* ;
- ouf : *Calvados, Manche* ;
- oz : *Savoie, Jura, Dauphiné* ;
- s *(après un prénom, en génitif, comme Martins)* : *Flandres* ;
- uc et *parfois* uque : *Haute-Gascogne.*

Ajoutons-y quelques suffixes révélateurs de noms de lieux, comme : -ville, -court *(Champagne, Lorraine)* -dorf et -heim *(Alsace)*...

Répartition des patronymes portés en France selon leur fréquence, d'après les abonnés au téléphone (1986)

On voit bien dans le tableau suivant que 24 % des Français se partagent les 1000 noms les plus fréquents, contre 24 % les 6 000 noms courants, 24 % les 40 000 noms de fréquence moyenne et enfin 27,5 % les quelque 763 000 noms rares. Parmi ces derniers, on voit que 590 000 noms extrêmement rares, portés chacun par moins de 10 abonnés (soit par moins de 29 personnes, ce qui fait moins de 6,5 % des Français), sont ceux véritablement menacés d'extinction selon les études sérieuses, notamment des Pélissier, dont 300 000 ne sont portés que par un seul abonné au téléphone.

Toutefois, on sait aussi que ces 493 000 noms menacés sont, dans une très large proportion (70 % d'entre eux), de simples variantes orthographiques ou déformations des autres, ou des noms récemment apparus dans le corpus patronymique national essentiellement par le biais de l'immigration.

1 000	24 noms, portés chacun par	plus de 54000 personnes	= 1,6 M*	14 M
	274 noms	13 500 à 54 000	= 6,6	
	690 noms	5400 à 13500	= 5,7	
6000	1 400 noms	2700 à 5400	= 5,7	14 M
	4600 noms	1 100 à 2700	= 7,7	
40000	8 500 noms	540 à 1 100	= 6,5	14 M
	16500 noms	270 à 540	= 6,5	
	8 000 noms	215 à 270	= 1,9	
173 000	21 000 noms	135 à 214	= 3,5	16 M
	12000 noms	108 à 134	= 1,4	
	70000 noms	54 à 107	= 5,1	
	70000 noms	30 à 53	= 2,6	
590000	80000 noms	15 à 29	= 1,4	
	120000 noms	9 à 14	= 1,3	
	90 000 noms	5 à 8	= 0,5	
	300 000 noms	1 à 4	= 0,6	

* M = million

Les 50 patronymes les plus courants de France[1]

1. Martin	61 951	soit env. 168 000 porteurs
2. Bernard	32 011	86 500
3. Thomas	27 854	75 200
4. Petit	26 854	72 500
5. Durand	26 780	72 300
6. Richard	25 945	70 000
7. Moreau	25 311	68 300
8. Dubois	25 128	67 800
9. Robert	24 768	66 800
10. Laurent	23 020	62 150
11. Simon	23 014	62 100
12. Michel	22 349	60 000
13. Leroy	20 143	54 300
14. Garcia	20 081	54 200
15. Lefebvre	19 315	52 150
16. Roux	19 282	52 000
17. David	18 499	50 000
18. Bertrand	18 386	49 000
19. Fournier	17 677	47 700
20. Girard	17 546	47 300
21. Bonnet	17 484	47 200
22. Morel	16 547	44 700
23. Rousseau	16 492	44 500
24. Lambert	16 418	44 400
25. Blanc	16 400	44 300
26. Faure	16 297	44 000

1. Liste établie d'après les publications officielles des Services de l'annuaire, donnant, pour chaque patronyme, en 1986, le nombre d'abonnés le portant, converti ici en nombre de porteurs.

27. Vincent	16 209	43 700
28. Dupont	15 698	42 400
29. Martinez	15 628	42 200
30. André	15 190	41 000
31. Mercier	15 154	40 900
32. Garnier	14 916	40 300
33. Guérin	14 898	40 200
34. Gauthier	14 766	39 900
35. Chevalier	14 589	39 400
36. Muller	14 498	39 100
37. Perrin	14 351	38 700
38. Lefèvre	13 715	37 000
39. Legrand	13 715	37 000
40. Clément	13 455	36 300
41. Robin	13 422	36 300
42. Morin	13 272	35 800
43. François	13 192	35 600
44. Mathieu	12 928	34 900
45. Nicolas	12 725	34 300
46. Masson	12 687	34 250
47. Gautier	12 599	34 000
48. Roussel	12 531	33 800
49. Henry	12 462	33 650
50. Lopez	12 369	33 400

Suivent Fontaine, Boyer, Marchand, Brun, Duval, Meunier, Denis, Giraud, Vidal, Sanchez, Meyer, Blanchard, Dufour, Dumont, Arnaud, Perez, Gaillard, Brunet, Fabre, Lucas, Roche, Lemaire, Joly, Noël, Roy, Barbier, Marie, Leroux, Gérard, Colin, Fernandez, Dumas, Roger, Aubert, Renard, Renaud, Rey, Schmitt, Picard, Lacroix, Lemoine, Rodriguez, Leclerc, Olivier, Rolland, Bourgeois, Caron, Carpentier, Philippe, Benoît (100e), Dupuy…

Bibliographie et sources

Attention : cette liste ne reprend pas les divers ouvrages cités dans la partie pratique.

- Albert Dauzat, Jean Dubois, Henri Mitterand, *Le Bouquet des expressions imagées, Encyclopédie thématique des locutions figurées, Nouveau dictionnaire étymologique et historique,* Larousse, 1971.
- Claude Duneton et Sylvie Claval, *De la langue française,* Le Seuil, 1990.
- Daniel Brandy, *Motamorphoses,* Casterman, 1986.
- Claude Gagnière, *Au bonheur des mots,* Robert Laffont, 1989.
- Henriette Walter, *Le Français dans tous les sens,* Robert Laffont, 1988.
- Marco Wolff, *J'te raconte pas, les mots ont-ils encore un sens,* Balland, 2003.
- Jean-Louis Beaucarnot, *Qui étaient nos ancêtres ?* Lattès, 2002.
- Jean-Louis Beaucarnot, *Trésors et secrets de la généalogie,* Lattès, 2001.
- Thierry Leguay, *Les Poules du couvent couvent,* Mots et Cie, 1999.

- Albert Dauzat et Charles Rostaing, *Dictionnaire étymologique des noms de lieux en France,* Larousse, 1963.
- Marianne Mulon et Louis Deroy, *Dictionnaire de noms de lieux,* Larousse, 1992.
- Éric Vial, *Les Noms de villes et de villages,* Belin, 1987.
- Charles Rostaing, *Les Noms de lieux,* « Que sais-je ? », P.U.F., 1969.

- Pierre Miquel, *Petite histoire des noms de lieux et de villages de France,* Albin Michel, 1993.
- Christian Baylon et Paul Fabre, *Les Noms de lieux et de personnes,* Nathan, 1982.
- Stéphane Gendron, *L'Origine des noms de lieux en France,* Errance, 2003.
- Bernard C. Galey, *Nom de lieu !* Le Cherche Midi, 2004.
- Pierre Lavedan, *Nouvelle histoire de Paris,* Hachette, 1975.
- Pierre Bonte, *Bonjour Monsieur le Maire,* La Table Ronde, 1967.

- Jean-Louis Beaucarnot, *Les Prénoms et leurs secrets,* Denoël, 1990.
- André Vinel, *Le Livre des prénoms selon le nouveau calendrier,* Albin Michel, 1980.
- Omer Engelbert, *La Fleur des saints, 1910 prénoms et leur histoire,* Albin Michel, 1946.
- Joséphine Besnard et Guy Desplanques, *La Cote des prénoms,* Balland, 2004.
- Philippe Besnard et Guy Desplanques, *La Cote des prénoms,* Balland, 2003.
- Philippe Besnard et Guy Desplanques, *Un prénom toujours,* Balland, 1986.
- Frédérique de Gravelaine, *Encyclopédie des prénoms,* Robert Laffont, 1989.
- Jean-Louis Beaucarnot, *Vous et votre nom,* Robert Laffont, 1992.
- Albert Dauzat, *Les Noms de famille de France,* Guénégaud, 1977.
- Jean-Louis Beaucarnot, *Les Noms de famille et leurs secrets,* Robert Laffont, 1988.
- Jean Favier, *Les Contribuables parisiens à la fin de la guerre de Cent Ans,* Droz, 1970.
- Jean-Louis Beaucarnot, *L'Odyssée des familles,* 1978.
- Marie-Thérèse Morlet, *Dictionnaire étymologique des noms de famille,* Perrin, 1991.
- Laurent Fordant, *Atlas des noms de famille de France,* Archives et Culture, 1999.
- Laurent Fordant, *Tous les noms de famille de France et leur localisation en 1900,* Archives et Culture, 1999.
- Pierre-Gabriel Gonzalèz, *Le Livre d'or des noms de famille,* Marabout, 1990.

- A. Lefèbvre-Teillard, *Le Droit, nom et histoire,* P.U.F., 1990.
- Robert Valladier-Chante, *Le Bas Vivarais au XVe siècle, les communautés, la taille et le roi,* Éditions E & R, 1998.
- Gérard Gouzes, *Nom patronymique, rapport n° 2911,* Assemblée nationale.
- Paul Lévy, *Les Noms des Israélites en France, Histoire et dictionnaire,* P.U.F., 1960.
- Myriam Provence, *Guide des recherches sur les enfants naturels et abandonnés,* Brocéliande, 2001.
- Joseph Valynseele, *Les Laborde de Monpezat et leurs alliances,* 1975.
- Albert Deshayes, *Dictionnaire des noms de famille bretons,* Le Chasse-Marée-Ar Men, 1995.
- *Répertoire des noms de personnes artésiens en 1569,* Centre d'études généalogiques du pays des Sept-Vallées, 2000.
- *La population de la Franche-Comté au lendemain de la guerre de Trente Ans, recensements nominatifs de 1654, 1657 et 1666,* Institut d'études comtoises et jurassiennes, 1995.
- Robert Valladier-Chante, *Le Bas Vivarais au XVe siècle, les communautés, la taille et le roi,* Éditions E & R, 1998.
- Laurent Hertz, *Dictionnaire étymologique des noms de famille français d'origine étrangère et régionale,* L'Harmattan, 1997.

- Henri Coston, *Dictionnaire des dynasties bourgeoises et du monde des affaires,* Alain Moreau, 1975.
- Bernard C. Galey, *De mémoire de marques, dictionnaire de l'origine des noms de marques,* Tallandier, 1997.
- Daniel Cauzard, Jean Perret et Yves Ronin, *Le Livre des marques,* Du May, 1993.
- Philippe Rège, *À vos marques,* Favre, 1989.
- Michel Bracquart, *Le Vrai Nom des stars,* M.A. Éditions, 1989.
- Jérôme, *Dictionnaire des changements de noms,* tomes I et II, Documents et témoignages.
- Emmanuel Ratier, *Encyclopédie des changements de noms,* tomes I et II, Faits et Documents, (1995, 1998).

- Albert Aycard et Jacqueline Franck, *La réalité dépasse la fiction (ter)*, Gallimard, 1959.
- Jean-Louis Beaucarnot, *Nom de nom!* Calmann Lévy, 1998.
- *Le Canard Enchaîné.*
- *Les Guides bleus*, divers titres
- *Revue française de Généalogie*, plusieurs articles.
- Divers sites sur Internet.

Remerciements :

Que soient remerciées les personnes qui m'ont adressé des extraits de journaux relatifs aux noms curieux, notamment :

Mmes Colette Develay, Monique Havard, Nicole Lecomte, Nicole-France Riffet.

MM. Henri Cartray, G. Dupré, Guy Fossez, Marc Girard, Roland Jungbluth, Gérard Leroy et le Cercle généalogique de Vittel, Guy Turquier.

Je rendrai enfin hommage à la précieuse documentation et érudition de Laurent Herz, qui m'a beaucoup aidé.

Tables des encadrés, des cartes et des bandeaux

Table des encadrés

Table des cartes

Tables des bandeaux

Index

Ce livre ne prétendant pas être un dictionnaire étymologique, cet index est uniquement thématique. Il ne retient pas les noms de lieux, prénoms, noms de famille, noms de marques, pseudonymes et noms de héros étudiés, qui n'ont tous été cités qu'à titre d'exemples.

Table des matières